金融风险报告
（2020）

主　编◎胡　滨
副主编◎程　炼　郑联盛

中国金融出版社

责任编辑：黄海清
责任校对：刘　明
责任印制：张也男

图书在版编目（CIP）数据

金融风险报告.2020/胡滨主编.—北京：中国金融出版社，2021.8
ISBN 978－7－5220－1171－4

Ⅰ.①金… Ⅱ.①胡… Ⅲ.①金融风险防范—研究报告—中国 Ⅳ.①F832.1

中国版本图书馆 CIP 数据核字（2021）第 098431 号

金融风险报告.2020

JINRONG FENGXIAN BAOGAO.2020

出版
发行　中国金融出版社

社址　北京市丰台区益泽路 2 号
市场开发部　（010）66024766，63805472，63439533（传真）
网上书店　www.cfph.cn
　　　　　（010）66024766，63372837（传真）
读者服务部　（010）66070833，62568380
邮编　100071
经销　新华书店
印刷　北京市松源印刷有限公司
尺寸　169 毫米 ×239 毫米
印张　14
字数　196 千
版次　2021 年 8 月第 1 版
印次　2021 年 8 月第 1 次印刷
定价　48.00 元
ISBN 978－7－5220－1171－4
如出现印装错误本社负责调换　联系电话（010）63263947

序

习近平总书记对金融风险防范高度重视，并在多次会议与公开场合作出重要指示。在 2017 年 7 月的全国金融工作会议上，习近平总书记指出，防止发生系统性金融风险是金融工作的永恒主题。要把主动防范化解系统性金融风险放在更加重要的位置，科学防范，早识别、早预警、早发现、早处置，着力防范化解重点领域风险，着力完善金融安全防线和风险应急处置机制。2020 年 10 月 26 日，习近平总书记就《中共中央关于制定国民经济和社会发展第十四个五年规划和二〇三五年远景目标的建议》起草的有关情况向党的十九届五中全会作说明时再次强调："当前和今后一个时期是我国各类矛盾和风险易发期，各种可以预见和难以预见的风险因素明显增多。我们必须坚持统筹发展和安全，增强机遇意识和风险意识，树立底线思维，把困难估计得更充分一些，把风险思考得更深入一些，注重堵漏洞、强弱项，下好先手棋、打好主动仗，有效防范化解各类风险挑战，确保社会主义现代化事业顺利推进。"上述讲话反映了习近平总书记深刻的忧患意识，其中的指导思想也构成了本书写作的初衷。在百年未有之大变局的时代背景下，面对加快构建以国内大循环为主体、国内国际双循环相互促进新发展格局的艰巨任务，我们必须坚持底线思维，全面掌握金融领域可能存在的风险因素，及时处置和化解出现的风险苗头，确保金融与经济体系的稳定运行。本书正是在上述思想指导下，对我国金融各领域风险因素和风险状况进行系统研究的一个初步尝试。

我国金融体系的风险特征经历了一个演变过程，截至目前，银行及其金融功能仍是理解系统性风险的关键所在。众所周知，改革开放初期，我国金融体系的重建是从银行体系的专业化分工开始的。随着各专业银行从中国人民银行分离出来,以及后者重新回归中央银行的角色,银行体系走出了单纯财政资金划拨的职责,在金融资源配置中发挥主导作用,而这也意味着其将承担相应的风险。在缺乏严格内部控制和外部监管的时期,这种风险更是急剧上升,并且借助银行的混业经营行为向其他金融领域蔓延。实际上,在相当长的一段时期内,我国系统性风险主要集中在银行体系内部,金融市场的风险只是银行体系风险的映射,并通过不良贷款的急剧上升反馈于银行体系,这也直接导致了四大国有资产管理公司的相继成立。因此,回顾20世纪90年代讨论金融风险的文献,绝大部分集中于银行机构的风险或至少将其放在第一位,银行不良贷款的上升势头更是重中之重,而同期在证券市场等领域的风险治理,其主要措施也是切断银行资金流入市场的渠道。

进入21世纪之后,银行体系中的不良贷款问题迅速缓解,这得益于金融业类似实体经济转轨的渐进式增量改革路径。通过债务剥离抛掉历史包袱之后,在引入国际监管标准、提升风险管理水平的同时,银行机构依托高经济增长带来的大量利润和资金"稀释"了改革过程中产生的新问题,顺利渡过难关。银行体系的这种改革发展方式使其稳定性高度依赖实体经济的增长状况。后者不仅通过高储蓄率为金融体系输入了充裕的流动性,而且为银行资金的运用带来了丰厚的预期收益。正是由于这两个因素的存在,宏观政策冲击或微观治理机制不健全所导致的局部震荡不会产生系统性的效应。当然,银行体系发展与实体经济增长的关系并不是单方面的。作为金融资源配置的"主干道",银行体系不仅要满足经济增长的日常资金需求,还要在实体经济遭受挫折时提供流动性援助并为救助政策融资。在这一过程中,由于巴拉萨—萨缪尔森效应而不断升值的土地自然地担任了贷款抵押品的角色,这不仅为我国的经济运行植入了潜在的金融加速器,也催生了大量的房地产泡沫。与此同时,肩负公共基础设施供应职责的地方政府普遍通过"土地财政"从银行获得其所需的资金,房地产价格也因此成为地方政府债务可持续性和银行体系风险之间的中介变量。

银行体系与实体经济的这种深度"绑定"使它极易暴露于后者的周期性波动风险。一旦经济的增长势头减缓甚至逆转，银行体系的资金滚动补充机制就可能难以为继，导致房地产在内的潜在资产泡沫破灭以及地方政府债务等问题的暴露。雪上加霜的是，作为监管规避手段的中国式"影子银行"体系带来的高杠杆和期限错配，会使上述风险迅速扩张，并通过错综复杂的资金链条再次冲击银行体系。这种"经济增长—资产价格—银行信贷—债务杠杆"的连锁机制是我国系统性风险图景里的"灰犀牛"。它的机制清晰，有着相对成熟的监测与预警指标，是中央银行宏观审慎政策的主要调节对象，也是本报告分析的重点内容。需要指出的是，在分析经济的系统性风险状况时，必须将相关的指标结合在一起，才能做出正确的判断。例如，就资产价格或杠杆率等指标自身而言，它们很可能只是经济增长的水平与模式的反映，很难单独说明金融风险状况。只有将这些金融指标与实体经济的实际绩效以及银行体系的资产质量变化情况联系在一起，才有确切的风险含义，并在风险的演化过程中起到关键性的作用。这也是"灰犀牛"的寓意：在犀牛安静地吃草时，它们的数量多少无关紧要；而一旦犀牛群向我们飞奔而来，其规模则可能决定着我们的生死存亡。

市场空间截面上的脆弱性或传染性，是金融系统性风险的另一个维度。随着我国金融体系的发展和分业监管格局的完善，资本市场越来越具有相对独立的资金来源和系统性风险特征。虽然我国不存在西方意义上的"影子银行"体系，但资本市场毫无疑问地影响着整个金融体系的流动性供给，并且因其与银行体系之间的跨市场资金关联而具有共振效应和传染性。以2015年的"股灾"为例，由于信托、保险以及银行理财产品大量配置了股票资产，并采用杠杆操作，股市下跌的风险沿着"民间配资—信托配资—银行配资—券商融资融券—券商股票质押—银行股票质押—信用风险"这一链条跨越证券部门，向整个金融体系扩散。可见，尽管我国资本市场尚未构成系统性风险的独立组块，但由于资本市场与银行体系之间的深度关联，对其进行风险监控有着极高的必要性。

在金融市场的系统性风险防范上的一个重要问题是监管体制错位和调控手段的匮乏。在监管体制方面，国内诸多金融市场"创新"都出于监管规避目的，不仅加剧所在领域和关联市场脆弱性，还加速了综合经营趋势，模糊了分业监管边界，形成（事实上的）混业经营与分业监管的制度性错配。宏观审慎框架尽管将市场脆弱性纳入其中，但针对性的工具则非常有限，并且存在着金融稳定与货币政策目标之间的兼容性问题。金融市场的复杂性也直接影响了宏观层面的顺周期调控，如非银行机构提供的流动性服务使许多经济交易不再牵涉银行信贷的变动，M2等货币指标的风险提示作用因而大大弱化。在风险监测工具方面，常用的CoVAR、MES、网络分析等传染性分析方法不仅受限于数据可得性，而且在方法论的层面上存在金融市场危机期间指标与机构行为的"结构相变"问题，在未得到足够实践检验的情况下，其实际效果存在很大疑问。

金融系统性风险的第三个维度则是外部冲击，尤其是国际金融风险的传染。早在20世纪80年代中期，汇率波动就是国内许多企业风险管理的主要对象，外债偿付能力和货币错配问题也一直是当局关注的重点。随着我国出口的高速增长和汇率体制改革，相对稳定的人民币汇率在很大程度上屏蔽了企业对于汇率波动的忧虑，庞大的外汇储备也使外债和货币错配风险逐步退隐，有限开放的资本项目则阻断了国际金融风险传导的大部分渠道，因此外部冲击更多地通过对实体经济与人民币汇率预期的影响间接作用于国内金融体系，1997年亚洲金融危机和2008年国际金融危机都是如此。除此之外，这两次金融危机对于我国的金融市场主体和监管当局也起到了风险教育的效果：1997年亚洲金融危机让国人对于货币危机有了感性认识，而2008年国际金融危机则使系统性风险和宏观审慎政策的概念深入人心。

不过近年来，随着我国金融市场的进一步对外开放、人民币国际化的推进、"一带一路"倡议的实施和国际政治经济环境的复杂化，国际金融冲击的形式与机制已经发生改变，从而不仅在系统性风险，而且在金融安全这一国家战略层面有了新的含义。在外部冲击的来源方面，由国际主导货币国家不负责任的货币金融政策、跨境资本冲击和国际金融市场震荡的外溢效应,扩展到了某些国际势力对于我国的刻意金融摩擦与货币遏制以及在国际金融基础设施上的排斥等;在外部冲击的传导机制方面,由实体经济与人民币汇率预期扩展到大宗商品市场、企业境外融资与金融活动、跨境资金与金融数据流动、国际支付清算体系等;在外部冲击的应对方面,由被动的吸收化解拓展到主动预防和冷静反制。当然,上面列举的许多外部冲击因素与应对方式在以往同样存在,只是目前其重要性更为凸显,这也从金融层面反映了全球政治经济格局的时代变化。

以上3个维度构成了本报告系统性风险分析的内在框架。除此之外,也存在着一些可能对系统性风险产生影响的"性质未明"的重要因素,金融科技就是其中之一。金融科技的广泛应用改变了市场投资者与消费者的结构,使大量金融认知水平和风险管理水平相对较低的机构与个人进入了市场,不仅推高了市场主体的平均风险承担水平,也增加了风险管理的难度。高频交易和智能投顾的兴起,让金融市场的交易密度和速度都大大提升,市场联动机制更为微妙和复杂,算法设计缺陷或系统错误、网络攻击、数据缺损都可能给金融市场造成重大冲击。金融科技类金融机构的内核和传统金融机构不同,它们主要作为现有金融基础设施的服务商,采用新技术来实施新的金融服务方式和新的金融交易产品流程,这直接或间接导致了传统金融风险、技术风险、管理风险等多重风险交叉融合,在一定条件下有可能触发系统性风险。在我国金融市场结构发育还处于摸索过程的背景下,技术高度复杂的金融科技的运用和大量新型金融形式的出现使系统性风险的金融市场维度更具有"黑天鹅"的性质,虽然概率极小,却难以分析和预测。

当然,系统性风险并非金融风险的全部,对于金融投资者与消费者合法权益的侵害、对于人民基本金融与经济权利的忽视,以及对于隐私权以及数据权利的侵犯同样是金融风险的重要组成部分。面对新时期"人民日益增长的美好生活需要和不平衡不充分的发展之间"的社会主要矛盾,上述问题的重要性显得尤为突出。在大力发展直接融资的背景下,居民与小微企业正逐步走出传统的存款者或贷款者身份，开始在金融体系当中扮演更为多样化的角色，包括金融市场的融资者、投资者和金融数据的创造者。这样一个丰富多彩的金融体系的稳定运行需要可靠的基础设施、良好的市场制度设计、有力的市场主体权利保护、安全的国际环境和有效的监管措施。我们希望，对于我国当前金融体系的风险分析是实现上述目标的重要一步，并且诚挚地邀请志同道合者加入这一领域，一同贡献力量。

胡滨

2021 年 6 月 25 日

目 录

2020年中国金融风险主报告

  胡　滨　郑联盛　李俊成 …………………………………… 1

2020年宏观金融风险分析报告

  费兆奇　朱友明 ………………………………………………… 40

全球金融市场风险分析报告

  胡志浩　李晓花　叶　骋　李重阳 …………………………… 60

银行业金融风险分析报告

  李广子 …………………………………………………………… 97

国内资本市场风险分析报告

  徐　枫 …………………………………………………………… 118

保险业金融风险分析报告

  王向楠 …………………………………………………………… 135

房地产金融风险分析报告

  蔡　真 …………………………………………………………… 156

人民币汇率与国际收支的稳定性

  林　楠 …………………………………………………………… 178

2020年金融科技领域风险分析报告

  董　昀 …………………………………………………………… 198

后记 …………………………………………………………………… 210

2020年中国金融风险主报告

胡 滨 郑联盛 李俊成[①]

摘要： 2020年新冠肺炎疫情是中国金融风险演进的核心冲击变量，全局性和结构性政策应对是中国金融稳定的关键保障。从总量上，2020年新冠肺炎疫情给中国金融体系运行带来严峻挑战，但是，中国金融风险整体比2020年3~4月悲观市场预期要好，重大金融风险攻坚战取得实质性进展。2020年中国金融体系系统性风险状况呈现新特点。一是宏观杠杆率大幅攀升，存在政府杠杆快速上升以稳定企业杠杆的杠杆转移效应。二是市场流动性合理宽裕，企业综合融资成本有所下降，但流动性结构特征较为凸显。三是金融体系脆弱性有所暴露。债券市场违约频发，国企信仰受冲击，中小银行经营风险有所放大。四是国内跨市场金融风险传染在剧烈放大后有所收敛，但跨市场传染效应仍较为显著。五是国际金融风险外溢性显著增强。从重点风险领域看，银行业、政府债

[①] 作者简介：胡滨，法学博士、金融学博士后、研究员、博士生导师，现任中国社会科学院金融研究所党委书记兼副所长、国家金融与发展实验室副理事长。先后主持国家社会科学基金重点课题、中国社会科学院重大课题等40多项；撰写的多篇要报获得中央领导批示；主编《中国金融监管报告》（金融监管蓝皮书）11部；在《法学研究》《财贸经济》《数量经济技术经济研究》等刊物发表学术论文80余篇；出版英文专著2部，译著1部。先后获得中央国家机关青年"创新奖"；中国社会科学院优秀对策信息奖对策研究类一等奖、二等奖和三等奖；中国青年经济学者优秀论文提名奖；优秀皮书奖一等奖；金融研究所优秀科研成果奖、二等奖等；并获得中国社会科学院优秀青年等荣誉称号。2014年入选国家百千万人才工程并被授予有突出贡献中青年专家，享受国务院政府特殊津贴。主要研究领域为金融监管、金融风险、金融科技及普惠金融等。

郑联盛，男，福建永春人，经济学博士，副研究员，现任中国社会科学院金融研究所金融风险与金融监管研究室主任、国家金融与发展实验室金融法律与金融监管研究基地主任，主要从事宏观经济、金融风险和金融监管等研究，曾任职于上海飞机研究所、财政部、中信建投证券和广发基金。

李俊成，男，经济学博士，中国社会科学院金融研究所金融风险与金融监管研究室助理研究员。

务、汇率市场和房地产市场等领域的风险较为凸显。2021年中国金融风险仍受制于新冠肺炎疫情，并面临增长分化与政策匹配、宏观杠杆率高位运行、市场流动性结构调整、公共债务压力上升以及国际市场波动加剧等风险。

关键词：新冠肺炎疫情；系统性风险；结构性

一、2020年中国金融风险总体判断

2020年新冠肺炎疫情全球大流行使全球经济金融体系遭遇了第二次世界大战以来最为严重的冲击，国际金融市场动荡在2020年3~4月甚至超过了2008年国际金融危机，国际社会一度认为全球可能面临新一轮金融危机的冲击。不过，时至2020年末，国际金融市场并没有发生系统性金融危机，主要发达经济体国债收益率保持历史性低位，较大部分资产价格则创出历史新高。得益于中国疫情防控有力和其他大型经济体极度宽松的政策刺激，全球和国内金融风险整体小于疫情暴发初期的市场预期。但与此同时，各类纾困政策也在风险领域产生了一定的副效应。

从总量看，过去一年多，中国系统性金融风险的威胁有所缓释，重大金融风险攻坚战取得重要阶段性进展，相对于2020年3~4月全球濒临系统性危机的悲观预期，中国金融风险总体状况不仅好于全球，而且好于国内市场预期。但是，在疫情冲击之下，中国系统性金融风险防控仍然任重道远，比如，新冠肺炎疫情冲击下的宏观杠杆率攀升的风险是显著的。

从结构看，2020年国内重大风险环节的风险应对和处置较为得当，外汇市场、影子银行、房地产市场以及地方政府债务等问题的政策较为得当，但是，由于疫情冲击的持续性影响，银行业、地方政府债务、外汇市场以及房地产市场的风险仍然不容忽视。2020年中国金融风险演进呈现出较大的结构性变化，主要有以下五个方面的特征。

一是宏观杠杆率的结构分化较为显著。2020年末我国宏观杠杆率为270.1%，相比上年末增长9.6%，增速比上年同期高6.6个百分点。此轮宏

观杠杆率的急速抬升主要是疫情冲击下各类纾困政策密集出台的结果,伴随经济的全面复苏,我国的宏观杠杆率抬升幅度逐步减小。在新冠肺炎疫情的影响下,宏观杠杆率呈现出新的结构特点,具体表现在金融风险存在向政府和公共部门集中的态势。政府部门加杠杆为企业部门稳杠杆提供支撑,这本质上是企业部门杠杆转移至政府部门,由于政府收支双向挤压使政府部门杠杆率上涨创下历史最高值。这种杠杆转移效应具有两面性:一方面,的确缓释了企业部门高杠杆风险,为经济复苏提供微观主体和内生动力支撑。精准的纾困政策使企业的货币信贷得到合理增长,大量表外融资回归表内,提高了企业杠杆率的稳健性,对金融体系的稳定性产生积极作用。另一方面,大幅提高了政府高杠杆风险,同时可能引致新的风险。政府杠杆率增幅创下历史新高,地方政府债务扩张过快,面临较大的偿付压力。

二是金融部门脆弱性显著加大。信用风险已在债券市场暴露,违约债券数量下降,违约债券余额创新高,部分信托公司资产管理计划面临重大风险。与此同时,疫情的暴发使中小银行的资产利润率加速下行,盈利空间被不断压缩,进一步加剧了中小银行的脆弱性。在此次疫情中,金融市场的脆弱性呈现出新的结构特点。首先,国企债"刚兑信仰"受到较大冲击,具体表现在国企违约风险明显提升,而民企债违约率增速边际放缓;其次,高评级债券违约占比扩大,首次违约主体评级中枢有所上移;再次,新增违约主体更多归因于经营层面,主要是受到新冠肺炎疫情影响而经营遇困;最后,在商业银行中,中小银行的不良贷款率在疫情暴发后出现攀升,尽管随着经济的强劲复苏已有所回落,但农商行的不良贷款率依旧维持高位震荡。特别需要警惕的是,应对疫情出台的延期还本付息政策延缓了风险暴露,但是,如果未来还本付息政策回归正常后,企业信用风险可能加速呈现。可见,不同类型金融机构对疫情冲击的反应存在结构差异,信托等非银机构以及中小银行在资产质量下滑中受到较大的影响,经济下行中的顺周期效应和金融脆弱性已在债券市场、信托行业以及中小银行中暴露出来。

三是房地产部门呈现结构性分化走势。一方面,新冠肺炎疫情严重冲击经济增长、就业和收入，使房地产部门的需求有所下降，特别是购买力相对较弱的三、四线城市和小城镇，房地产市场呈现需求下滑和价格下跌的趋势。另一方面，一线城市和部分二线城市仍然维持价格上涨态势，尤其深圳、上海等价格上涨较为明显，房地产市场金融化泡沫化的趋势则有所加大。房地产企业资金监测和融资管理规则（"三道红线"）使剔除预收款后的资产负债率大于70%、净负债率大于100%和（或）现金短债比小于1.0倍的房地产企业面临较大的融资压力。新出台的监管政策通过增强房地产企业融资管理的市场化、规则化和透明度，使房企形成稳定的金融政策预期，以合理安排自身的经营活动和融资行为，有助于矫正目前一些房企盲目扩张的经营行为，增强房企自身的抗风险能力。但是，从净负债率、现金短债比和"踩线"情况看，约42家房企踩了"三道红线"，约占样本房企总数的34%。其中，大部分是大中型房企。这使得部分企业的融资压力陡增，同时也面临较大的债务风险甚至是债务违约风险。

四是国内金融市场波动烈度有所缓解，但后续风险隐患犹存。就波动幅度而言，股票市场面临的风险最高，商品期货市场其次，债券市场风险再次，汇率市场风险最小；就时间维度来看，股票市场、债券市场及商品期货市场的最大波动均集中在疫情暴发的初期，而汇率市场的最大波动发生在第四季度。疫情冲击下国内各金融市场风险传染显著增强。从时间维度来看，各金融市场之间的动态相关性在疫情暴发的初期达到峰值，随着疫情得到有效控制，各金融市场之间的动态相关性有所减弱；就风险传染的强度来看，期货市场与股票市场、股票市场与债券市场在发生外部重大风险事件时传染性最为突出；就各市场之间的传染关系的方向而言，股票市场与债券市场、股票市场与汇率市场、期货市场与债券市场、期货市场与汇率市场之间成负相关关系；汇率市场和债券市场、期货市场和股票市场之间成正相关关系。值得注意的是，疫情防控期间，股市等金融市场的上涨与纾困政策下释放的流动性直接相关。2020年股市的上涨并没有实体经济的增长作为支撑，存在较强的不稳定性。

五是外部金融市场波动剧烈，对中国外溢冲击较为显著。就波动幅度而言,美国商品期货市场面临的风险最高,汇率市场、股票市场其次,债券市场风险最小;从时间维度来看,美国债券市场、股票市场、汇率市场的最大波动均集中在疫情暴发的初期,商品期货市场则是在一段时间后逐步攀升;就波动分布情况而言,债券市场、股票市场、汇率市场的极端值主要集中在疫情暴发初期,此后风险始终保持在较低水平;而商品期货市场的波动率虽然在疫情暴发初期出现数次小高峰,但其风险水平整体呈现持续走高态势,并维持高位大幅震荡。需要注意的是,此轮全球金融市场的风险传染与美国为应对疫情而实施的超常规货币政策紧密相关。未来,跨境资本的流动、美元指数的走势以及在此基础上形成的金融市场的波动,都在很大程度上取决于美国疫情纾困政策的走向。

二、2020 年中国金融风险演进:系统性风险视角

金融体系的结构特征决定了其系统性风险状况。为此,本文选取宏观杠杆率、流动性、脆弱性、跨市场金融风险传染和国际金融风险外溢五个结构性指标,对于我国金融体系的系统性风险水平进行评估。

(一)宏观杠杆率

宏观杠杆率是指债务总规模与 GDP 的比值,通常被作为判断经济风险的重要指标。2020 年,受疫情冲击的影响,宏观杠杆率在疫情暴发初期出现了大幅攀升,而后逐季趋缓。分部门看,纾困政策使企业杠杆整体趋稳,而更加"积极有为"的财政政策使政府杠杆率创下历史新高。目前,我国的居民杠杆率已接近警戒水平,居民杠杆率上升过快的透支效应和潜在风险须引起警惕。

1. 疫情冲击下宏观杠杆率大幅攀升。宏观杠杆率是指债务总规模与 GDP 的比值,宏观杠杆率的上升意味着负债收入比上升,经济主体的债务负担加重,违约风险也随之上升,因此宏观杠杆率通常被作为判断经济风险的重要指标。中国社会科学院国家金融与发展实验室数据显示,2020 年末我国宏观

杠杆率为270.1%，相比上年末增长9.6%，增速比上年同期高6.6个百分点。

从宏观杠杆率的变动幅度来看，宏观杠杆率增幅呈现出增速急而后逐季趋缓的特点。2020年第一季度我国宏观杠杆率大幅攀升13.9个百分点达到260.4%，成为仅次于2009年第一季度宏观杠杆率单季攀升14.2个百分点的历史高点；2020年第二季度我国宏观杠杆率上升7.2个百分点，增幅约是第一季度增幅的半数；2020年第三季度宏观杠杆率上升3.6个百分点，增长幅度再次趋缓，仅为上一季度的一半；2020年第四季度宏观杠杆率出现负增长，单季度下降1.1个百分点，显示出我国宏观杠杆率在第一季度出现急速攀升后，开始出现回落。

此轮宏观杠杆率的急速抬升主要是疫情冲击下各类纾困政策密集出台的结果，目的在于稳定经济增长，提振经济增速。2020年第一季度M2增长4.8%，第二季度至第四季度的增长率依次为2.6%、1.4%、1.1%，M2增长的节奏与宏观杠杆率的变动呈现出较高的一致性。2020年第一季度至第四季度的名义GDP同比增速依次为-5.3%、3.1%、5.5%和7.0%。在经济逐步复苏的过程中，我国的宏观杠杆率抬升幅度明显缩小。

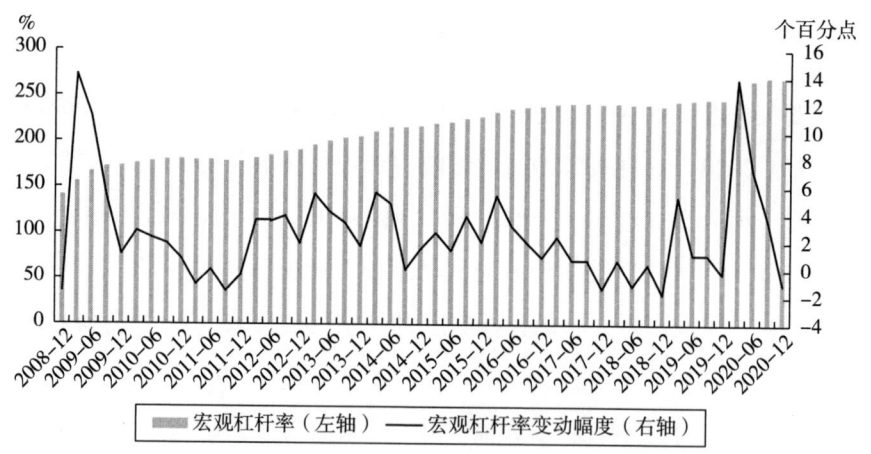

图1　中国宏观杠杆率走势（2008Q4－2020Q4）

（资料来源：中国社会科学院国家金融与发展实验室）

2. 纾困政策使得企业杠杆整体趋稳。2020 年为应对疫情冲击出台的宽货币、宽信用的稳增长政策使得非金融企业部门在 2017 年实现"去杠杆"后首次重现大幅扩张。2020 年末，非金融企业部门杠杆率为 162.3%，与上年同期相比增长 10.4%，增幅高 9.5 个百分点。在 2020 年全年宏观杠杆率 23.6 个百分点的增幅中，非金融企业部门的贡献率最大，达 44.1%；政府部门和居民部门次之，分别为 30.1% 和 25.9%。

与过去非金融企业部门杠杆率的提升有所不同，此轮非金融企业部门杠杆率的抬高与政策当局陆续出台的金融支持疫情防控和中小微企业发展的相关举措密切相关。为缓解疫情带来的经济下行压力，支持相关企业战胜疫情灾害影响，货币当局通过多种货币政策工具提供充足的流动性，同时引导金融机构加大信贷投放支持实体经济，促进货币信贷合理增长。2020 年末的非金融企业贷款余额为 110.5 万亿元，同比增速为 12.4%，增速比上年同期高出 1.9 个百分点。与此同时，委托贷款、信托贷款、未贴现银行承兑汇票余额全年共下降了 5.9%，大量表外融资回归表内，增强了金融体系的稳定性。

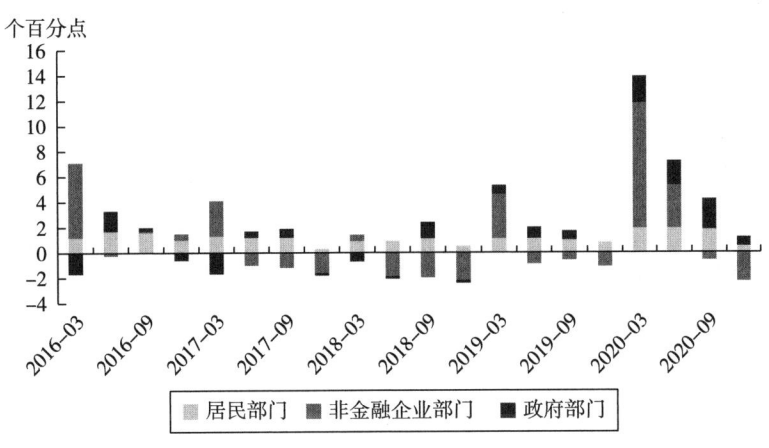

图 2　非金融企业杠杆率变动

（资料来源：中国社会科学院国家金融与发展实验室）

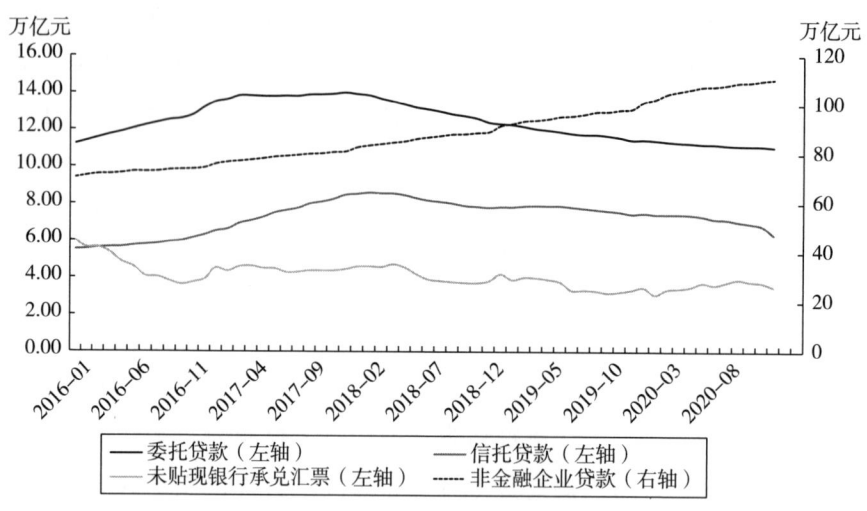

图3 非金融企业融资规模

（资料来源：中国社会科学院国家金融与发展实验室）

3. 政府杠杆率增幅创历史新高。2020年政府部门杠杆率从2019年末的38.5%增长至45.6%，增幅达7.1个百分点，增幅比上年同期高4.8个百分点，创下十余年来的历史最高值。在政府部门杠杆的变动中，中央政府杠杆率从2019年末的16.9%增长至20%，增幅达3.1个百分点，增幅比上年同期高2.4个百分点；地方政府杠杆率从2019年末的21.6%增长至25.6%，增幅达4个百分点，增幅比上年同期高2.4个百分点。在2020年政府部门杠杆率的变动中，中央政府部门的贡献率为44%，地方政府部门的贡献率为46%，两者大抵相当。

2020年受疫情影响，我国财政政策更加强调"积极有为"，各级政府均实施扩张性的财政政策来助力经济恢复。2020年地方财政收支缺口不断扩大，债务融资成为地方政府融资的主要渠道。值得警惕的是，受疫情冲击的影响，地方政府债务扩张过快，将面临较大的偿付压力。2021年政府债券面临大规模集中到期，2021年到期债券数量最达到高峰4186只，2021年债券最大偿还额达9.2万亿元。过大的偿付压力将加剧政府债务的风险问题，甚至存在向其他金融体系蔓延的可能。

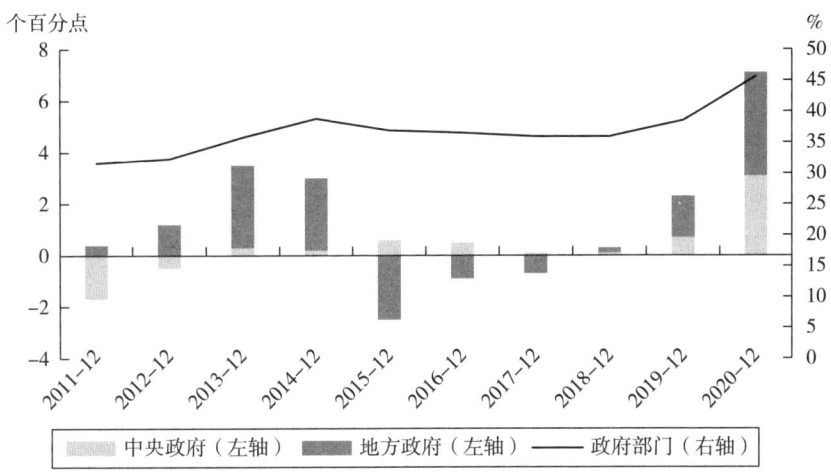

图 4　政府杠杆率变动

（资料来源：中国社会科学院国家金融与发展实验室）

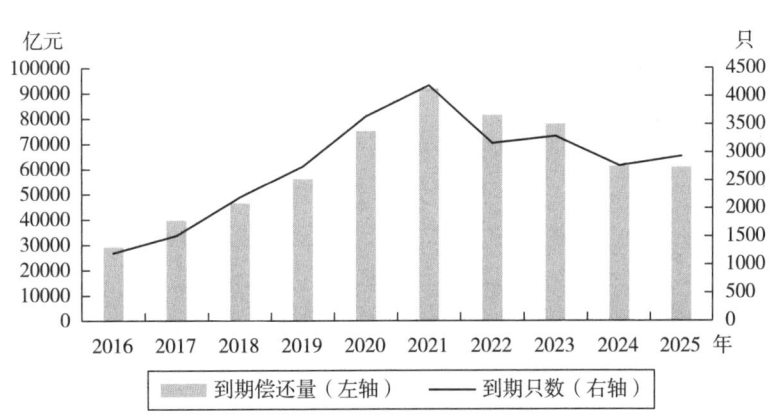

图 5　政府债务偿债压力

（资料来源：中国社会科学院国家金融与发展实验室）

4. 居民杠杆率持续攀升。2020 年居民部门杠杆率从 2019 年末的 56.1% 增长至 62.2%，增幅达 6.1 个百分点，增幅比上年同期高 2.1 个百分点。

2020年四个季度的增幅分别为1.9个、1.9个、1.8个和0.5个百分点,四个季度的增速分别为3.4%、3.3%、3.0%和0.8%。国际货币基金组织认为,居民部门杠杆率高于30%时,该国中期经济增长将会受到影响;而当居民部门杠杆率超过65%时,将会影响到金融稳定。由此看来,我国居民部门杠杆率虽在安全范围内,但已处于高位。

就2020年的情况来看,2020年第一季度居民部门杠杆率增幅最大,这与受疫情影响第一季度GDP同比下降有关。随后,在2020年第四季度,居民部门杠杆率增幅出现明显回落。就居民杠杆率的驱动因素来看,个人经营贷款增速降幅最大,个人住房贷款增速其次,个人消费贷款增速的降幅最小。目前,我国的居民杠杆率已接近警戒水平,上升空间不大,要高度警惕居民杠杆率过快上升的透支效应和潜在风险,适度降低居民杠杆中的消费贷款,保证个人经营贷款的合理适度增长,对居民杠杆进行结构性优化。

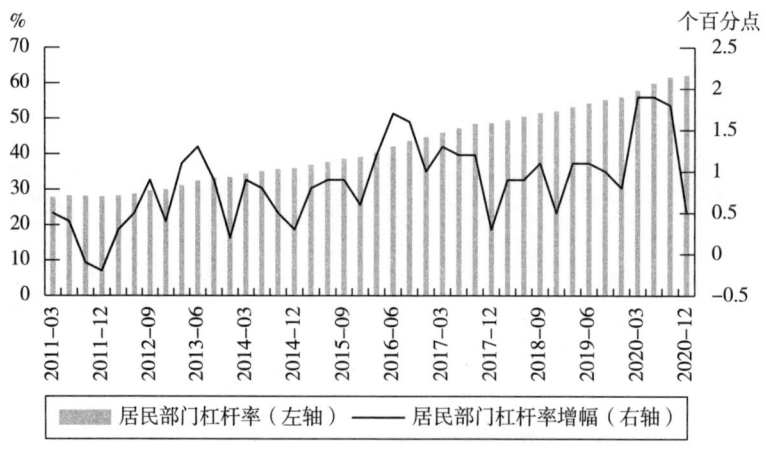

图6 居民杠杆率变动

(资料来源:中国社会科学院国家金融与发展实验室)

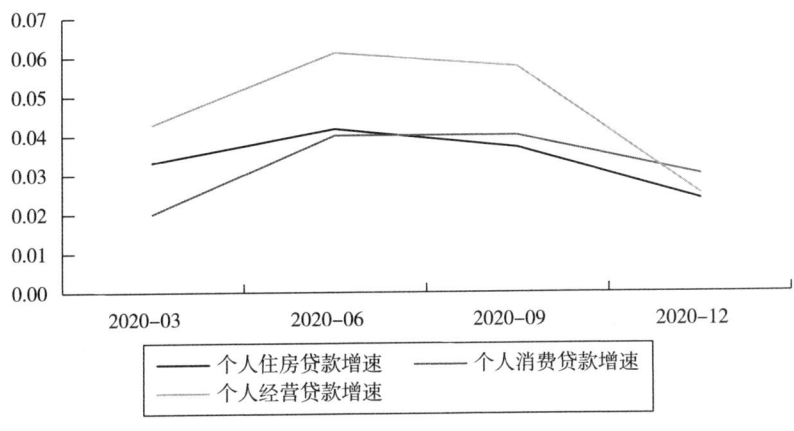

图 7　居民信用增速

（资料来源：中国社会科学院国家金融与发展实验室）

（二）流动性

2020 年，在灵活精准、合理适度的货币政策下，货币环境整体积极稳健，货币供应量和社会融资规模增速同名义经济增速基本匹配，社会融资规模增量稳定，银行体系流动性合理充裕，创新型货币政策工具精准提供流动性补充。但需注意的是，受银行风险偏好等影响，金融体系流动性向实体经济的传导可能存在梗阻。

1. 货币环境整体积极稳健。2020 年货币政策整体积极稳健，流动性保持平稳。截至 2020 年末，流通中现金（M0）余额 8.4 万亿元，相比上年同期增长 9.2%，增速比上年同期快 3.8 个百分点；狭义货币（M1）余额 62.6 万亿元，相比上年同期增长 8.6%，增速比上年同期快 4.2 个百分点；广义货币（M2）余额 218.7 万亿元，相比上年同期增长 10.1%，增速比上年同期快 1.4 个百分点。

社会融资规模增量稳定。2020 年全年社会融资规模增量为 34.9 万亿元，同比增加 9.3 万亿元。从增量结构看，一是新增人民币贷款增长明显。2020 年全年新增人民币贷款 20.0 万亿元，比上年增加 3.2 万亿元，占 2020 年社会融资规模增量的 57.8%。二是企业直接融资占比小幅上升。2020 年全年非金融企业境

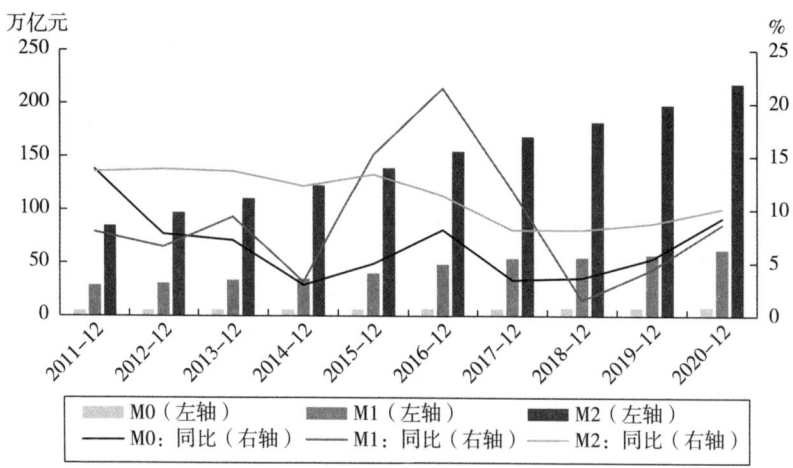

图 8　货币总量同比增速

（资料来源：Wind 数据库）

内债券和股票合计融资 5.3 万亿元，比上年增加 1.8 万亿元，占社会融资规模增量的 15.3%，同比增加 1.3 个百分点。三是委托贷款、信托贷款同比减少。2020 年全年委托贷款和信托贷款合计融资减少 1.5 万亿元，占社会融资规模增量的 -4.3%。四是新增未贴现银行承兑汇票与新增外币贷款由负转正。

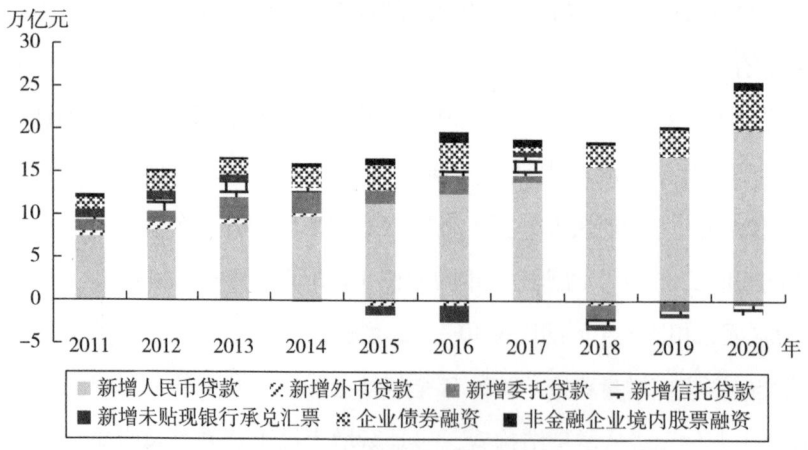

图 9　社会融资规模增量

（资料来源：Wind 数据库）

2. 银行体系流动性合理充裕。银行体系流动性合理充裕，货币市场利率平稳。2020年银行间同业拆借7天加权利率在1.6%~3.8%区间呈现震荡态势，最高点为3.7%（2020年1月21日），最低点为1.6%（2020年5月9日）；2020年银行间质押式回购7天加权利率在1.2%~3.6%的区间低位运行，最高点为3.6%（2020年1月15日），最低点为1.3%（2020年5月9日）。相较于2019年，2020年银行间同业拆借7天加权利率和银行间质押式回购7天加权利率波动幅度均有所扩大，但利率中枢有所下行。

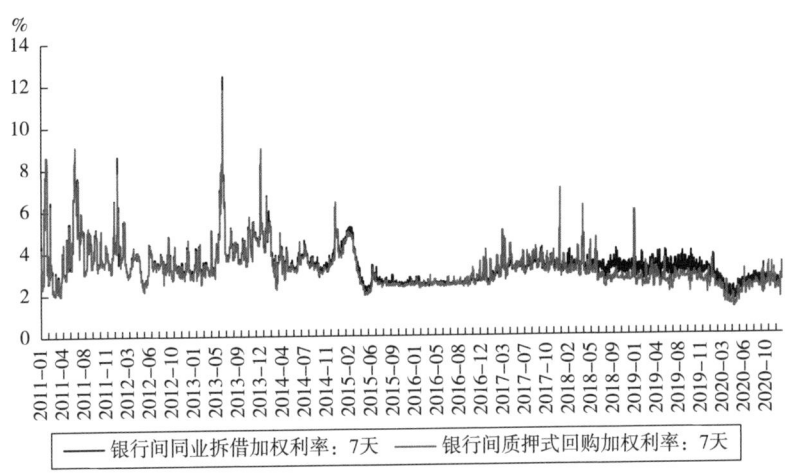

图10 货币市场利率走势

（资料来源：Wind数据库）

银行间回购和拆借交易活跃。2020年，银行间质押式回购累计成交952.7万亿元，日均成交3.8万亿元，全年累计成交和日均成交同比增长17.6%和21.9%；银行间债券现券累计成交234.9万亿元，日均成交0.9万亿元，全年累计成交和日均成交同比增长10.4%和10.9%；银行间买断式回购累计成交7.1万亿元，日均成交0.03万亿元，全年累计成交和日均成交同比分别下降26.9%和26.6%；银行间同业拆借累计成交147.1万亿元，日均成交0.6万亿元，全年累计成交和日均成交同比分别增长17.6%和21.9%，全年累计成交和日均成交同比分别下降3%和2.6%，与上年基本持平。

2020年金融机构的超额存款准备金率呈正"U"形走势。2020年第一季

金融风险报告（2020）

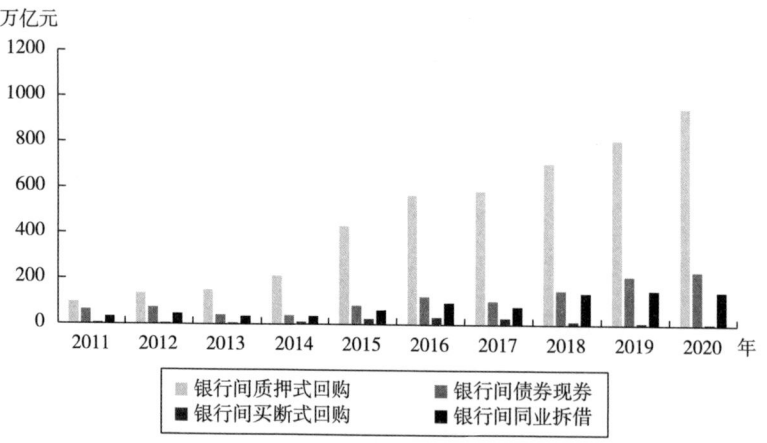

图 11　银行间回购和拆借交易规模

（资料来源：Wind 数据库）

度和第二季度，央行采用多种货币政策工具，保持市场流动性充裕，宽松的货币环境、信用环境使金融机构对流动性的预防性需求减少，超额存款准备金率持续下行。第二季度后，伴随着疫情得到有效控制和经济的快速反弹，货币政策逐步回归常态，超额存款准备金率也随即上升。2020 年末金融机构超额准备金率为 2.2%，比 2019 年末低 0.3 个百分点。

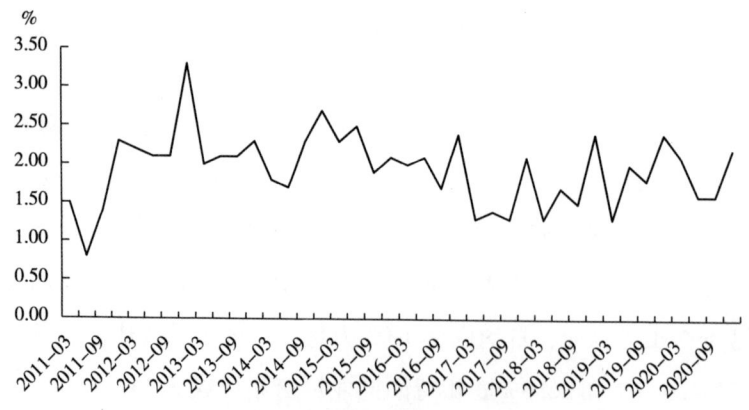

图 12　超额存款准备金率走势

注：包括银行类金融机构和非银行类金融机构，其中银行类金融机构包括政策性银行和国家开发银行、大型商业银行、股份制商业银行、城市商业银行、农村金融机构、中国邮政储蓄银行以及外资银行。非银行类金融机构包括证券类机构、保险类机构和其他非银行类金融机构。

（资料来源：Wind 数据库）

3. 创新型货币政策工具精准提供流动性补充。常备借贷便利（SLF）通过设定 SLF 利率，在同业市场发生资金供需紧张时，金融机构可以按照 SLF 利率向央行申请抵押贷款，使央行可以"一对一"的精准投放流动性。2020年，累计开展常备借贷便利操作 0.2 万亿元。

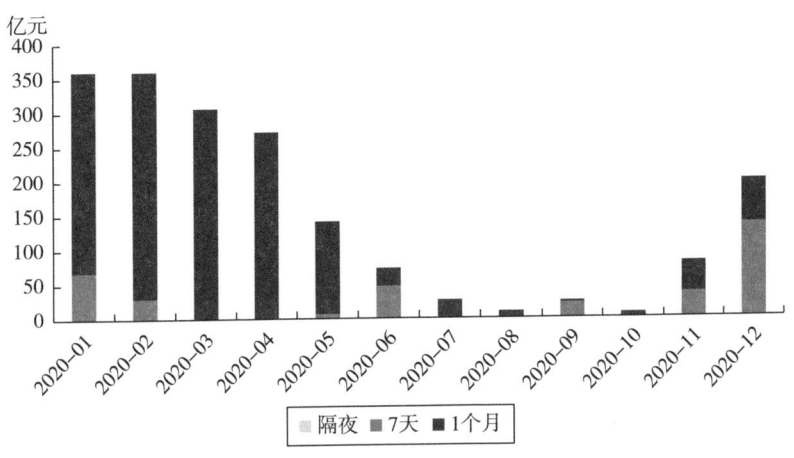

图 13　常备借贷便利规模

（资料来源：国家统计局）

中期借贷便利（MLF）通过发挥中期政策利率信号作用和利率引导功能，实现中长期流动性合理供给。2020 年，央行累计开展中期借贷便利操作 13 次，共计 5.2 万亿元，期限均为 1 年。中期借贷便利采取招标方式，2020 年 2 月 17 日中标利率下降 10 个基点至 3.2%；2020 年 4 月 15 日中标利率进一步下降 20 个基点至 3.0%。

4. 金融体系流动性向实体经济传导存在梗阻。为应对本轮的新冠肺炎疫情，央行执行宽松的货币政策，向金融体系注入大量流动性。在总量宽松的货币环境下，银行间回购和拆借交易活跃，银行体系流动性合理充裕。但需注意的是，受银行风险偏好等影响，金融体系流动性向实体经济的传导可能存在梗阻。2020 年温州地区民间融资综合利率均值为 15.27%，民间利率并未因为总量宽松的货币政策而呈现明显的下行趋势。不同评级的城投债信用

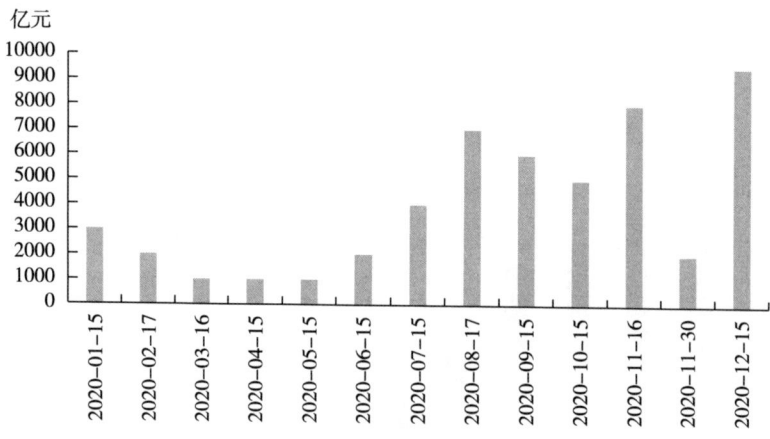

图14 中期借贷便利规模

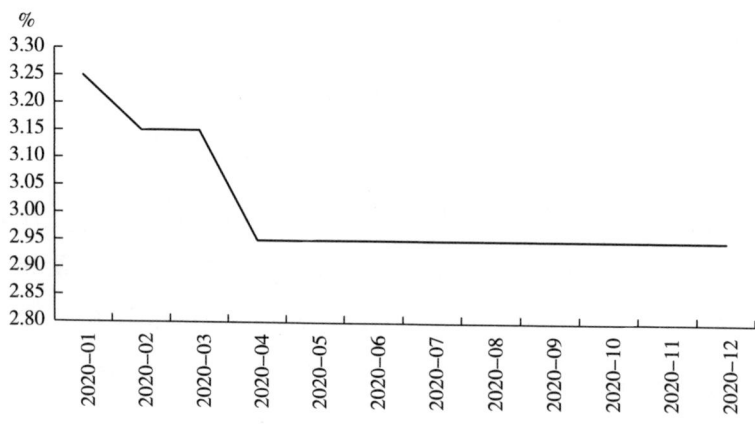

图15 中期借贷便利利率

利差同样显示，2020年城投债信用利差整体平稳，且在第四季度开始走阔，这也从侧面显示出金融市场的流动性并未因总量宽松的货币政策而得到显著改善。

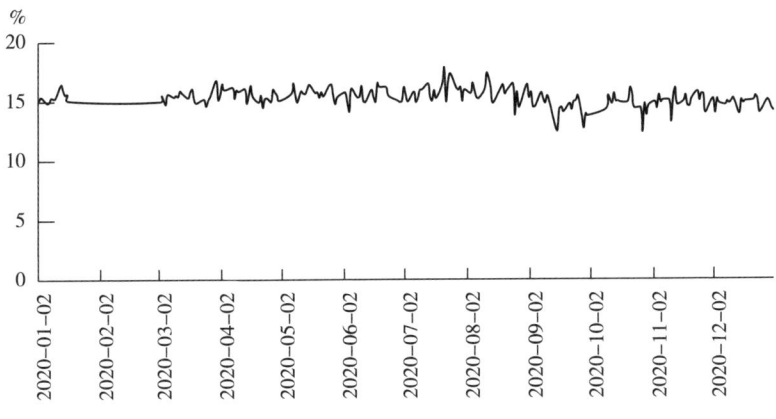

图 16　温州民间融资综合利率

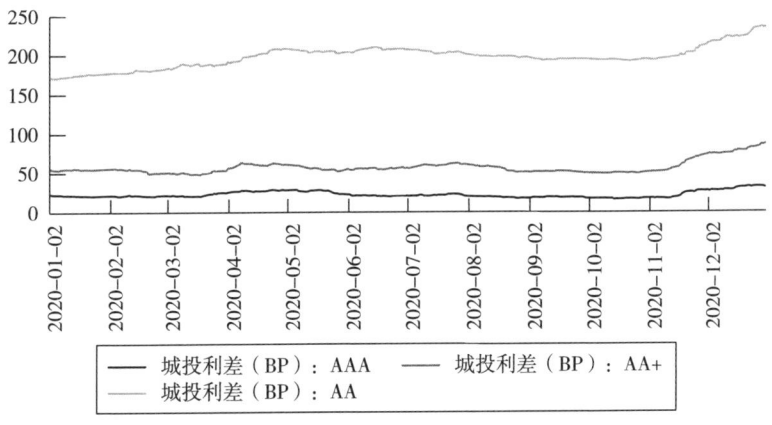

图 17　城投债信用利差

（三）脆弱性

金融机构的脆弱性最基本的衡量指标是清偿力，违约情况可以被认为是观察金融体系脆弱性的良好指标。不良贷款比率是衡量银行金融脆弱性的主要指标，违约率是反映债券市场风险的重要指标。

1. 信用风险已在债券市场暴露。违约债券数量下降，违约债券余额创新高。Wind 统计数据显示，2020 年全年共有 150 只债券发生实质违约（包括金融债、企业债、公司债、中期票据、短期融资券、资产支持证券、定向工具等），违约时的债券余额合计1697.02亿元，涉及的违约主体共有54家，其中30家是首次违约。与2019年相比，违约债券的数量下降了18.9%，但违约债券余额反而上升了13%。就过去的5年情况来看，2020年违约债券数量、违约主体个数、新增首次违约主体个数虽然均有所下降，但依旧为过去5年中的次高。

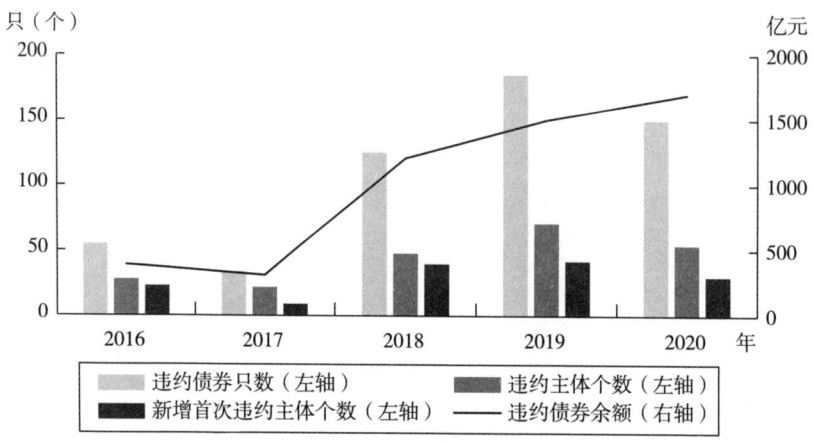

图18 债券违约情况

（资料来源：Wind数据库）

国企债"刚兑信仰"受到较大冲击。2020年共有51只国企债违约，占全年违约债券的34%，包括26只央企债和25只地方国企债。在2020年新增的30家首次违约的主体中，有8家国企（1家央企和7家地方国企），占首次违约主体的26.7%。2020年国企债违约余额为699亿元，相比上年同期增长了317.8%，增速比上年同期快253个百分点，违约风险明显提升。相比于国企违约风险明显提升，民企债违约率增速边际放缓。2020年共有84只民企债违约，占全年违约债券的56%。在2020年新增的30家首次违约的主体中，有18家民企，占首次违约主体的60%。2020年民企债违约余额为802.5亿元，相比上年同期减少了29.4%，违约风险得到一定的控制。一般来讲，国有企业获取外部融资相对容易，因此对外部融资的依赖可能也会偏大。当疫情冲击使融资条件出现边际变化时，对外部融资依赖较大的国企，也会更为敏感。同时，由于国企本身的经营绩效偏弱，受疫情冲击的影响，无法依靠自身利润来弥补现金流的短缺，这也是国企债违约率抬升的重要原因。

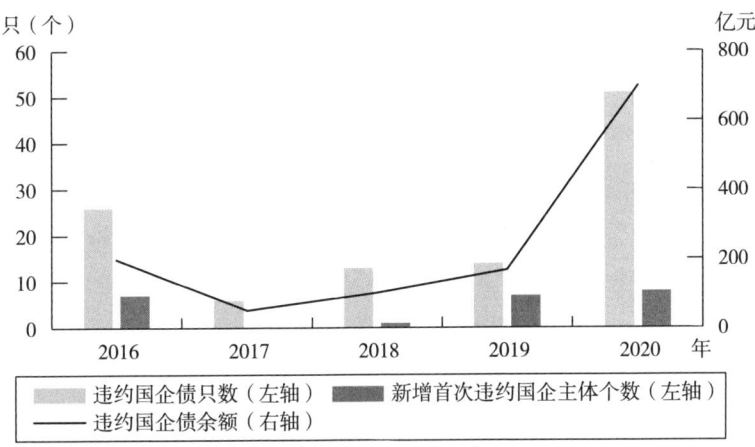

图19 国企债券违约情况

（资料来源：Wind数据库）

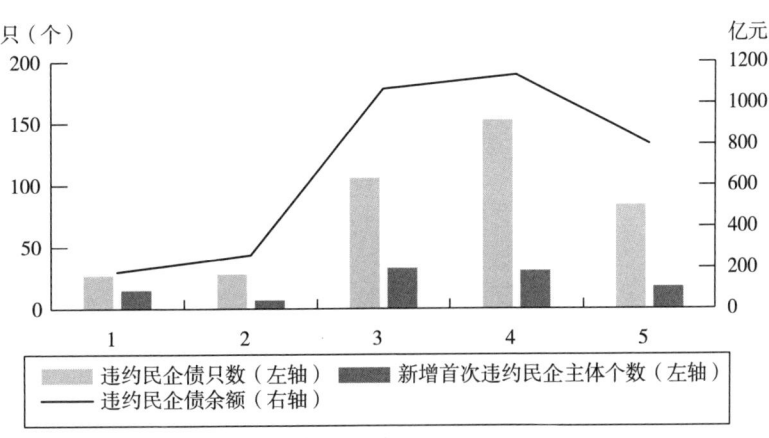

图20 民企债券违约情况

（资料来源：Wind数据库）

疫情冲击成为2020年度债券违约的重要原因。与以往发行人违约原因相比，2021年以来新增违约主体更多归因于经营层面，主要是受到新冠肺炎疫情影响而经营遇困。在2020年新增的30家违约主体中,有24家违约主体披露了债券违约的原因。其中,超过70%的发行人是因为企业生产经营出现问题,盈利能力、变现能力下降,尤其是受到疫情冲击或行业下行压力的影响,如山东如意、泰禾集团、宜华企业、中融新大、新华联等均在披露信息中强调了新冠肺炎疫情对企业经营产生的影响和冲击。

表1　　　　　　　2020年新增违约主体的违约原因

债券简称	发行人	首次债券违约日期	违约原因
18必康01	延安必康制药股份有限公司	2020-12-31	流动性紧张
17如意科技MTN001	山东如意科技集团有限公司	2020-12-14	新冠肺炎疫情的暴发,公司生产、销售等经营活动受到严重影响,加剧了流动性紧张
20鸿达兴业SCP001	鸿达兴业集团有限公司	2020-12-14	未披露原因
18远高01	宁夏远高实业集团有限公司	2020-11-23	受多种原因影响,未能如期兑付本期债券利息及本金
18福晟02	福建福晟集团有限公司	2020-11-19	未披露原因
17紫光PPN005	紫光集团有限公司	2020-11-16	流动资金紧张
17成龙03	成龙建设集团有限公司	2020-11-13	经营困难,资金周转困难
18豫02EB	河南豫联能源集团有限责任公司	2020-11-02	公司破产重整
H17华汽5	华晨汽车集团控股有限公司	2020-10-23	流动性紧张
18沈公用PPN001	沈阳盛京能源发展集团有限公司	2020-10-23	破产重整
17巴安债	上海巴安水务股份有限公司	2020-10-19	公司未与债券持有人达成债务和解
16三盛04	上海三盛宏业投资(集团)有限责任公司	2020-09-22	流动性紧张
16天房04	天津房地产集团有限公司	2020-09-08	流动性紧张
16铁牛01	铁牛集团有限公司	2020-08-24	未披露原因
16房信01	天津市房地产信托集团有限公司	2020-08-24	流动性紧张

续表

债券简称	发行人	首次债券违约日期	违约原因
17泰禾MTN001	泰禾集团股份有限公司	2020-07-06	受地产整体环境下行，新冠肺炎疫情等叠加因素的影响，公司短期流动性出现困难
H8华讯02	华讯方舟科技有限公司	2020-07-02	流动性紧张
17康01EB	康美实业投资控股有限公司	2020-06-24	未披露原因
12青投资	青海省投资集团有限公司	2020-06-19	破产重整
20桑德工程EN001	北京桑德环境工程有限公司	2020-06-08	未披露原因
15信威通信PPN003	北京信威通信技术股份有限公司	2020-06-01	流动性紧张
15森工集MTN001	中国吉林森林工业集团有限责任公司	2020-05-18	破产重整
17宜华企业MTN001	宜华企业（集团）有限公司	2020-05-06	近期新冠肺炎疫情暴发，经营性现金回笼短期基本停歇
18中融新大MTN002	中融新大集团有限公司	2020-04-20	受新冠肺炎疫情的严重冲击，经营性现金流遭到阶段性重创
16力帆02	力帆实业（集团）股份有限公司	2020-03-16	流动性紧张
15新华联控MTN001	新华联控股有限公司	2020-03-06	受新冠肺炎疫情的影响，流动资金极为紧张
18北大科技ABN001优先级	北京北大科技园建设开发有限公司	2020-03-06	发起机构未能按期足额支付回售资金，且差额补足义务人也未履行差额补足义务
15康美债	康美药业股份有限公司	2020-02-03	流动性紧张
17天神01	大连天神娱乐股份有限公司	2020-01-20	未披露原因
18力控01	重庆力帆控股有限公司	2020-01-15	流动性紧张

资料来源：根据公开信息整理。

违约后处置情况不佳。从过去的5年（2016—2020年）违约债券的偿付情况来看，共有70只债券的110笔兑付记录，占违约债券的12.8%。违约债券总违约本息0.3万亿元，兑付本息0.03万亿元，总回收率为9.8%，其中包括中外合资企业在内的其他企业回收率最高，为16.1%；地方国企债次之，回收率为10.9%；民企债回收率为9.7%；中央国企债回收率最低，为5.6%。

表2　　　　　　　　　不同性质企业债券违约的处置情况

企业属性	违约本息（亿元）	兑付本息（亿元）	回收率（%）
地方国有企业	403.2	43.7	10.9
中央国有企业	500.3	28.2	5.6
民营企业	2230.0	215.2	9.6
其他企业	292.7	47.2	16.1
合计	3426.2	334.3	9.8

资料来源：Wind数据库。

2. 疫情冲击下中小银行风险凸显。新冠肺炎疫情的暴发和蔓延将中小微企业的发展推向了"谷底"，不少中小微企业都遇到了前所未有的困境，而主要客群为中小微企业的中小银行也在疫情的冲击下遭遇了不小的经营困难。一是中小银行"挤兑"事件频发。2020年8月，位于辽宁省葫芦岛市的葫芦岛银行出现"集中提款"事件，造成银行网点营业秩序紊乱。二是中小银行"抱团取暖"现象突出。攀枝花市商业银行、凉山州商业银行合并重组设立四川银行；大同银行、长治银行、晋城银行、晋中银行和阳泉市商业银行合并重组设立山西银行。除城商行外，同为中小银行的农商行也在合并重组的队列中。以江苏为例，淮海农商银行、徐州铜山农商银行、徐州彭城农商银行三家农村商业银行新设合并，筹建徐州农商银行。受历史遗留问题及现实运营差异的共同影响叠加疫情冲击，中小银行通过兼并重组共抗风险已成行业趋势。

表3　　　　　　　　　2020年发起兼并重组银行情况

省份	兼并重组前	兼并重组后
陕西	陕西榆林榆阳农村商业银行股份有限公司	陕西榆林农村商业银行股份有限公司
	陕西横山农村商业银行股份有限公司	
江苏	徐州淮海农村商业银行股份有限公司	徐州农村商业银行股份有限公司
	徐州铜山农村商业银行股份有限公司	
	徐州彭城农村商业银行股份有限公司	

续表

省份	兼并重组前	兼并重组后
四川	攀枝花市商业银行	四川银行
	凉山州商业银行	
	绵阳市涪城区农村信用合作社	绵阳农商银行
	绵阳市游仙区农村信用合作社	
	安州农商行	
	三江农商行	乐山农商行
	五通农信联社	
	沙湾农信联社	
	金口河农信联社	
山西	大同银行	山西银行
	长治银行	
	晋城银行	
	晋中银行	
	阳泉市商业银行	
福建	福清汇通农商银行	福建邵武农商行
	平潭农商银行	
辽宁	双台子区联社	盘锦农商行
	兴隆台区联社	

资料来源：作者整理。

(四) 传染性

1. 国内金融市场在疫情暴发初期波动剧烈。2020年债券市场共发行各类债券37.8万亿元，同比增长39.6%；债券市场总托管量达到104.3万亿元，同比增加16.9万亿元，同比增长19.4%。受疫情影响，债券市场在2~4月波动较为剧烈。随着疫情得到有效控制，市场波动明显减弱。就各市场比较而言，债券市场波动率是各市场波动率均值中最低的，这从侧面显示出债券市场的相对稳健性。

2020年股票市场筹资额达1.2万亿元，同比增长68.5%。2020年股票成交金额达206.8万亿元，同比增长62.3%。2020年上证综指和深证成指分别上涨13.9%和38.7%，创业板指数更是暴涨65%。受到疫情影响，大盘前期出现了暴跌，但是随着国内防控进入常态化，股票市场的波动逐步平息。随后，纾困政策带来的流动性进入股票市场，再次放大了股票市场的波动性，甚至一度超过了疫情暴发初期的波幅。

2020年期货市场累计成交61.5亿手，相比上年增加21.9亿手，同比增长55.3%；2020年期货市场累计成交额437.5万亿元，相比上年增加146.9万亿元，同比增长50.6%。从商品期货市场的价格表现来看，不同板块间存在较大差异。煤焦钢矿板块年内涨幅最高，为41%；能源板块受到原油价格大跌的拖累，排名垫底，年内涨幅收跌4%。受疫情的冲击，期货市场出现了较大波动。就各市场比较而言，商品期货市场波动率仅次于股票市场，市场波动情况较为突出。

比较国内各金融市场的风险情况可以发现：就波动幅度而言，股票市场面临的风险最高，商品期货市场次之，债券市场风险最小；就时间维度来看，股票市场、债券市场风险在第四季度得到了较好的收敛，这主要得益于疫情防控的积极成果和包括宽松货币政策在内的各类纾困政策逐步回归正常化。期货市场的最大波动发生在第四季度，这主要是因为商品期货价格的国际联动性很强。

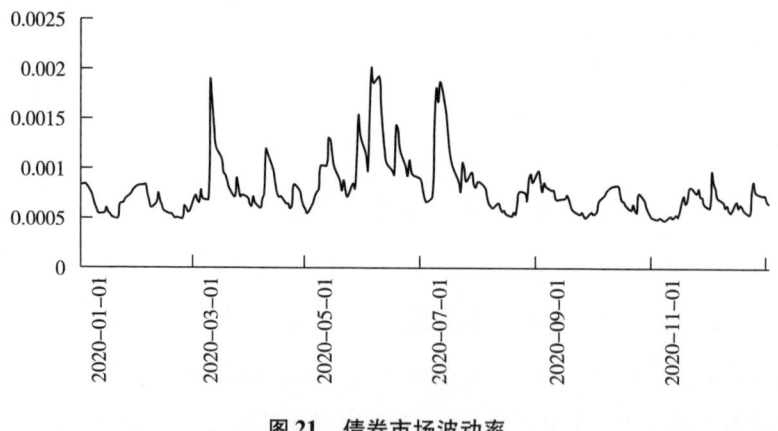

图21 债券市场波动率

注：单个金融市场自身风险变量用动态波动率来刻画，由作者采用单变量GARCH（1，1）模型测算得到。

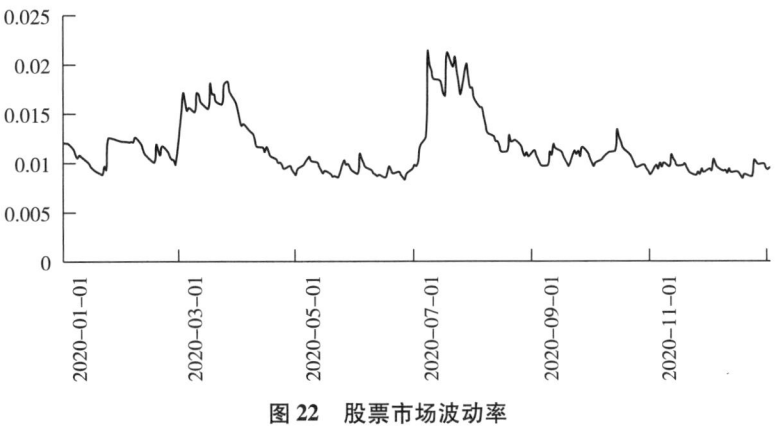

图 22　股票市场波动率

注：单个金融市场自身风险变量用动态波动率来刻画，由作者采用单变量 GARCH（1，1）模型测算得到。

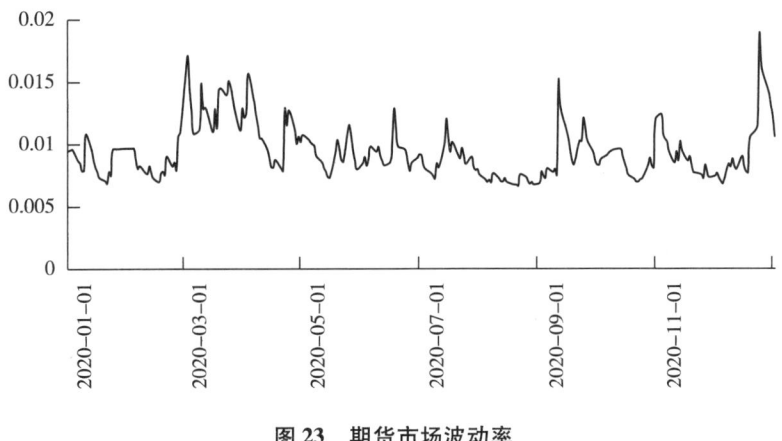

图 23　期货市场波动率

注：单个金融市场自身风险变量用动态波动率来刻画，由作者采用单变量 GARCH（1，1）模型测算得到。

2. 国内各金融市场风险传染显著增强。观察各金融市场间的风险溢出可以发现：就时间维度来看，各金融市场之间的动态相关性并不是在疫情暴发初期到达峰值，绝大部分市场间风险溢出的峰值都出现在第三季度，也就是在疫情纾困政策开始退出时，各金融市场之间的动态相关性达到最强；就风险传染的强度来看，债券市场对股票市场的风险溢出要明显大于股票市场对债券市场的风险溢出，期货市场对股票市场的风险溢出大于股票市场对期货市场的风险溢出；就各市场之间的传染关系的方向而言，股票市场与债券市场、债券市场与期货市场呈正相关关系，股票市场和期货市场呈负相关关系。

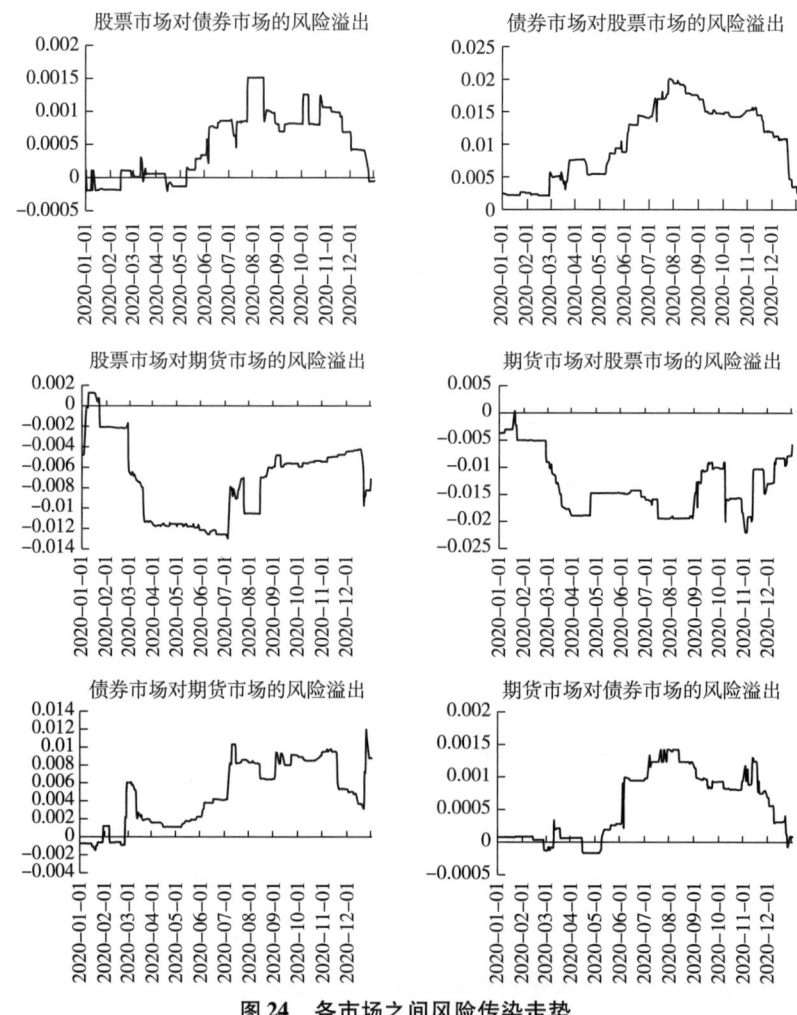

图 24　各市场之间风险传染走势

注：金融市场的风险溢出由作者基于动态相关系数自回归条件异波动率（DCC - GARCH）模型测算得到。

（五）外溢性

1. 美国金融市场大幅震荡。2020 年美国国债收益率持续下行，10 年期美债实际收益率日度均值从2019年的0.4%下行至-0.6%。分段来看，2020年1~3月，疫情暴发并开始在全球范围蔓延，10年期美债实际收益率迅速走低，从1月初的0.1%左右下行至3月6日的-0.6%；随后，美联储推出一系列极度宽松的货币政策，10年期美债收益率在3月9日开始触底回升，并在3月19日达到0.6%的阶段高点；但是，美联储宽松的货币政策并未能阻止疫情的进一步蔓延，疫情扩散打击了市场信心，随着社会隔离政策的实施，10年期美债收益率从3月20日开始震荡下行，直至8月6日到达-1.1%才确认阶段底部；此后，10年期美债实际收益率一直维持着低位震荡。受疫情影响，美国债券市场在2~4月波动较为剧烈，随后市场波动明显减弱。就各市场比较而言，债券市场波动率是美国各市场波动率均值中最低的，这也从侧面显示出债券市场的相对稳健性。

2020年末美国道琼斯工业平均指数、标普500指数和纳斯达克指数分别上涨7.2%、16.3%和43.6%，其中纳指创下十年间最大年度涨幅。尽管美国三大股指在年末创下了罕见的年度涨幅，但就全年的走势来看，美国股市在2020年经历了较为极端的行情。2020年1~2月，美国股市持续走高，标普500指数在此期间创下历史新高。随后，始料未及的疫情在全球多点暴发蔓延，市场的恐慌情绪使得美国的股票市场在2~3月出现多次极端行情。2020年3月9~18日，美国股市在短短的10天内发生了4次熔断，标普500指数在一个月的时间内滑落千点，跌幅超过30%，创下历史上由牛市进入熊市的最短时间纪录。2020年4月后，美国股市的走势再次反转，三大股指屡创新高。

2020年1月至2月中旬，由于尚未受到疫情的直接影响，美元指数走势平稳，整体上呈现小幅上涨态势。2月中下旬，疫情在全球多点暴发，美国本土发生疫情扩散。全球范围内的恐慌情绪使得作为避险资产的美元一度紧缺，美元指数在短短10日内从3月9日的95.1快速拉升至3月19日的102.7，国际市场的"美元荒"显现。随后，美联储实施超常规宽松的货币政策向市场投放美元流动性，同时美国政府实施数万亿的财政刺激计划为美国经济提供支持。然而，持续衰退的经济、过于宽松的货币环境以及不断抬高的财政赤字率，使得美元信用不断削减，贬值预期不断提高，美元指数加速下行。

在各金融市场中，疫情对商品期货市场的冲击最为直接。全球范围内经济活动的受限，使得对石油需求量断崖式下降。需求的收缩导致原油价格发生剧烈下挫，在1~4月下跌了65%。布伦特原油4月的平均价格为每桶23美元，为几十年来的低点。与石油的情况相似，金属价格在1~4月同样经历了大幅下跌。所不同的是，随着占全球金属需求一半以上的中国经济的全面复苏，金属价格迅速扭转了下跌的趋势。作为避险资产的贵金属，在疫情期间保持了持续的上涨。黄金价格持续攀升，在7月24日创下了历史新高——每盎司1902美元。在全球不确定性高企和新冠肺炎疫情危机引发的普遍经济负增长背景下，全世界对避险资产的强劲需求令黄金价格不断上涨。

比较美国各金融市场的风险情况可以发现：从波动幅度来看，商品期货市场面临的风险最高，汇率市场、股票市场其次，债券市场风险最小；从时间维度来看，债券市场、股票市场、汇率市场的最大波动均集中在疫情暴发的初期，商品期货市场则是在一段时间后逐步攀升；就波动分布情况而言，债券市场、股票市场、汇率市场的极端值主要集中在疫情暴发初期，此后风险始终保持在较低水平；而商品期货市场的波动率虽然在疫情暴发初期出现数次小高峰，但其风险水平整体呈现持续走高态势，并维持高位大幅震荡。

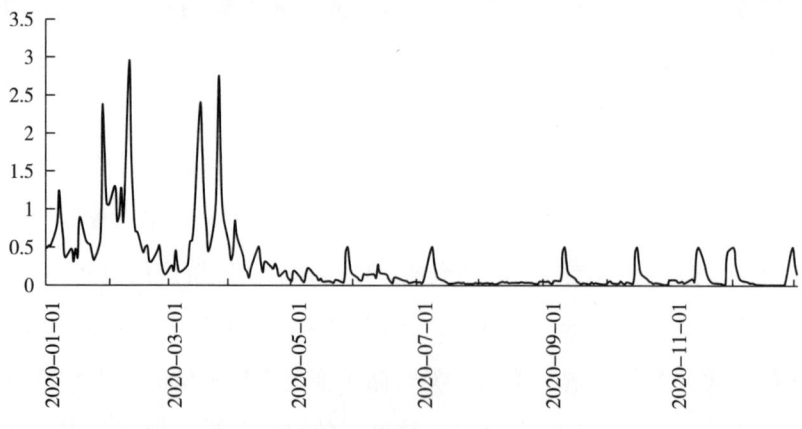

图25　美国债券市场波动率

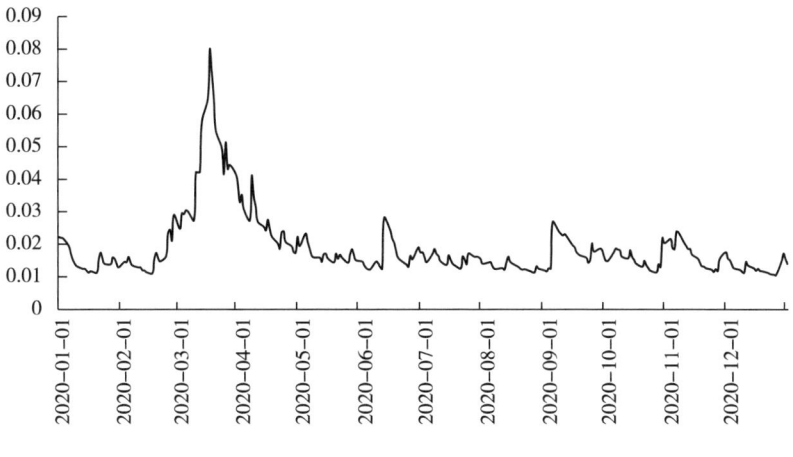

图 26　美国股票市场波动率

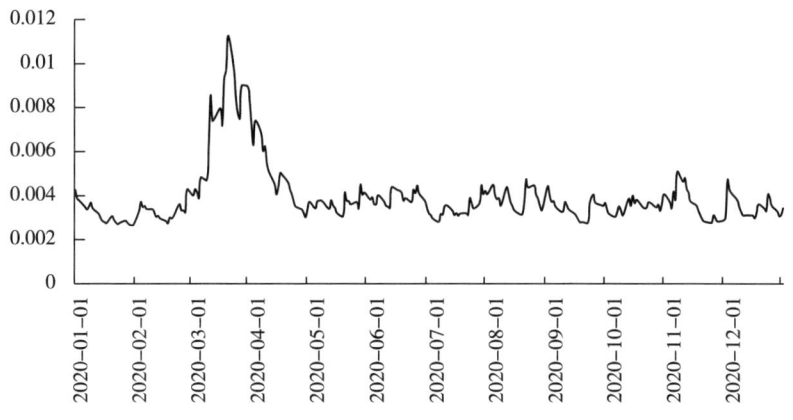

图 27　美国汇率市场波动率

注：金融市场的风险溢出由作者基于动态相关系数自回归条件异方差率（DCC – GARCH）模型测算得到。

2. 内外金融市场存在显著共振关系。随着新冠肺炎疫情的全球蔓延，国际金融市场愈发风声鹤唳，巨震频繁，恐慌情绪充斥各金融市场。在新冠肺炎疫情的冲击下，各国间的跨境金融关联显著加强，资产价格和资金流动的同频共振特征比正常时期更显著。

2020 年 2 月 28 日，世界卫生组织把新冠肺炎疫情危险级别调整至"非常

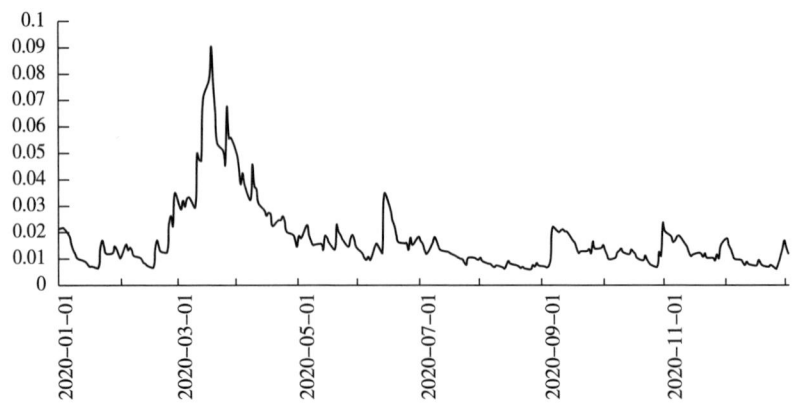

图 28　美国商品期货市场波动率

注：金融市场的风险溢出由作者基于动态相关系数自回归条件异方差率（DCC – GARCH）模型测算得到。

高"，全球金融市场随即开始对全球价值链的负面冲击进行重新定价。3 月 9 日，美国 NYMEX 原油期货大幅低开，以 32.4 美元/桶的开盘价创下 2016 年 2 月以来的新低。与 2020 年初的价格相比，NYMEX 原油价格在短短不到三个月的时间里出现了"腰斩"。美国商品期货市场的巨幅震荡，直接影响了世界各国的市场预期。国内生产者、经营者等市场主体预期发生变化，市场对供求关系的判断出现变化，包括中国商品期货市场在内的各国商品期货市场出现同步震荡。

短期内，大部分高风险金融资产同时下跌，投资者涌入美国国债市场。然而在 3 月中旬，被视为全球最核心、最重要的金融资产的美国国债同样出现了下跌的情况，这意味着美元出现了系统性短缺，投资者甚至开始抛弃最后的美元安全资产，以弥补流动性的短缺。美元（在岸）流动性短缺的影响迅速扩散，直接导致离岸美元的流动性短缺，引发了非美国家普遍的流动性和信用风险急剧上升，与在岸美元流动性市场形成了双重负反馈。在此情况下，美联储启动央行互换工具并开始大规模购买资产向市场投放美元流动性。美联储的货币政策操作使得自身的资产负债表大幅扩张，离岸美元流动性异常充足，甚至到了过剩的地步。美债收益率持续下行，中美两国债券收益率之差持续扩大。大规模的资本进入中国债券市场和股票市场，加剧了国内货币市场和股票市场的波动。

美联储对美元流动性的过度投放，使美元汇率加速下行，美国汇率市场的波动性急剧上升。美元汇率的震荡通过实体贸易和金融市场两个渠道对国内的股票市场和货币市场产生影响。一方面，美元汇率的剧烈变动使跨境贸易的不稳定性大大增强。出口型企业的利润空间大幅压缩，对国内上游企业的市场需求显著减小。出口型企业经营状况的恶化直接影响了其股票的价格表现，同时还会通过资产负债表渠道对金融机构的风险状况产生间接影响。另一方面，美元汇率的震荡直接导致国内金融机构外汇头寸的损失，金融机构的流动性受损，同业市场的拆借利率上升，进而导致国内货币市场受到扰动。

三、2020 年中国重点风险领域分析

银行、证券、保险是我国的三个基础性金融部门，而财政金融（尤其是债务问题）、外汇市场和房地产市场等则是风险监测的重点领域，同时，银行部门、政府债务、外汇市场和房地产市场等也是系统性金融风险防控的重要环节。

（一）银行业：资产质量下降致脆弱性上升

2020 年末我国商业银行不良贷款余额2.7 万亿元，与上年相比增加了0.3 万亿元，但与 2020 年第三季度的2.8 万亿元相比下降了0.1 万亿元。2020 年末我国商业银行不良贷款率为1.8%，与上年相比下降了0.02 个百分点，与 2020 年第三季度末的2.0% 相比下降了0.1 个百分点。就近五年的整体情况来看，我国商业银行不良资产余额稳步上升，且上升幅度高于资产增速。

2020 年末我国商业银行拨备覆盖率为184.5%，比上年下降1.6 个百分点，延续了 2018 年以来的下降趋势；2020 年末我国商业银行贷款拨备率为

3.4%，比上年下降 0.1 个百分点。大型银行本身拨备覆盖率较高，为 215.0%，远超最低标准，适度下调可适当优化利润结构。股份制商业银行拨备覆盖率为 196.9%，较第三季度的 199.1%，下降了 2.2 个百分点，主要原因在于股份制商业银行不良资产核销力度更大。城市商业银行拨备覆盖率为 189.8%，较第三季度大幅回升；农村商业银行拨备覆盖率为 122.2%，较第三季度的 118.6%，上升了 3.6 个百分点，但仍然大幅低于疫情前 150% 的监管要求。

2020 年，在监管部门的指导下，同时为更好地应对疫情冲击下商业银行资产质量恶化的风险，商业银行加快了对不良资产的处置和核销。2020 年我国银行业共处置不良资产 3.0 万亿元，商业银行不良贷款余额和不良贷款率从 2020 年第四季度开始出现了"双降"趋势，使得银行业总体信用风险得到了有效释放。

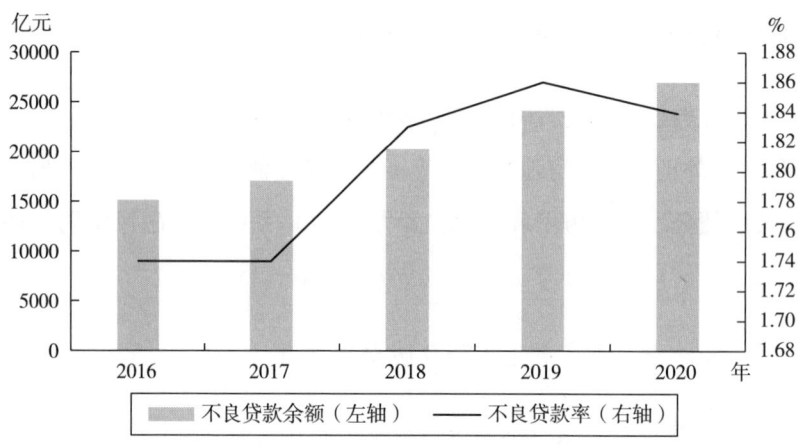

图 29 商业银行不良贷款状况

尽管银行业总体的信用风险有所回落，但中小银行的脆弱性依旧较大。一是为应对疫情出台的延期还本付息政策延缓了风险暴露。2020 年 3 月 1 日，银保监会等五部委联合印发《关于对中小微企业贷款实施临时性延期还本付息的通知》（银保监发〔2020〕6 号），给予企业一定期限的临时性延期还本付息安排。2020 年 6 月 1 日，人民银行等五部委出台《关于进一步对中小微企业贷款实施阶段性延期还本付息的通知》（银发〔2020〕122号），对2020年6月1日至12月31日期间到期的普惠小微贷款本金和利息，给予企业一定期限的延期还本和付息安排，还本和付息日期最长可延至2021年3月31日。上述政策的出台一定程度上延缓了银行贷款风险暴露。二是在不良贷款率逐年增加的同时，商业银行的拨备覆盖率在持续下降。一方面，盈利能力下滑压缩了银行的拨备计提空间；另一方面，商业银行资产质量受疫情的冲击有所下滑，商业银行计提拨备的增速滞后于不良贷款增速，导致拨备覆盖率下降。因此，我国商业银行，特别是中小银行的脆弱性问题仍比较突出，需要高度关注中小银行的盈利能力和抗风险能力。

（二）政府债务：双向挤压风险凸显

2020年，为应对新冠肺炎疫情的冲击，各级政府在财政收入减少的同时，加大了财政支出的力度，使得收入与支出的矛盾更为突出，面临显著的双向挤压风险。2020年地方政府债券发行规模累计6.4万亿元，较2019年同比增长47.7%；地方政府债务余额达到25.7万亿元，同比增长20.4%；与此相对应，受经济下行影响，地方本级财政收入的累计同比在2020年一直处于负增长态势。在此情形下，地方政府杠杆率在2020年出现了快速攀升的趋势，在年末达到25.6%。由此可见，地方政府债务扩张与地方政府偿债能力间存在尖锐矛盾，地方政府的偿付压力大，政府杠杆率可持续性较差。

此外，地方政府债务风险的不平衡性问题突出。截至2020年，地方政府负债率超过40%的地区包括青海、贵州等10个省份，这些省份多集中于西部经济欠发达地区。从这些省份可支配财力的结构来看，经济建设需求与财政实力不匹配，地方债务风险高。较高的债务风险使得西部省份地区的信用利差大幅攀升。当期，青海、贵州、黑龙江、云南等经济欠发达地区的信用利差超过了250个基点，经济欠发达地区的债务偿还压力本已非常突出，债务融资成本的上升进一步加剧了这些地区的债务违约风险。

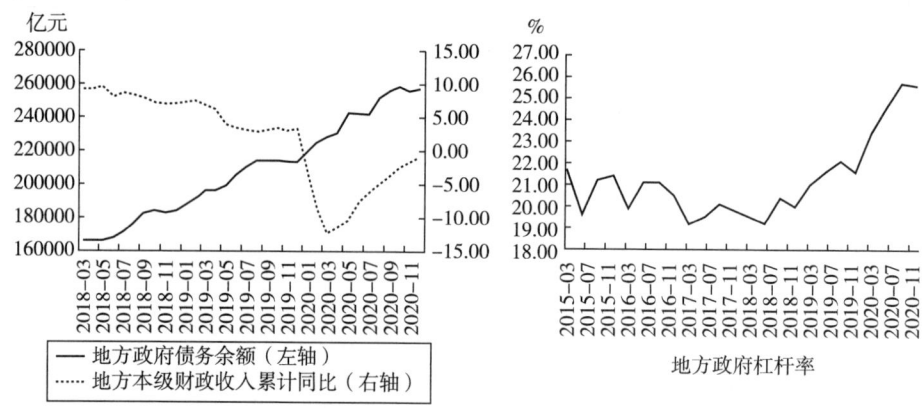

图30 中国地方政府债务情况

（三）汇率市场：受美元指数外溢影响大

新冠肺炎疫情冲击加剧了中国汇率市场的不确定性，汇率市场受美元指数波动的外溢性影响在新冠肺炎疫情的冲击下被显著放大。就人民币对美元汇率中间价而言，2020年3月伴随新冠肺炎疫情全球快速蔓延，美元指数在避险情绪下出现了大幅跃升（从最低点95跃升至102.7），人民币对美元汇率中间价也出现了"破7"贬值跃升；2020年4月至5月，美元指数开始窄幅震荡盘整，人民币对美元汇率中间价持续贬值，并达到近期历史高位；2020年5月末开始伴随美元指数不断贬值，人民币对美元汇率中间价又转为持续升值（人民币汇率升值已超过10%）。

CFETS人民币汇率指数反映出了同样的情况。伴随2020年3月美元指数的突然走强，CFETS人民币汇率指数也出现了"尖点"跃升，并经历了"先升后贬再升"的"N"形调整。在疫情冲击下，人民币汇率动态重现2018年中美经贸摩擦以来中美双边汇率和人民币多边有效汇率指数的"同升同贬"模式。

2020年，人民币对美元汇率与CFETS人民币汇率指数的升值率都出现了双向波动。2020年下半年开始，人民币汇率升值压力在积聚，人民币有效汇率和双边汇率都出现了升值波动；从 CFETS 调整幅度和发生时点看，"拐点"变化与新冠肺炎疫情冲击变化及中美对疫情管控效果差异相契合。综合人民币对美元汇率、CFETS 人民币汇率指数和美元指数的走势来看，在新冠肺炎疫情冲击下，人民币对美元汇率、CFETS 人民币汇率指数和美元指数的走势均有较强的一致性，反映出汇率市场受美元指数的风险传染显著增强。

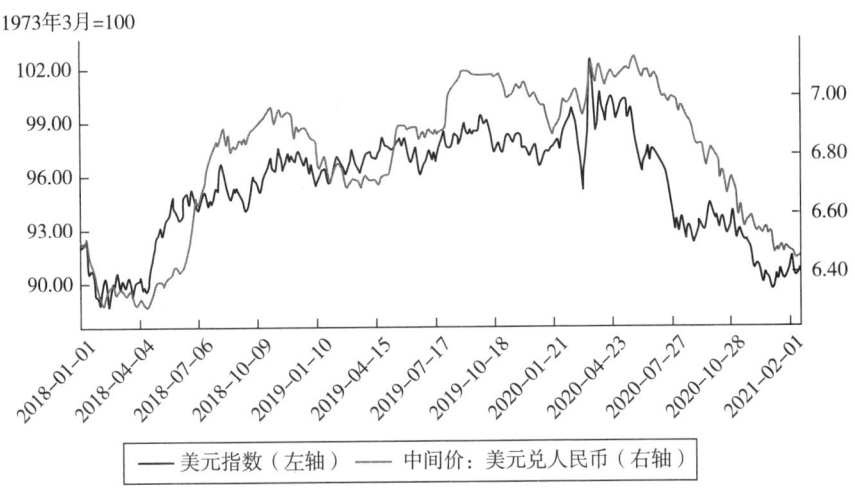

图 31 人民币对美元汇率中间价与美元指数

（四）房地产市场：流动性逐步吃紧

2020 年末房地产开发贷余额为 11.91 万亿元，占全部信贷余额的比例为 6.9%，同比下降 0.4 个百分点，从余额增速来看，2020 年房地产开发贷余额同比增速持续回落，第一季度、第二季度、第三季度和第四季度同比增速分别为 9.6%、8.5%、8.2% 和 6.1%。总体来看，2020 年全年房企境内、境外信用债融资规模合计超过 1 万亿元，同比上升 0.9%，且融资成本略有下降。但受境外疫情加重和"三道红线"影响，房企境外信用债融资规模出现一定程度下滑。

从境内信用债（不包括资产证券化产品）发行情况来看，2020 年发行总额为0.6万亿元，同比上升18.7%，平均票面利率约为4.4%。分季度来看，第一季度、第二季度、第三季度和第四季度房企境内信用债发行规模分别为0.17万亿元、0.15万亿元、0.18万亿元和0.10万亿元。从存量来看，2020年末房企境内信用债待还余额为2.1万亿元，同比上涨4.8%，其中1.4万亿元为在3年内到期债券。随着房企进入偿债高峰期，债券发行募集的资金将主要用于借新还旧，可用于拿地和房地产项目建设的资金规模有限（住房租赁项目例外）。

从境外信用债发行情况来看，2020年房企境外债发行规模达到0.06万亿美元（约为0.4万亿元人民币），同比下降16.7%，平均票面利率为7.8%。分季度来看，第一季度、第二季度、第三季度和第四季度房企境外债发行规模分别为272.2亿美元、75.4亿美元、185.0亿美元和120.6亿美元。截至2020年末，房企境外债存量余额为0.2万亿美元（约为1.2万亿元人民币）。

在房地产开发企业融资方面，融资渠道全面收紧的局面不会出现根本改变，金融机构对房企的信贷支持力度将产生更大分化。部分财务杠杆率较高且资金周转能力较弱的房企从金融机构或金融市场获取外源性融资的难度进一步加大。在房企存量有息债务高企、偿债高峰集中来临、房企融资政策持续收紧、销售规模增幅放缓、行业内分化加剧的背景下，现阶段房地产市场金融风险实际主要集中在房企的债务违约风险上，部分财务杠杆率较高且资金周转能力较弱的房企，短期偿债压力较大、流动性严重吃紧，出现债务违约风险较高。

四、2021年金融风险演进趋势

2020年，突如其来的新冠肺炎疫情给中国金融体系的平稳运行带来前所未有的挑战。伴随着疫情的有效控制和经济的强劲复苏，我国宏观经济金融形势逐渐好转，我国金融风险趋于收敛，整体可控。但是，当前经济金融形势仍存在较大不确定性，2021年金融风险仍然受制于新冠肺炎疫情的影响，风险防范任务仍然十分艰巨。

（一）增长分化与政策匹配难度提高

2021年由于经济复苏的分化将进一步呈现，疫情冲击下的总供给和总需求双重冲击及结构错配的影响将进一步显性化，主要发达经济体史无前例的宽松政策及其副作用可能开始显露，这将使全球经济出现更加复杂的经济金融环境。一方面，疫情冲击将持续至2021年甚至更长的时间，仍然是具有决定性作用的显现冲击，为此，稳增长、稳就业和稳民生仍然是重要的政策任务。另一方面，前期政策的副作用将使得政策陷入"两难"，比如大宗商品价格高企以及通胀预期兴起使得宏观经济政策继续扩张存在较为显著的制约。

（二）宏观杠杆率继续高位运行

2020年信用宽松主要体现在上半年，上半年实体经济债务环比上升了8.1%，是近几年来最高的债务环比增速。但下半年的货币政策已经基本回归常态，半年内债务的环比增速为4.4%，已经低于过去几年的平均水平。按照这种增长态势，预计2021年全年债务增速也将从2020年的12.8%下降至10%左右。基于对债务水平和名义GDP的预期，2021年宏观杠杆率将在上半年有所下行，从当前的270.1%下降到267%左右，随后再回升至270%，全年宏观杠杆率与上年持平甚至略有下降，但整体高位运行。

（三）市场流动性压力或有所上升

为应对疫情带来的冲击，给提振实体经济创造良好的货币金融环境。2020年，央行实施了更加灵活适度、精准导向的稳健货币政策。全年广义货币（M2）、社会融资规模存量大幅增长，企业贷款加权平均利率同比下降，创历史新低。随着经济向潜在增速恢复，货币政策也将逐步回归正常化。一方面，全球宽松货币政策已经使部分经济领域运行出现结构性"过热"苗头，央行在《2020年第四季度中国货币政策执行报告》中提出"把好货币供应总闸门，将经济保持在潜在产出附近"，2021年货币政策整体保持稳健的同时，可能会致力于优化结构性政策。叠加多种因素影响，市场流动性整体可能会出现边际趋紧的压力。

（四）债务脆弱性进一步显现

尽管当期疫情得到了有效防控，但宏观经济运行并没有完全脱离疫情的影响。随着政策结构性调整和市场预期改变，金融风险敏感度提高，金融风险承受度降低，金融资产质量问题将逐步显性化，被延后的企业违约风险将直接暴露，或对金融体系的稳定性造成冲击。2020年第四季度，信用风险已在债券市场等领域显现。频发的违约事件，特别是国企债和高评级债等非预期的违约事件引发了市场的动荡。此前，为弥补地方财政缺口，各地政府加大了地方政府债和城投债的发行力度，而2021年政府债券面临较大规模集中到期及集中偿付的压力，叠加疫情防控和经济复苏的财政压力，2021年债务脆弱性可能有所提高。

（五）国际金融市场波动性或加大

就美国债券市场而言，全球疫情缓解推动风险偏好回升，加之经济的持续复苏和大规模财政刺激政策的落地，2021年美国债券市场收益率或将持续走高。当然，由于美国已实行平均通胀目标制，量化宽松政策可能会缓释美国国债收益上行。这种市场预期与联储政策的博弈之间潜藏着市场巨大的波动性。就美国股票市场而言，2021年美国股票市场波动加大可能性较大。2020年美国股票市场的市盈率大幅攀升，股票价格表现与实体经济出现了一定的脱离。由于没有实体经济的强力支撑，大幅攀升的市盈率存在快速回落的风险，或将造成美国股市的强力震荡。就美国的汇率市场而言，2021年美元指数或将呈现持续震荡、小幅升值的走势。随着疫情防控和疫苗接种的进展，美国经济大概率将迎来力度较大的复苏，这就决定了美元指数持续下行的空间较小甚至有较大可能企稳回升，但与此同时，过度宽松的货币政策会使美元指数承压。就商品期货市场而言，2021年美国及国际大宗商品市场或存在大幅波动。2020 年，受新冠肺炎疫情冲击的影响，全球经济活动全面受限，大宗商品价格出现断崖式下跌，随后以美联储为代表的主要经济体通过超常规货币政策向市场投放流动性，叠加全球供应链受到疫情冲击，大宗商品价格决定呈现更加显著的脆弱性和嬗变性，2021 年大宗商品价格可能持续上涨，不同品种的结构性差异将较为显著，且各个品种价格的波动性可能加剧。

2020年宏观金融风险分析报告

费兆奇　朱友明[①]

摘要：受新冠肺炎疫情冲击和全球金融市场剧烈震荡的影响，中国宏观金融形势在2020年呈现出大幅波动的特征；但是，得益于中国对疫情的有效控制和逆周期调控政策的有效对冲，中国宏观金融形势的波动特征在全年呈现逐步收敛的态势。2020年中国宏观金融的主要风险包括：一是全球金融体系的脆弱性进一步加剧；二是中国地方政府债的可持续性值得关注；三是中国金融对实体经济的支持呈现一定的分化现象，主要表现为高速增长的社会融资规模与低速增长的固定资产投资并存，信贷市场与债券市场的价格信号相背离；四是宏观各部门债务水平差异较大，中小银行风险值得关注；五是各类利差风险凸显。中国经济增长将在2021年下半年面临下行压力。各宏观部门的杠杆率可能进一步抬升；2020年国家对中小微企业的延期还本政策会推高银行的不良率；在社融和信用总量持续持续收敛的情形下，债市违约等信用风险将不断积聚。在此背景下，构建稳定的货币金融环境，是防范和化解各类金融风险的基础工作。

关键词：宏观金融；金融风险；货币政策

为应对新冠肺炎疫情的冲击，主要经济体纷纷祭出各种类型的经济刺激政策，其结果虽然实现了2020年下半年全球经济的弱复苏，但超级宽松的货

[①] 作者简介：费兆奇，中国社会科学院金融研究所货币理论与货币政策研究室主任，研究员。朱友明，中国社会科学院研究生院。

币政策和无边界扩张的财政政策加剧了全球金融体系的脆弱性。受疫情冲击和全球金融市场剧烈震荡的影响,中国宏观金融形势在全年也呈现出大幅波动的特征;但是,得益于中国对疫情的有效控制和逆周期调控政策的有效对冲,中国宏观金融形势的波动特征在全年呈现逐步收敛的态势,局部金融风险虽然有所集聚,但多属结构性问题。

一、宏观金融风险的整体状况和特征

2020年的中国宏观金融运行在疫情和国际金融风险的双重冲击下,出现了大幅波动。为了从整体视角分析国内的宏观金融风险,本节通过高频金融形势指数①及其波动率,描述宏观金融风险的演进特征。如图1所示,宏观金融形势指数是围绕零值波动的曲线,当指数正向偏离零值时,意味着宏观金融形势在整体上转向宽松;反之意味着逐步偏紧。

2020年宏观金融形势指数的波动显著放大,宏观金融形势在年内经历了4段趋势显著的涨跌。

第一,危机状态:金融指数在2020年第一季度"断崖式"跌入危机区间,意味着宏观金融形势快速"冻结"。受疫情影响,金融指数出现了一个快速的、较大幅度的下跌,并在1月中旬至4月末这一时期陷入"-1"以下的危机区间。综观样本区间,1996年以来,我国的宏观金融形势的趋势值只在四个时期陷入"-1"以下的危机区间,前三个时期分别为1998年的亚洲金融危机时期、2007年美国次贷危机时期、2014—2015年我国新旧动能转换时

---

① Duguay(1994)认为由于开放经济中国内、外资产具有较强的替代性,国内外利差导致利率与汇率的联系增大,因此货币政策当局应通过影响短期利率和汇率的行为,从而最终影响总需求和通货膨胀率。基于此,Freedman(1994)提出货币条件指数,认为如果货币政策当局同时根据利率和汇率来衡量其货币政策状态能比单独使用其中一种提供更大的信息量。然而,近20年来,以非货币性资产价格大幅波动所引起的经济、金融体系的不稳定问题日渐突出。从20世纪日本的房地产泡沫,到1997年的亚洲金融危机,再到始于2007年的美国次贷危机,均对全球的实体经济产生了深远的影响。为此,资产价格波动对通货膨胀和实体经济的影响,成为理论界和业界关注的焦点问题;更有研究认为,货币政策应对资产价格的异常波动作出相应调整。在这样的背景下,Goodhart和Hofmann(2000)提出了金融形势指数。这个指数考虑到非货币性资产价格对产出和通胀的影响,在利率和汇率构成的货币条件指数的基础上,加入了资产价格变量(例如房地产价格和股票价格等),旨在更全面地反映未来通货膨胀的压力和宏观金融形势的松紧程度。

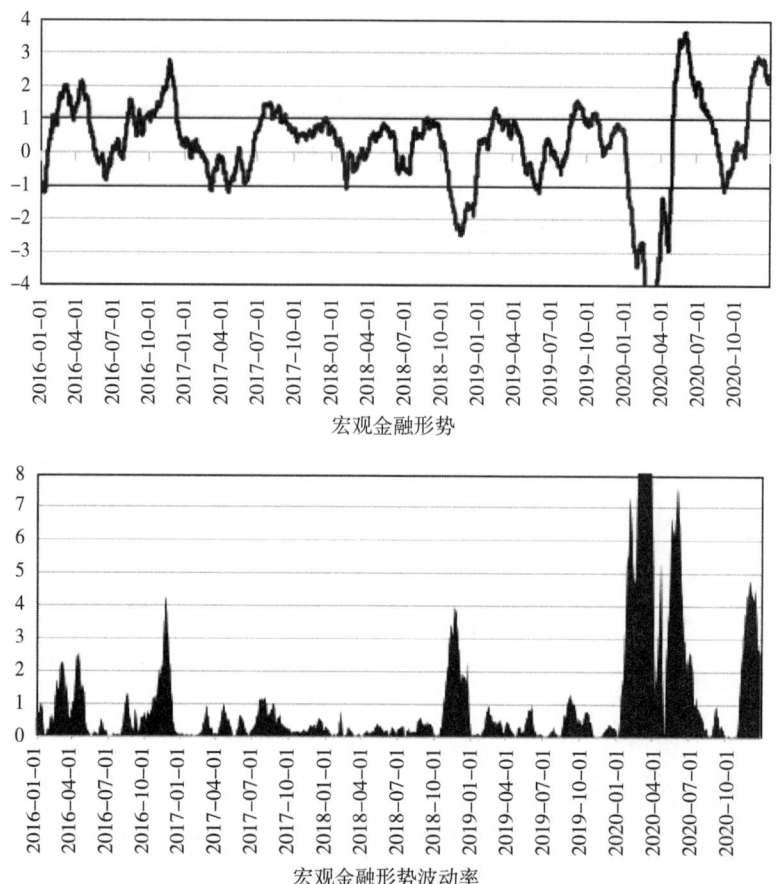

注：(1) 估算宏观金融形势指数的指标包括短期利率、汇率、股价、房价和大宗商品价格；宏观金融形势指数的估算模型为动态因子模型；为了判别指数的波动特征，我们对指数进行了标准化处理。(2) 指数的研究团队包括费兆奇（中国社会科学院金融研究所，国家金融与发展实验室）、刘康（中国工商银行金融市场部，国家金融与发展实验室）、Wang, Jiaguo (University of Manchester, UK)、Schumacher, Jacob B. (University of Oxford, UK)、Gerasimova, Ksenia (University of Cambridge, UK)。

图1 宏观金融形势及其波动率

（资料来源：估算相关指数的指标来源于Wind资讯）

期。从本轮危机的形成看，主因是国际大宗商品在疫情期间出现"暴跌"，进而带动中国大宗商品价格指数从年初的150多点一直下降至4月末的100余点，跌幅近半。此外，在这一时期，人民币有效汇率快速上行；房价指数负向偏离长期趋势过大等因素也使金融形势不断趋紧。

第二，过度宽松：金融指数自3月下旬至7月上旬"飙升式"反弹，意味着宏观金融形势快速回暖。其一，受国际大宗商品价格的影响，中国大宗商品价格自3月下旬至5月初的下降幅度趋缓，并于5月初至7月快速反弹，恢复到新冠肺炎疫情之前的水平。其二，人民币有效汇率冲高回落，在第二季度呈现下降趋势，即贬值。其三，在政策利率的引导下，3月中旬至4月下旬的市场利率（7天回购利率）水平不断下行；虽然5月之后，在宽松货币政策逐步退出的背景下，短期利率水平有所抬升，但波动中枢仍处于历史低位（延续到7月中旬）。其四，中国股市价格和房地产价格在这一时期出现快速反弹。在以上因素的综合影响下，金融指数在6月上旬反弹至近些年的历史峰值，意味着宏观金融形势过度宽松。

第三，偏紧状态：金融指数自7月至9月再度下挫，意味着宏观金融形势逐步收紧。其一，人民币有效汇率在此期间再度呈现上升趋势。其二，短期利率水平的波动中枢持续上行，并回升至疫情前水平。其三，此时的大宗商品价格、股市价格和房地产价格经过第二季度的快速反弹之后，在第三季度均处于"横盘"状态，并未对宏观金融形势的收紧贡献趋势性力量。为此，第三季度宏观金融形势由过度宽松快速回归至偏紧状态，但并未触发危机状态。

第四，再次宽松：金融指数在11月再度反弹，意味着宏观金融形势重回宽松状态。其一，在11月高等级国企违约事件冲击市场之后，央行货币政策再度超预期宽松，引导短端利率的波动中枢震荡下行。其二，在全球主要经济体超宽松货币政策和财政政策的刺激下，全球大宗商品价格上行速度再度加快，辅以国内的宽松政策，国内大宗商品价格再度呈现趋势性上涨，并显著超出疫情前水平，2020年末国内大宗商品价格指数的同比增幅达到6.76%。

二、宏观金融的风险点分析

（一）全球金融体系的脆弱性进一步加剧

为应对新冠肺炎疫情的冲击，全球主要央行再度祭出超级宽松的货币政策，如美联储加入零利率阵营并推出无限量资产购买计划，欧央行和日本央行维持负利率的同时也纷纷扩大了资产购买规模。其中，美联储主要通过建立商业票据融资便利机制、购买国债和抵押贷款支持证券扩张资产负债表；欧央行主要通过紧急资产购买计划扩张资产负债表；日本央行主要通过扩大资产购买计划和无限量购买国债扩张资产负债表。全球主要央行的上述操作，不仅使各央行资产负债表的资产质量逐步下降；而且各央行的资产规模在2020年经历了史无前例的"飙升"（见图2）：在一年的时间里，美联储资产规模提升75.88%至7.41万亿美元；欧央行资产规模提升49.50%至7.01万亿欧元（或8.39万亿美元）；日本央行资产规模提升22.60%至702.58万亿日元（或6.75万亿美元）。

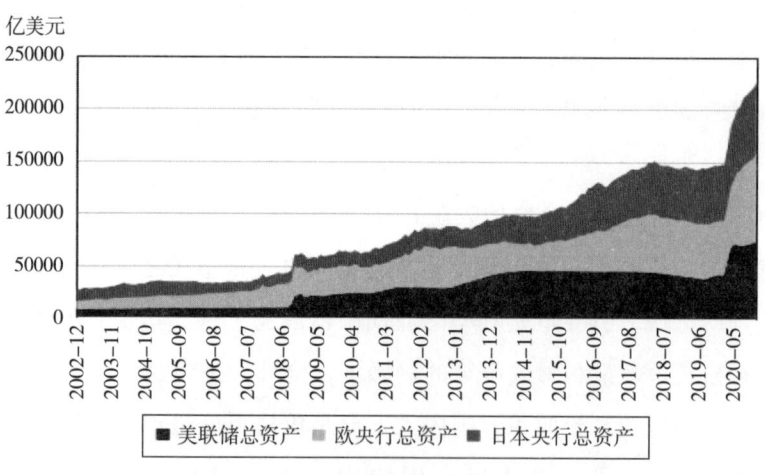

图2 全球主要央行资产规模变化

（资料来源：Wind资讯）

一方面，在疫情冲击和大规模流动性刺激的综合作用下，全球商品和股市价格呈现出"过山车"式的剧烈震荡：部分商品和股市经历了疫情初期的深度下挫之后，在近期甚至频创历史或近年新高。如果将风险定义为不确定性或波动，图3描述了全球主要的大类资产风险状况，其中，布伦特原油创下21世纪以来的最高波动率；商品价格（特别是金属价格）波动率创近5年新高；标普500指数波动率追平次贷危机时期。种种迹象表明，2020年全球金融市场的风险水平升至次贷危机以来的新高。此外，在缺乏经济基本面支撑的背景下，全球部分商品价格（如铁矿石、大豆、小麦等）、股市价格和主要经济体房价指数屡创新高（见图4），这与实体经济的复苏进程和企业的盈利能力显著背离，进一步加剧了全球金融市场的脆弱性。

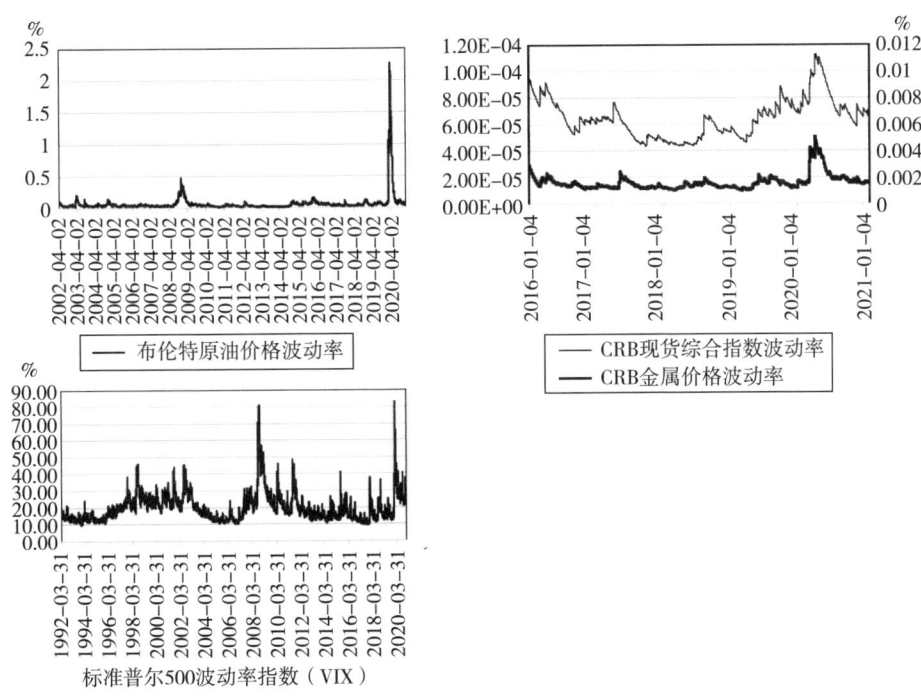

注：布伦特原油和商品价格指数的波动率，根据模型TGARCH（1，1）估计而得。

图3 全球主要资产波动率

（资料来源：Wind资讯）

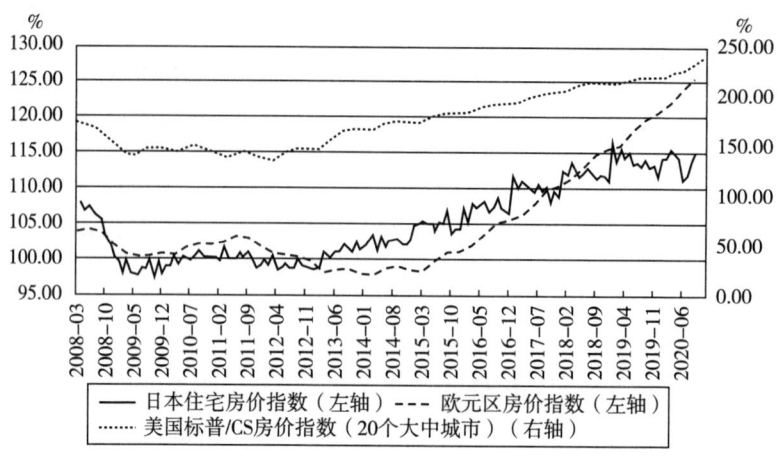

图4 主要经济体房价走势

（资料来源：Wind资讯）

另一方面，全球债务水平快速攀升。在新冠肺炎疫情暴发之前，全球主要经济体就已步入债务驱动型的增长模式；而疫情加剧了各经济体债务问题的恶化，在疫情的冲击下，主要经济体陷入衰退，财政收入减少与开支持续上升形成的结构性矛盾日益凸显，根据《全球债务监测》报告数据，全球政府债务与GDP之比将升至98%。图5描述了经济体各宏观部门的杠杆率情况，其一，不同层级经济体的政府杠杆率和非金融企业杠杆率在2020年均呈现快速飙升的走势；其二，发达经济体政府部门杠杆率上升更快，而新兴市场的非金融企业部门杠杆率上升更快。综合来看，全球债务水平已经达到前所未有的高度，部分国家（如南欧和一些发展中经济体）的债务违约风险持续集聚，更进一步加剧了全球金融市场的脆弱性。

（二）中国地方政府债的可持续性堪忧

近些年，中国地方政府债务风险主要表现为债务规模扩张加速和地方政府偿债能力下降之间的矛盾。进入2020年，为应对新冠肺炎疫情的冲击，各级政府在财政收入减少的同时，加大了财政支出，使得收入与支出的矛盾更为突出。2020年地方政府债券发行规模累计6.44万亿元，较2019年同比增

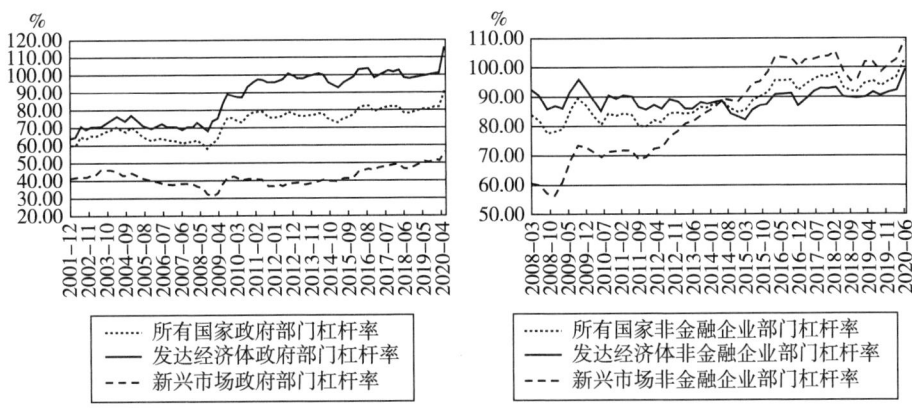

图 5　各层级经济体不同部门杠杆率走势

(资料来源：Wind 资讯)

长 47.71%；地方政府债务余额达到 25.66 万亿元，同比增长 20.44%；与此相对应地，受经济下行影响，地方本级财政收入的累计同比在 2020 年一直处于负增长态势（见图 6）。在此情形下，地方政府杠杆率（债务与 GDP 之比）在 2020 年出现了快速攀升的趋势，在年末达到 25.60%。

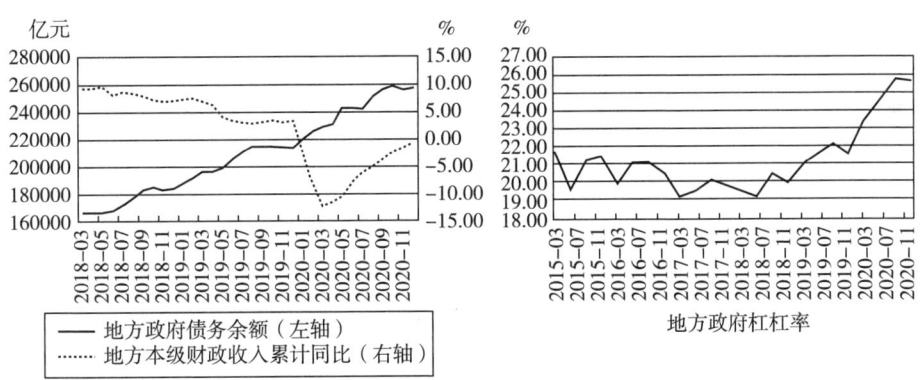

图 6　中国地方政府债务情况

(资料来源：Wind 资讯)

此外，地方政府债务区域性不平衡风险加剧。其一，各地政府负债率（地方政府债务余额/GDP）差异较大，截至 2020 年末，地方政府负债率超过

40%的地区包括青海（81.64%）、贵州（61.66%）等10个省份，这些省份多集中于西部经济欠发达地区（见图7）。其二，西部欠发达地区地方政府的财政自给能力偏弱。截至2019年末，西部部分省份财政收入中一般公共预算收入占比偏低，如西藏（11.2%）、青海（15.4%）、甘肃（23.1%）、新疆（29.6%）和宁夏（31.1%）；而这些省份对应的中央转移支付和税收返还占比依次为84.5%、69.6%、66.3%、58.5%和60.3%。从这些省份可支配财力的结构来看，经济建设需求与财政实力不匹配，地方债务风险高。其三，2020年债市违约的一个特点是出现了一些国企信用违约，从而引发对地方政府债务可持续性的忧虑，同时也加剧了地方政府债务的区域不平衡问题。国企AAA级信用债违约，对城投债的信用评级和发行带来了较大的负面影响，所有地区城投债的信用利差在此之后都呈现出扩大的趋势。图8描述了2020年末所有地区城投债的信用利差，北京、上海、广东、福建等发达地区的信用利差较低；而青海、贵州、黑龙江、云南等经济欠发达地区的信用利差超过了250个基点，经济欠发达地区的债务偿还压力本已非常突出，债务融资成本的上升进一步加剧了这些地区的债务违约风险。

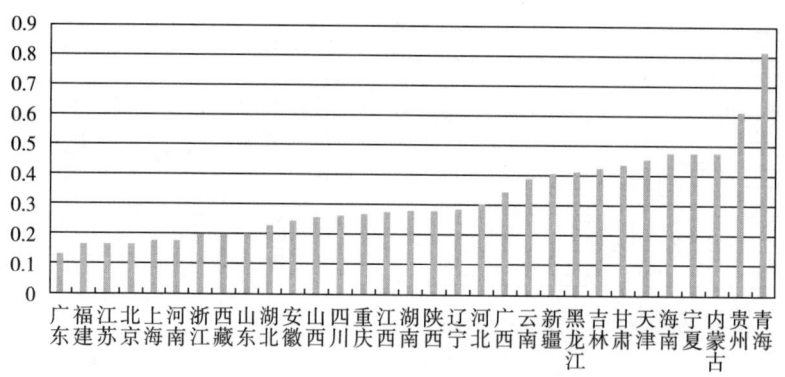

图7 2020年中国地方政府债务率

（资料来源：Wind资讯）

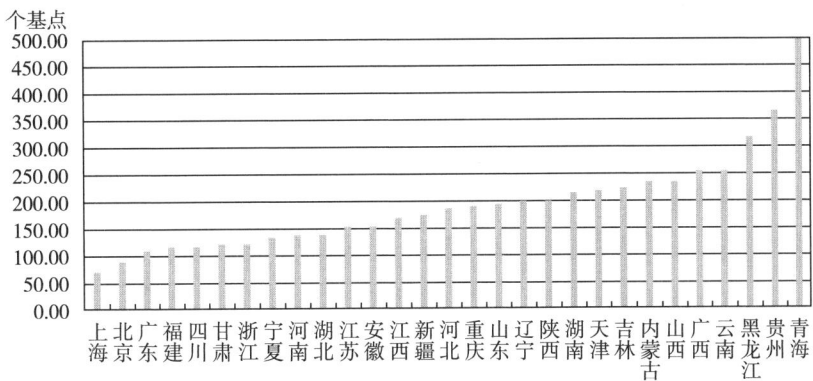

图8 各地区城投债信用利差（2020年12月31日）

（资料来源：Wind资讯）

（三）金融对实体经济的支持呈现分化现象

在需求端的刺激下，国内经济实现了快速反弹；但金融对实体融资的支持出现了一些分化的现象。其一，高速增长的社会融资规模与低速增长的固定资产投资并存。从社融增量看，2020年新增社融为34.86万亿元，显著超出30万亿元的全年目标，主要源于财政政策通过增加地方专项债和特别国债带动社融的显著增长；从存量看，社融规模全年保持高速增长的态势并在8月以来一直处于13%以上的增速。然而实体融资的快速增长并没有转化为有效投资，全社会固定资产投资增速虽然在上半年从极低的负增长水平快速反弹，但下半年增速放缓，截至12月增速仅为2.9%，远低于往年同期水平；而制造业投资更是全年处于负增长状态。与此相对应的是，2020年全年非金融企业累计定期存款新增5.37万亿元，比2019年全年多增加2.76万亿元，说明企业资金使用效率相对低下。其二，信贷市场与债券市场的价格信号相背离。截至2020年末，金融机构一般贷款加权平均利率比2019年同期下降41个基点至5.30%，超过1年期LPR的降幅30个基点。相比之下，国债和AAA级企业债收益率虽然在11月下旬以来有所下行，但截至2020年末，仍分别比2019年同期高12个和4个基点，其中，AAA级企业债收益率在11月最高点时，比2019年末高46个基点（见图9）。这些数据说明人民银行政策利率向信贷市场和债券市场的传导出现了一定程度的分化。人民银行虽然可以通过LPR调整信贷市场利率，但信贷市场与债券市场依然是分割的两个市场，联动性不强。

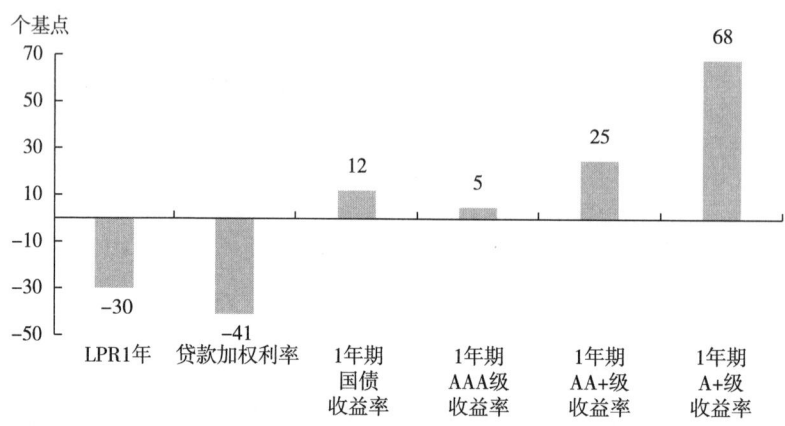

图9 2020年末各种利率的同期变化水平

（资料来源：Wind资讯）

（四）各部门债务水平差异较大，中小银行风险值得关注

货币政策与经济增长的不匹配将会导致潜在的流动性风险，一方面，推高资产价格风险，房地产等领域的积累风险会再次加剧，企业负债率上升，资产负债表恶化；另一方面，金融部门杠杆率上升，资金在金融体系的空转现象再次加剧，流动性风险加大，银行业抵御风险的能力下降。

从我国实体部门杠杆率来看，在宽松政策的支持下，全年的社会融资规模大幅提速，显著高于GDP的实际增速和名义增速，进一步推高实体经济部门的杠杆率（见图10）。根据国家资产负债表研究中心统计，截至2020年12月末，宏观各部门杠杆率较2019年均出现了显著的涨幅，政府部门杠杆率上升7.1个百分点至45.6%，政府赤字和债务规模加大是主因。居民部门杠杆率上升6.1个百分点至62.2%，房地产市场活跃是推动居民债务增长的主因，表现为住房贷款的快速增长。非金融企业部门杠杆率虽在 2020 年下半年有所下行,但仍比 2019 年上升 10.4 个百分点至 162.3%,主因是上半年表内信贷保持高速增长,而表外融资全年缩量,抵消了部分信贷增长推升的杠杆水平。

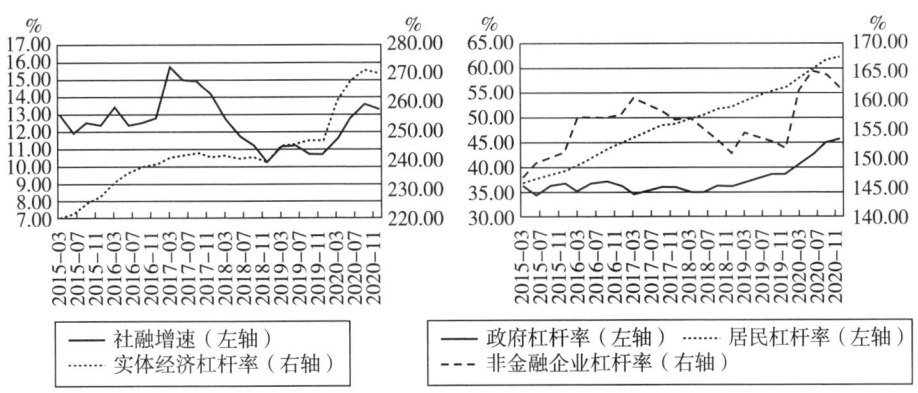

图 10 社融增速与实体部门杠杆率

(资料来源:Wind 资讯)

从金融部门杠杆率来看,杠杆率保持相对平稳。2020 年 12 月末,从资产方统计的金融部门杠杆率为 54.2%,比 2019 年同期下降 1.9 个百分点;从负债方统计的金融部门杠杆率为 62.7%,上升 2.5 个百分点,说明通过债券发行、同业负债等方式的资金来源占比在上升(见图 11)。

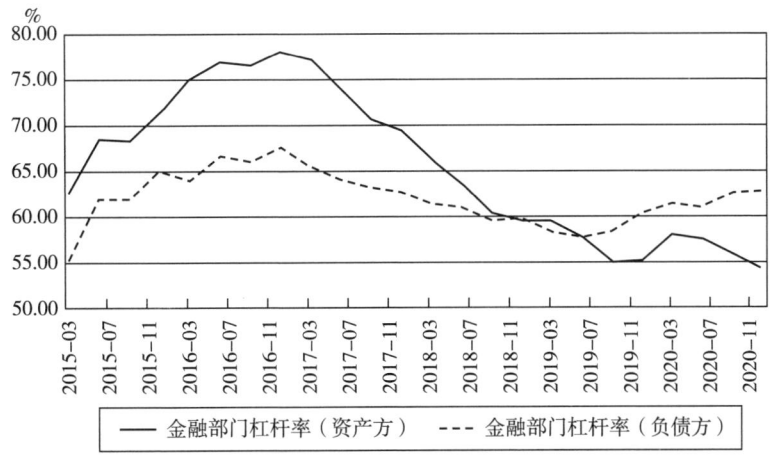

图 11 金融部门杠杆率

(资料来源:Wind 资讯)

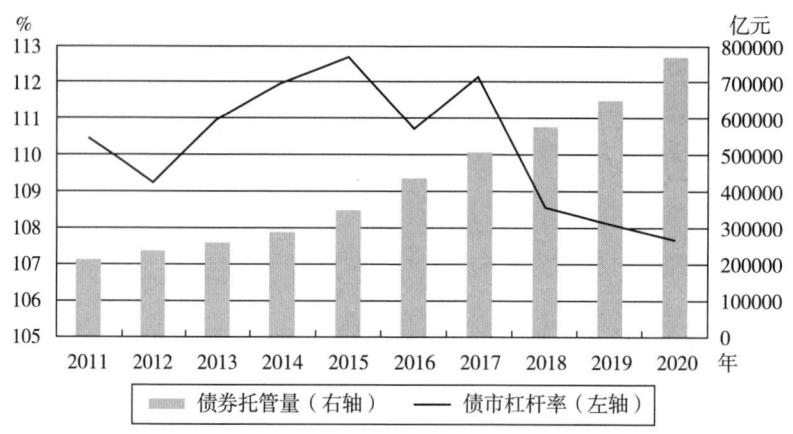

图 12　债券市场杠杆率

（资料来源：Wind 资讯）

由于 2020 年社会融资规模的快速增长主要源于债券融资和表内信贷的上升，本节主要分析债券市场和银行的负债水平。从债券市场来看，银行间市场债券托管量在 2020 年增速达 18.72%，是 2017 年以来的新高；但在资产新规、宏观审慎管理等政策的监管下，债市杠杆率水平在近年稳步下降，2020 年末为 107.63%，比 2019 年下降 0.4 个百分点。需要说明的是，债券市场中各投资机构的杠杆率水平各有差异，其中，银行、保险和券商的杠杆率各有不同程度的下降；但广义基金杠杆率水平上升较快，11 月杠杆率达到 113%，同比上升 6.9 个百分点。

从银行业运行来看，2020 年 12 月末，商业银行资本充足率 14.7%，与上年同期的 14.64% 基本持平；商业银行不良贷款率 1.84%，与上年同期的 1.86% 基本持平。说明在新冠肺炎疫情的冲击下，2020 年银行业整体上风险抵御能力保持稳定。但是，各类银行分化较为明显：其一，大型商业银行的资本充足率较高（16.49%），而中小银行的资本充足率一直处于较低水平，特别是农商行自 2014 年以来一直处于下行趋势（2020 年 12 月末为 12.37%），说明抗风险能力在持续下降，杠杆率过高（见图 12）。其二，虽然不同类型银行的不良贷款率在 2020 年下半年均有所回落，但农商行的不良率自2018年以来一直处于畸高的水平，且没有回落的趋势（2020年12月末为3.88%）（见图13）。

此外，需要注意的问题是，鉴于疫情对实体特别是中小微企业的冲击较大，国家通过延期还本付息政策支持相关企业的发展，实际上是将风险延后了。为此，银行业的风险敞口可能在2021年集中体现出来，其资产质量的风险可能会出现大幅上升，进而带动不良率出现显著回升。

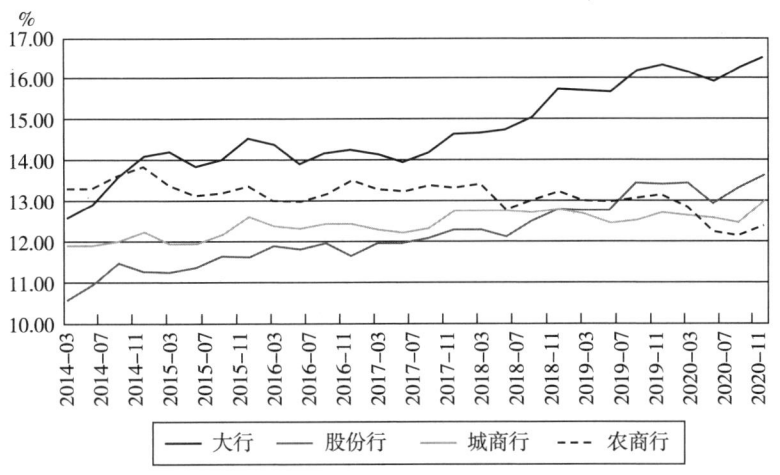

图13　各类银行资本充足率

（资料来源：Wind资讯）

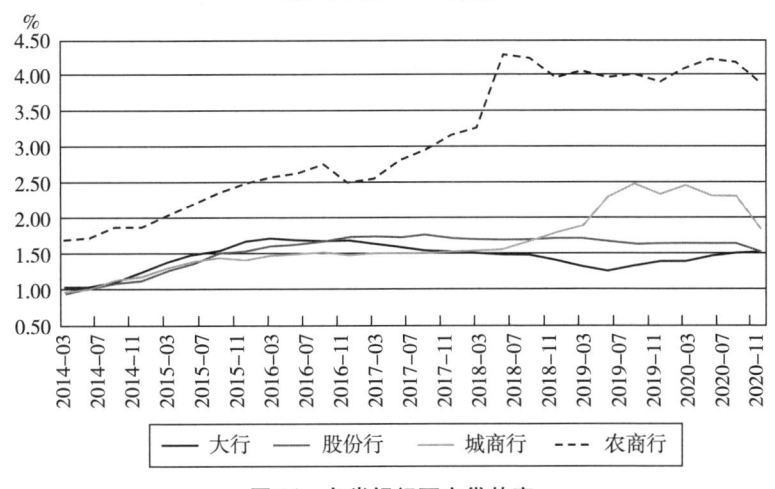

图14　各类银行不良贷款率

（资料来源：Wind资讯）

（五）各类利差风险凸显

其一，货币市场利差分析：流动性分层。人民银行在公开市场投放基础货币时，通常先将流动性投放给一级交易商（由政策性银行、大型商业银行等组成），此后一级交易商再将流动性投放给中、小型商业银行和非银金融机构。在经济下行或外部事件的冲击下，此种货币投放模式可能会引发金融市场的流动性分层，从而加剧中小企业的融资难问题。下面用同业存单发行利差描述流动性从大型商业银行向中小银行传导的指标，可以发现，中小银行（城商行和农商行）相对于股份制银行的同业存单发行利差在2020年上半年一直处于高位（见图15），说明流动性分层相对严重；这与城商行和农商行的资本充足率在2020年上半年持续下行相对应。但自2020年6月起，随着直达实体经济的货币政策工具的创新，人民银行持续加大对服务中小企业的金融机构的支持力度，中小银行的同业存单利差逐步回落，银行之间的流动性分层问题得到了缓解。

2020年5月以后，随着人民银行货币政策从宽松逐步回归，市场流动性相对收紧。在此背景下，非银机构与银行之间的质押回购利率之差（信用分层）震荡走高，并在年末12月30日达到90个基点（2020年最高）。

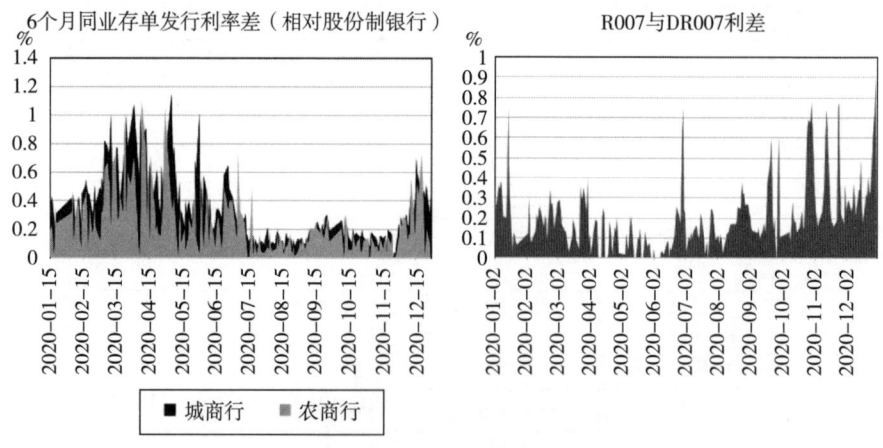

图15　货币市场融资利差

（资料来源：Wind 资讯）

其二，国债利差分析。从期限利差来看，在 2020 年上半年政策利率的引导下，债券市场收益率下降，债券价格上升，债券市场转牛。从无风险利率国债到期收益率来看，1 年期利率快速下行，但 10 年期利率已接近次贷危机以来低点，下降幅度有限，致使期限利差在 3 月至 5 月不断走阔，长端利率触底反弹的概率上升，债券市场利率风险加大。5 月至 11 月，随着国内疫情的有效控制和经济的逐步复苏，货币政策逐步回购常态化，叠加债券供给持续增加因素，债市收益率震荡上行，且国债期限利差逐步收窄。在 11 月高等级国企违约引发市场流动性紧张的背景下，央行 12 月的货币政策超预期宽松，引导短端利差（如 1 年前国债收益率）快速下行，国债期限利差再次走阔。

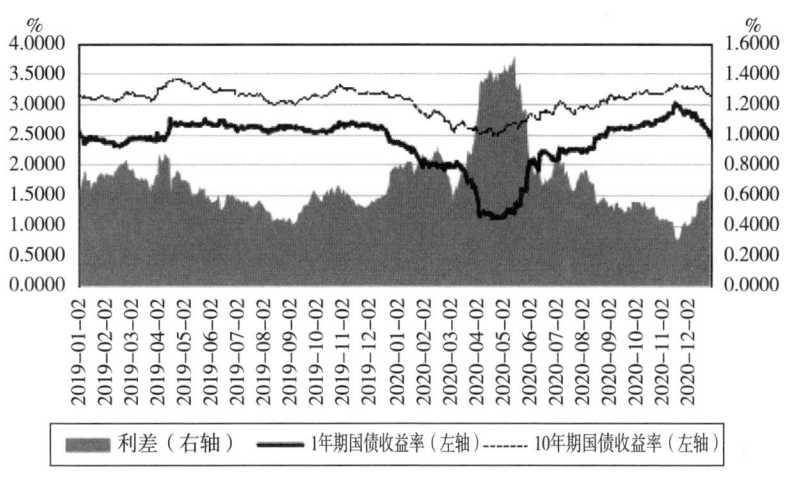

图 16　国债期限利差

（资料来源：Wind 资讯）

其三，中美利差分析。自疫情加剧以来，美联储政策利率降至 0，导致中美利差进一步扩大，中美利差在历史峰值区间波动，国内债券由于其高收益率吸引力上升。境外机构投资者大规模增持国内债券，境外机构投资者的债券托管量占银行间市场总量的比重从 2020 年初的 3.02% 快速上升至年末的 3.90%。需要注意的问题是，在美国经济逐步企稳、大基建引发通胀预期升温和国债供给进一步提升的背景下,美国国债收益率在未来可能呈现触底反弹和震荡上行的趋势。为此,在中美利差收窄的背景下,资金的流出风险值得关注。

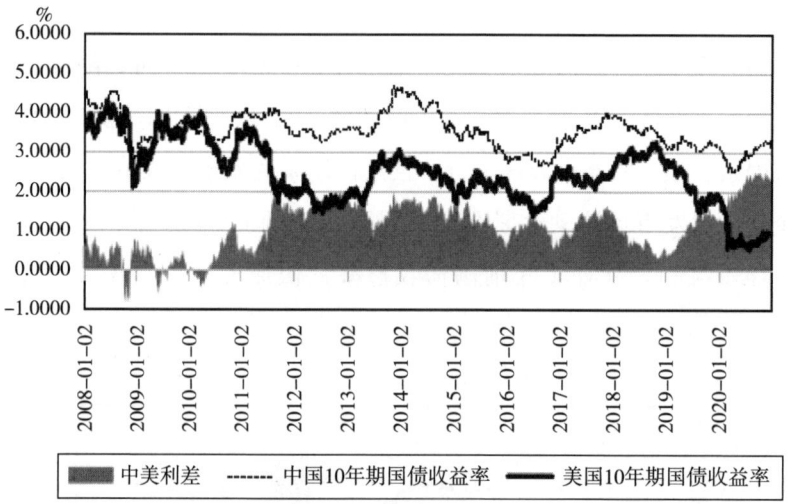

图17 中美国债利差

(资料来源:Wind资讯)

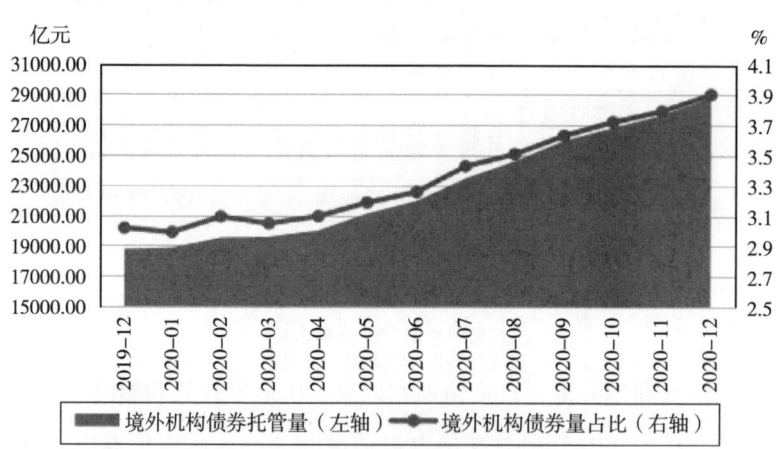

图18 银行间市场债券托管量

(资料来源:Wind资讯)

三、展望与政策建议

进入 2021 年，为了实现经济的持续、稳定复苏，主要经济体量化宽松的货币政策和扩张的财政政策依然会得以延续。其不确定性在于，虽然美联储在 2021 年不加息已成为市场共识；但在美国出台新一轮基建刺激计划和美债供给大幅增加的背景下，存在通胀预期升温、美债收益率持续抬升、美联储提前削减量化宽松规模的可能。从国内因素看，中国经济的复苏主线是经济的内生增长动能逐步增强：一是疫情引致的全球"供需错位"在 2021 年上半年将持续对中国出口构成支撑；二是 2020 年产能的快速恢复、利润的改善、库存筑底以及制造业中长期融资的持续放量，正在不断夯实 2021 年上半年制造业复苏的基础。

问题在于，出于防范金融风险的考虑，金融监管政策逐步收紧，央行货币政策逐步回归正常化，使社融增速和宏观金融形势已出现顶部特征。由于社融总量和宏观金融形势波动对实体经济的影响通常具有半年左右的滞后期，国内的经济增长可能在 2021 年下半年面临下行压力。为此，在 2021 年下半年经济增量下滑的假定下，各宏观部门的杠杆率会进一步抬升；2020 年国家对中小微企业的延期还本政策会推高银行的不良率；在社融和信用总量持续收敛的情形下，债市违约等信用风险将不断积聚。

其一，构建稳定的货币金融环境，是防范和化解各类金融风险的基础工作。金融周期下行，特别是宏观金融形势的突然转向，通常伴随着信用收缩和各类金融风险的集聚，甚至引发金融危机。在我国，以货币政策为代表的宏观经济政策对宏观金融形势波动（金融周期的短期波动）通常具有决定性影响；为此，在货币政策逐步退出宽松之际，中央经济工作会议特别强调货币政策仍然要稳健、不急转弯。然而，在经济出现大幅波动时期，以"逆周期调控"为特征的宏观经济政策通常需要"有所作为"；问题在于，宽松货币政策无论在推进或退出上，缺少在时机选择、力度把握等方面的参考依据，从而引致宏观金融形势的大幅震荡。2020 年 7 月中央政治局提出"完善宏观调控的跨周期设计和调节",在此框架下,货币政策和监管政策应关注宏观金融形势在整体运行中偏离长期趋势的幅度,并通过多种制度安排将宏观金融运行的波动幅度控制在一个可接受的范围内,构造一个稳健的货币金融环境。从调控的具体思路看,基于高频率的金融形势指数,可以为宏观金融运行设定一个"监测走廊":当金融运行的波动幅度超出监测走廊的上限或下限时,行政干预应及时介入。

其二,由于金融风险暴露存在一定时滞,一些在2020年延期还本付息的企业,其银行不良贷款风险尚未暴露。为此,银行业2021年防范风险的重点工作应包括:一是做实资产质量分类。严格区分受疫情影响出现困难的企业和本身经营风险较高的企业,对于后者,严格按规定确定资产分类,符合不良标准的必须划为不良,实质承担信用风险的其他表内外资产也应执行分类标准。二是全方位补充资本。支持银行发行普通股、优先股、永续债、二级资本债等资本工具,全方位拓宽资本补充路径;对少数难以通过市场化渠道进行资本补充的机构,积极推动依法依规筹措政府性资金支持(地方政府专项债)。鼓励机构投资者加大对商业银行资本补充工具的投资支持力度,持续提升市场流动性。三是足额提足拨备。严格要求足额计提拨备,增强风险抵御能力。四是加大不良处置力度。综合使用核销、清收、批量转让、债转股等手段,做到应核尽核,应处尽处。试点开展不良资产批量处置,总结经验后逐步推广。

其三,完善地方政府债的风险防范机制。地方政府债风险集中暴露在由于经济下行导致地方财政收入锐减和扩张性财政政策导致地方债务激增的时期。从中长期视角看,要加快推进我国的财税体制改革,特别是中央和地方在事权、责任方面的划分。一是对于具有区域流动性和全国统筹性的项目划拨为中央承担,例如社保养老、基础教育等;二是尽可能将具有地区性和显著收益性的税种留给地方;三是继续加大中央政府的转移支付力度,缓解地方政府债务的区域不平衡。从短期视角看,要从多个角度缓释地方政府债风险。一是加快完善地方政府债务的信息披露制度,应该由中央相关部门制定统一的地方政府资产、负债统计口径并指定第三方机构按期对地方政府债务进行审计；二是建立以土地为有价资产的担保机制，并引入独立第三方机构对地方政府债券进行担保；三是对于增量地方政府债务分区域采用不同的融资机制，对于财政收入稳定的地区，其债务发行可采用备案制，对于财政收入不稳定或存在违约风险的地区，应采取审批制。

全球金融市场风险分析报告

胡志浩　李晓花　叶　骋　李重阳[①]

受新冠肺炎疫情冲击，2020年全球金融市场出现剧烈动荡。随着疫情高峰消退以及经济逐步恢复，全球经济开始复苏。从2020年第四季度开始，全球复苏加快。无风险收益率甚至出现快速上升，当前市场最关注的焦点是：经济增长趋势是否能够持续，通胀趋势是否将就此抬头，进而推动无风险收益率上升。

在我们看来，实际利率仍将长期处于低位水平，三个重要的原因是：第一，人口老龄化加剧，消费能力不足，发达经济体的潜在经济增速下降，非常规货币政策对于有效需求的刺激十分有限；第二，全球总供给链条并未破坏，具有较好供给弹性价值链能够支撑充足的供应；第三，次贷危机以来普遍推行的 QE 政策令无风险长端利率长期处于低位，加之当前的美元货币体系之下，金融机构对安全资产总是存在超额需求，这就使得无风险利率很难提升。

2020年末以来，由于通胀预期持续回升和美联储资产负债表的迅速扩张，市场上对于通胀的担忧进一步升温。但多年的现实表明，央行资产负债表扩张与高通胀的关系已经被证伪，且前述提及的三个影响实际利率的因素并没

---

① 作者简介：胡志浩，中国社会科学院金融研究所研究员、国家金融与发展实验室副主任；
李晓花，国家金融与发展实验室全球经济与金融研究中心研究员；
叶骋，国家金融与发展实验室全球经济与金融研究中心研究员；
李重阳，国家金融与发展实验室全球经济与金融研究中心研究员。

有发生本质的改变。因此，我们判断通胀预期的上升更多的是由于微观市场结构的变化以及疫情后期企业补充库存的行为所引发的。金融市场上衡量通胀预期的高频指标主要采用美国国债收益率与通胀补偿债券收益率之差，也被称作盈亏平衡通胀率（Break–even Inflation Rate）。然而，大量的研究表明，该指标作为通胀预测指标可靠性较差，主要原因是该市场规模较小、流动性较差，其价格主要受相关券种流动性溢价的影响。美联储在2020年买入了接近1600亿美元的通胀补偿债券，持有整个通胀补偿债券总量的20%左右，直接导致了通胀预期的快速上升，这也导致了长端国债收益率上行。但我们认为，只要全球总供给能力不被系统性破坏，当前的总需求增长势头仍无法形成持续的通胀压力。

美国长端国债收益率上行对于全球金融市场是一个非常关键的因素，甚至会在短期内对市场流动性造成复杂的影响。一方面，美欧、美日利差上升使得美元资产吸引力上升，Carry Trade驱动资金流向美国；这将使美元汇率下行趋势减弱，同时又会反过来压制长端收益率的上升。另一方面，长端利率上升至市场的心理阈值（1.5%左右）之后，将导致美国金融机构资产中的RMBS久期变长，引发的Convexity Hedge会导致收益率短期进一步走强。

另外，在联储对SLR政策没有明确表态之前，银行和一级交易商对新发国债的承接能力将会下降，也会进一步形成债券市场流动性紧张。对于权益市场，长端收益率上升会导致相对于价值股极度高估的成长股迎来较大幅度的估值修复。但在美联储已明确成为风险资产最终买受人（The last resorts）的大背景下，只要美联储没有明确的政策转向，加上积极的财政政策刺激，目前来看，发生全球系统性流动性风险的概率依然较低。

一、2020年以来的金融市场风险及其成因

（一）固定收益市场

1. 国债收益率曲线的变化。通过构建统计模型，国债收益率曲线可由曲

线水平、斜率和曲率三因子①来表征，尤其是曲线水平和斜率因子对收益率曲线变化的解释度超过90%；根据经济金融理论，国债收益率曲线主要受经济基本面（经济增长和物价水平）、政策面（货币政策和财政政策）以及市场资金面的综合影响。其中，经济基本面是决定收益率曲线变动的根本因素，但短期内，政策面和资金面往往超过经济基本面，成为其变动的主导因素。同时，基本面主要影响收益率曲线长端，而货币政策主要影响收益率曲线短端。因此，当基本面主导收益率曲线走势时，曲线水平和斜率同向变动；当货币政策主导收益率曲线走势时，曲线水平和斜率反向变动。

（1）疫情之后发达经济体国债收益率曲线总体呈现"三低"状态。2020年全球经济面临新冠肺炎疫情冲击，主要发达经济体步入衰退，经济增速全部跌入负区间，在前所未有的财政金融救助措施下，各国国债收益率在第一季度迅速下降至历史低位，之后呈现"低水平、低斜率、低波动"的三低震荡状态。

2020年，美国国债收益率曲线在第一季度呈现"牛陡"态势，之后呈现"低水平、低斜率、低波动"的三低震荡状态。其中，收益率曲线水平在第一季度迅速降至0.41%，下行超过130个基点；之后曲线水平保持在0.25%～0.45%小幅波动，与此同时，曲线斜率与水平保持同向波动。2020年第一季度，为应对疫情冲击采取的政策主导美国国债利率走势：美联储于3月3日和3月15日两次降息累计达150个基点，联邦基金利率下限逼近零利率，之后美国财政部和美联储连续推出史无前例的经济刺激方案和纾困计划，救助对象包括家庭、企业和州政府在内的一切主体，在政策引导下，美国国债收益率急速下降，尤其以短端为甚，呈现"牛陡"态势。之后，在政策利率逼近零下限且继续实施量化宽松的背景下，基本面逐渐成为利率走势的主导因素：2020年第二季度，美国经济在疫情中恢复开放，之后零售和就业、PMI等经济数据有好转迹象，但由于疫情反复，美国经济复苏进程不断受到冲击，

---

① 收益率曲线三因子计算方法见附件。

美联储议息会议多次指出美国经济存在较大风险和不确定性，与此同时，美联储于8月底调整新的货币政策框架，预示美联储将更长时间保持宽松政策，超低利率水平或将维持至2023年末。综观2020年第二季度、第三季度、第四季度，美国经济基本面呈现持续缓慢复苏迹象，并持续受到疫情变化的影响，国债收益率曲线呈现"低水平、低斜率、低波动"的三低震荡状态，需要关注的是，2020年第四季度，就业、通胀、PMI等持续回暖且好于预期，国债收益率曲线有抬升迹象。

2020年日本国债收益率在第一季度呈现"V"形走势，之后呈现"低水平、低斜率、低波动"的三低震荡状态，整体有小幅上行。其中，水平仍处于负区间，在第一季度由-0.11%降至-0.25%，后又升至-0.11%；之后曲线水平保持在-0.15%至-0.05%之间小幅波动。2020年第一季度，日本国债利率先后受基本面和流动性主导：受疫情影响，日本国债利率走低；3月由于全球流动性收紧，包括黄金和国债在内的安全资产遭遇抛售，日本国债利率有所反弹。之后，日本国债利率受基本面和政策面的双重影响：疫情以来，日本经济持续衰退，2020年前三季度日本GDP同比增速分别为-2.0%、-10.3%和-5.7%，IMF对日本2020年GDP最新预测为萎缩5.2%，通胀水平持续下降甚至跌入负区间，但制造业和服务业PMI持续反弹至荣枯线附近；同时，日本央行在经济下滑期间加大量化宽松货币政策力度，政策利率维持-0.1%。此外，日本疫情状况相对缓和，日本国债收益率曲线在历史低位保持小幅震荡。

2020年，欧元区公债收益率曲线在第一季度水平下行，之后呈现"低水平、低斜率、低波动"的三低震荡状态。其中，水平处于负区间，斜率处于历史低位，与水平保持同向小幅波动。2020年第一季度，欧元区公债收益率受经济基本面主导，利率下行，目前，欧元区有超过一半国家国债收益率跌为负值；但在3月由于全球流动性紧张，公债收益率又有所反弹。之后，基本面和政策成为影响利率走势的重要因素：疫情以来，欧元区经济持续衰退，2020年前三季度欧元区GDP同比增速分别为-3.0%、-14.8%和-4.3%，

IMF 对欧元区 2020 年 GDP 最新预测为萎缩 7.4%，经济在货币财政政策支持下，遏制经济的进一步下滑，但依然脆弱。

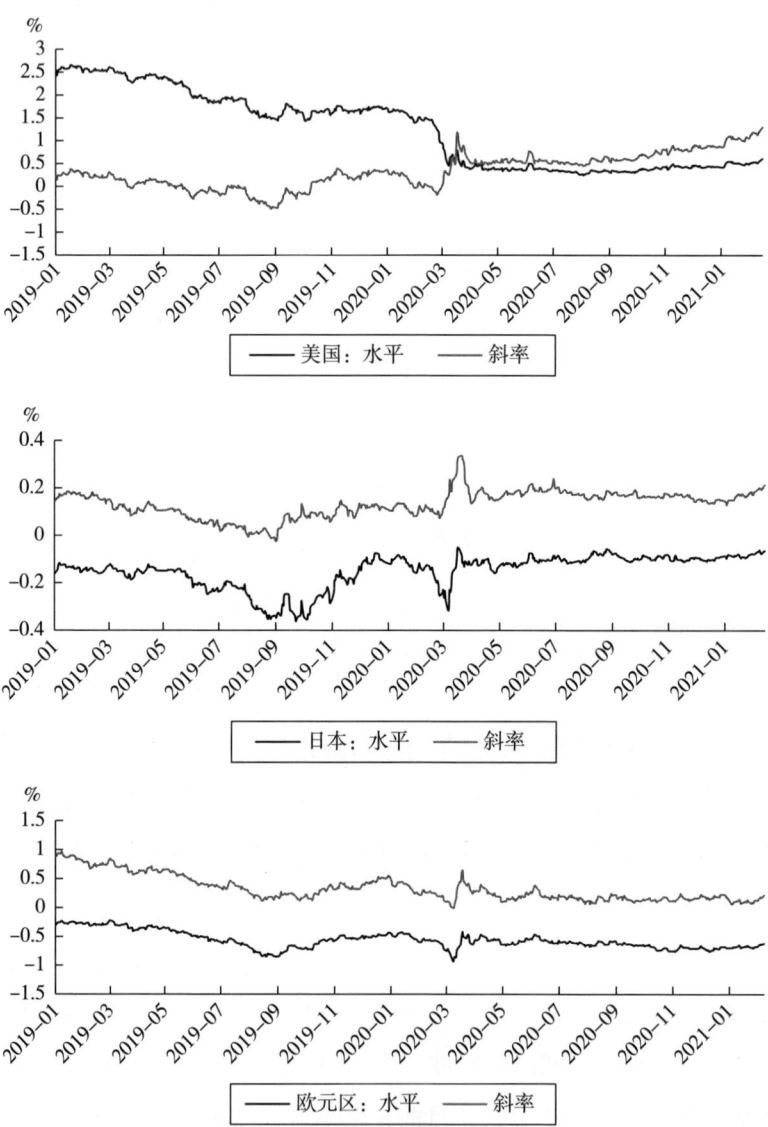

图 1 主要发达经济体国债收益率曲线情况

（资料来源：Wind、国家金融与发展实验室）

（2）新兴经济体国债收益率曲线变化不一。2020年由于新兴经济体经济状况不同、对抗疫情和资本市场冲击能力的不同，应对危机采取措施不同，国债收益率走势也不尽相同。为应对疫情冲击，新兴经济体普遍采用降息政策，驱动利率下行；但由于部分新兴经济体遭遇资本外流、货币贬值和通货膨胀等问题，制约货币当局进一步降息，土耳其甚至出现加息情况，驱动利率上行。而中国由于率先控制疫情，率先实现经济复苏，国债收益率曲线走势也呈现不同形态，其中，曲线水平呈现"V"形走势，曲线斜率与水平走势相反。

2020年，印度国债收益率曲线水平整体呈现下行态势。其中，上半年呈现"牛陡"态势，水平下行133个基点，至5.04%；在8月末上行至5.34%后，继续下行39个基点，年末至4.95%。2020年上半年，为应对疫情冲击，央行采取降息+降准+QE的紧急经济刺激措施，其中，回购利率分别在3月和5月分别下降75个基点和40个基点至4.0%，印度国债收益率水平下行，斜率走陡。第三季度，由于粮食危机以及供应链断裂，印度通胀水平连续超过6%目标值，印度面临滞胀风险，国债收益率水平上行。之后，由于印度经济衰退超过预期，IMF最新预计2020年印度经济将萎缩-10.3%，国债收益率水平下行。

2020年，俄罗斯国债收益率水平整体呈现先上行后转为下行。其中，第一季度，曲线水平上行64个基点，至6.55%，随后下行145个基点，年末5.10%。2020年第一季度，受疫情影响，俄罗斯央行于2020年2月降息25个基点；但由于国际油价暴跌以及全球流动性收紧，俄罗斯卢布兑美元暴跌约30%，卢布资产遭抛售，俄罗斯国债收益率整体保持上行，斜率走陡。第二季度，美元流动性紧张得以缓解，美元指数走弱，俄罗斯卢布币值保持稳定，为应对疫情，俄罗斯央行分别在4月27日和6月22日降息50个基点和100个基点，国债收益率下行，斜率走陡。第三季度，由于石油价格回升，俄罗斯经济数据有所反弹，综合PMI回归荣枯线以上，通胀有所抬升，出口下降幅度收窄，俄罗斯国债收益率曲线呈现"熊陡"态势，水平上行，斜率走陡。第四季度，俄罗斯经济修复未能持续，综合PMI跌至荣枯线以下，进出口进一步下滑，俄罗斯国债收益率曲线呈现"牛平"态势。整体来看，2020年上半年波动明显，下半年波动幅度明显减小。

2020年，巴西国债收益率曲线水平整体呈现"V"形态势。其中，上半年水平下行84个基点，至5.21%，斜率走陡；下半年水平上行34个基点，至5.55%，斜率走陡。2020年上半年，为应对疫情冲击，巴西分别于2月、3月、5月和6月降息，总共降息达200个基点，巴西国债收益率整体呈现"牛陡"态势；但在3月，由于全球美元流动性收紧，美元回流，巴西雷亚尔兑美元暴跌约25%，巴西国债收益率经历短暂上行。2020年下半年，巴西经济数据有所反弹，工业生产指数转正，通胀回升，制造业和服务业PMI保持在荣枯线以上，巴西国债收益率整体呈现"熊陡"态势。但在12月，由于疫情反弹，每日新增病例创新高，巴西主要经济数据有所回调，国债收益率水平转而向下。

2020年，土耳其国债收益率曲线水平整体呈现震荡上行态势。其中，上半年保持震荡态势，水平由11.5%降至10.0%，继而升至12.5%，后又降至10.4%，斜率则逐渐走陡；下半年则呈现"熊平"态势。2020年上半年，为应对疫情，土耳其在1~5月共降息5次，降息幅度达375个基点，在降息后，土耳其国债收益率通常随之下降；但由于土耳其与美国关系紧张，且土耳其经济结构单一，土耳其里拉持续暴跌，通胀高企，连续多月超过10%，在此背景下，土耳其国债收益率难以维持下行，整体保持震荡态势。2020年下半年，为应对土耳其里拉币值稳定，土耳其在9~12月连续四次加息，加息幅度达875个基点，隔夜贷款利率升至18.5%，国债收益率曲线呈现"熊平"态势。目前，曲线斜率已处于负区间。

2020年，中国国债收益率曲线水平呈现"V"形态势，斜率与水平走势相反。其中，前四个月水平下行95个基点，至1.87%；之后水平上行106个基点，年末至2.92%。2020年春节前，国内疫情暴发，中国政府立即采取"封城"等一系列强有力措施，率先控制疫情；同时，为应对疫情对经济金融的冲击，中央政府适时采取降低LPR、定向降准、公开市场操作、专项贷款等一系列措施，充分发挥逆周期调节作用，保证金融市场流动性合理充裕。在此背景下，国债收益率曲线呈现"牛陡"态势。2020年4月以后，国内疫情得以控制，经济率先复苏，各项经济指标快速修复，尤其是进出口表现抢眼，中国成为唯一2020年GDP正增长大国。在经济持续复苏背景下，中国货币政策逐渐转向，货币投放量逐渐收缩，由宽货币转为宽信用，市场整体流动性边际收紧，国债收益率曲线呈现"熊陡"态势。但在10月末之后，信用债市场出现违约潮，其中包括以华晨汽车、永煤控股为代表的AAA级国企信用债，引发了市场广泛的关注和担忧。鉴于此，央行加大货币投放力度，市场流动性呈现宽松状态，国债收益率曲线随之转为"牛平"。

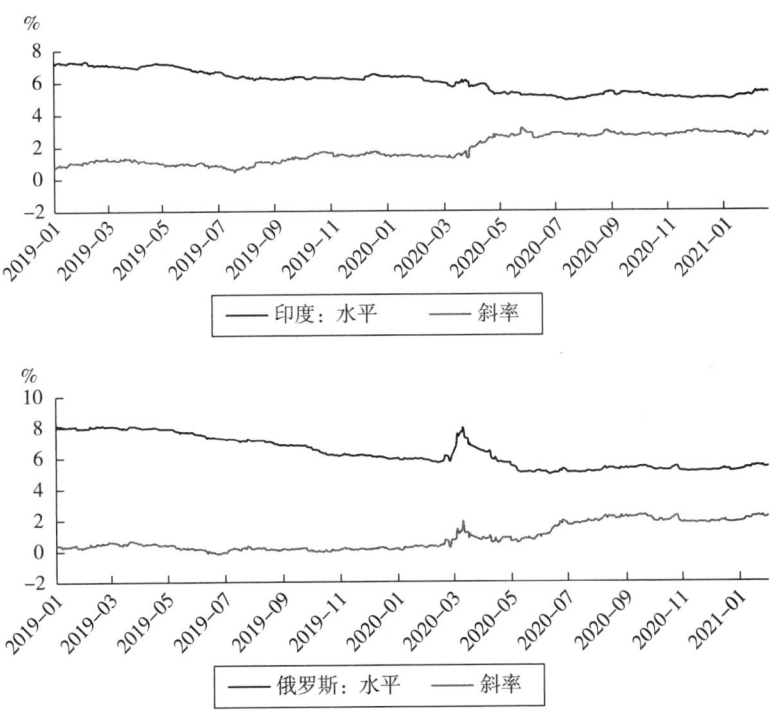

图2 主要新兴经济体国债收益率曲线情况

（资料来源：Wind、国家金融与发展实验室）

金融风险报告（2020）

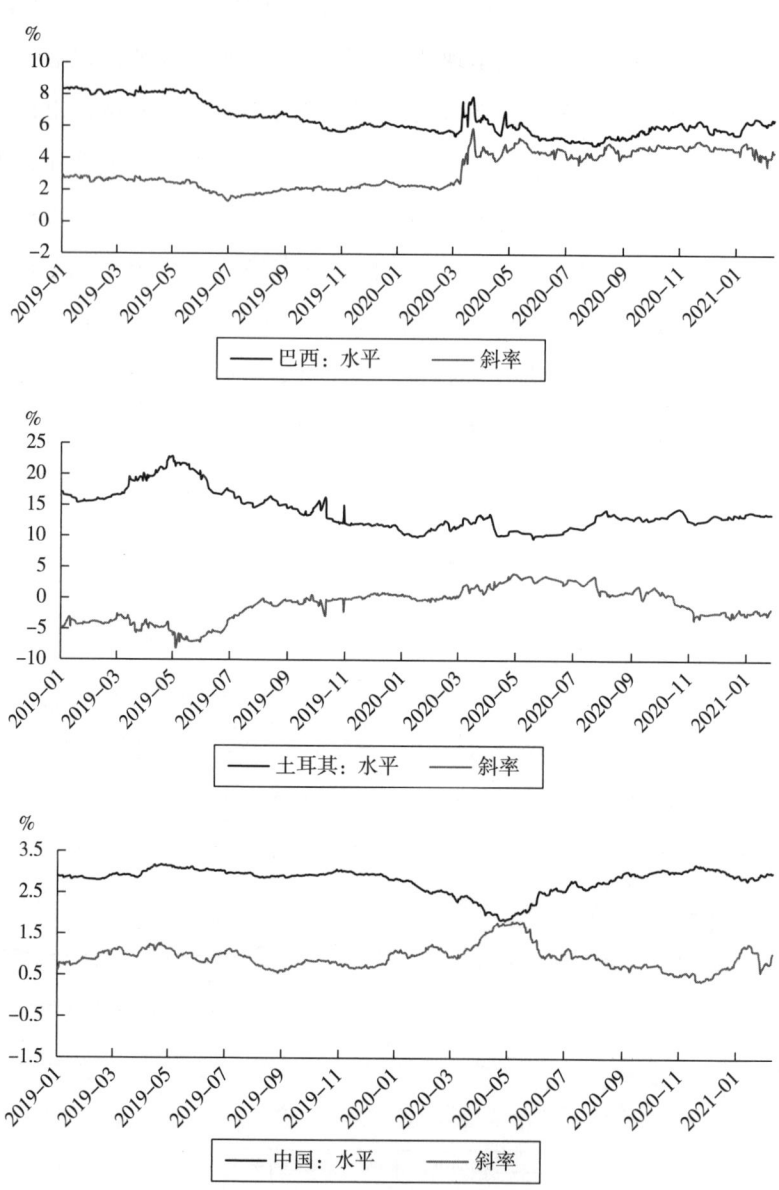

图 2 主要新兴经济体国债收益率曲线情况（续）

（资料来源：Wind、国家金融与发展实验室）

2. 中美国债利差仍处于高位区间。2020年中美国债利差持续走阔。其中，中美国债10年期利差上升100个基点，最高达246个基点；3月期利差上升174个基点，最高达278个基点。就收益率曲线短端来看，第一季度由于美国降息幅度远超中国，中美3月期国债利差急剧上升；第二季度、第三季度，由于美国基准利率不变，中国资金面边际收紧，中美3月期国债利差上升；第四季度，由于美国基准利率不变，中国在11月末，流动性边际宽松，中美3月期国债利差收窄。就收益率曲线长端来看，第一季度，中国10年期国债收益率小幅下行，而美国则快速下滑，中美利差急剧上升；第二季度、第三季度，中国经济复苏领先美国，美国10年期国债收益率保持震荡态势，而中国则上行，中美利差创历史新高；第四季度，中美利差有所回调。

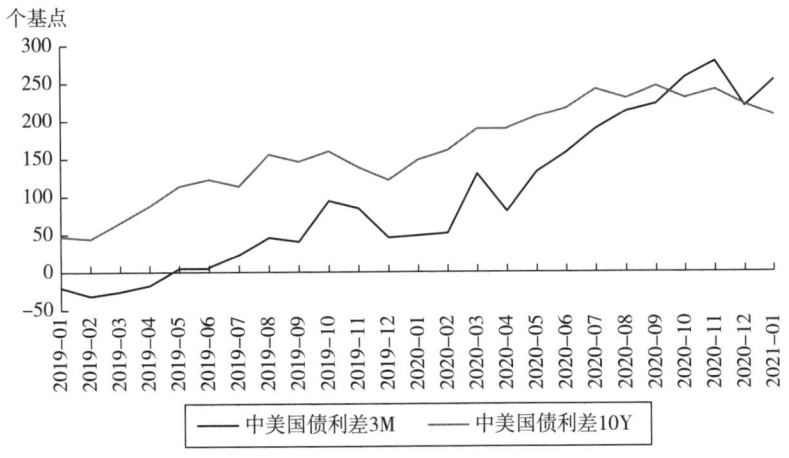

注：利差等于中国国债对应期限收益率减去美国国债对应期限收益率。

图3 中美国债利差情况

（资料来源：Wind）

3. 信用利差重回低位区间。本文中，信用利差曲线指同一信用等级、不同期限信用债收益率与对应期限国（公）债收益率曲线的利差组成的一条曲线。通常，利差可以分解为信用风险溢价和流动性风险溢价。其中，经济增速和信用事件影响信用风险；货币政策影响流动性风险。

（1）主要发达经济体信用利差冲高回落。2020年，主要发达经济体信用利差在经历第一季度大幅上行和第二季度的快速收窄后，已基本恢复疫情期水平，之后保持震荡小幅下行态势。2020年第一季度，受疫情蔓延和资本市场的剧烈震荡，市场避险情绪升温，美元流动性收紧，信用风险和流动性风险溢价抬升，发达经济体信用市场遭受冲击，利差水平都有较大幅度上行。其中，美国利差水平上行136个基点，至1.83%；日本利差水平上行5个基点，至0.33%；欧元区利差水平上行107个基点，至1.66%，利差上行幅度与疫情的冲击正相关。2020年第二季度，由于前所未有的财政金融政策支持，尤其是新创设直达实体经济的货币工具，发达经济体信用利差急剧收窄，基本恢复至疫情前水平。其中，美国利差水平下行117个基点，至0.66%；日本利差水平下行3个基点，至0.30%；欧元区利差水平下行75个基点，至0.90%。2020年下半年，由于财政金融政策支持，发达经济体遏制了经济的进一步衰退，逐渐出现复苏的迹象，发达经济体信用利差保持震荡，整体小幅下行。其中，美国利差水平下行26个基点，至0.40%；日本利差水平下行2个基点，至0.28%；欧元区利差水平下行33个基点，至0.57%。

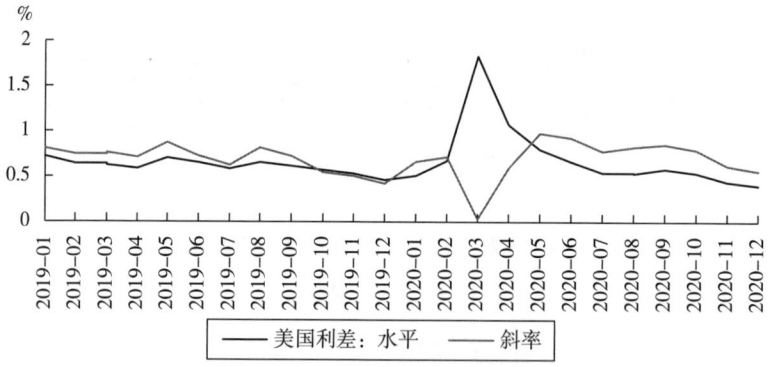

注：利差=（美、日、欧）A级信用债收益率-国债收益率。

图4　主要发达经济体利差曲线情况

（资料来源：Bloomberge、中债估值中心、国家金融与发展实验室）

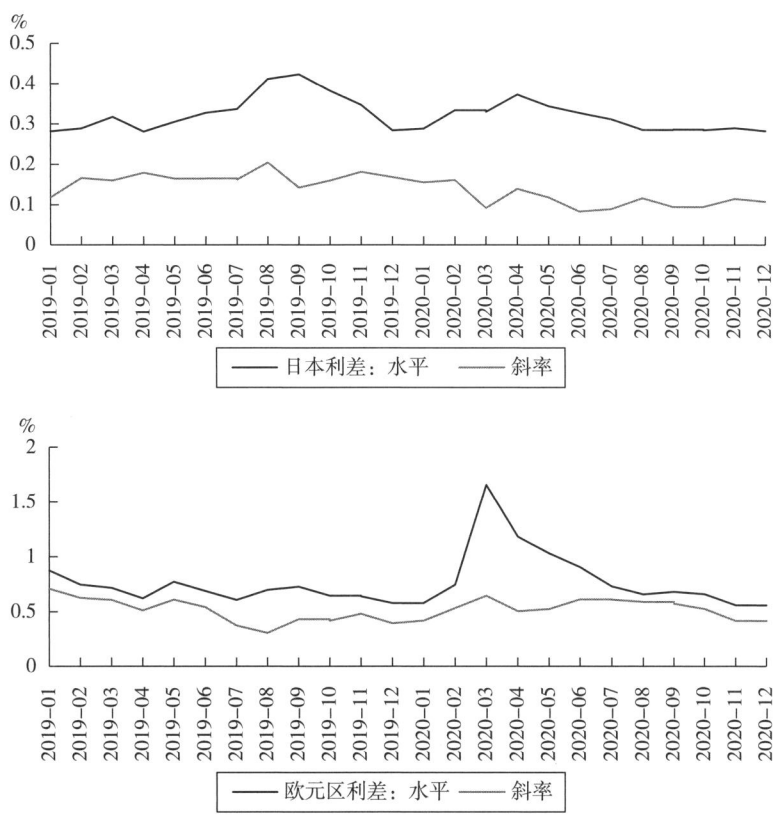

注：利差=（美、日、欧）A级信用债收益率－国债收益率。

图4　主要发达经济体利差曲线情况（续）

（资料来源：Bloomberge、中债估值中心、国家金融与发展实验室）

（2）主要新兴经济体信用利差曲线变动不一。2020年，中国信用利差呈现震荡态势，印度信用利差经历大幅上行和快速收窄后，保持震荡。第三季度，中国和印度信用利差水平有所收窄。疫情对中国信用市场尚未造成重大冲击，中国利差水平保持小幅震荡，一方面得益于中国强有力的疫情防控措施，率先控制住疫情；另一方面得益于中国经济韧性以及货币当局有条不紊的应对之策。其中，2月和3月利差上行是由于宽松政策导致国债利率的大幅下行；第二季度、第三季度的利差下行得益于中国经济的持续复苏；11月和

12月利差上行是由于信用债券市场发生违约潮。印度利差大幅上行和快速收窄，主要是因为疫情冲击以及财政金融政策支撑。

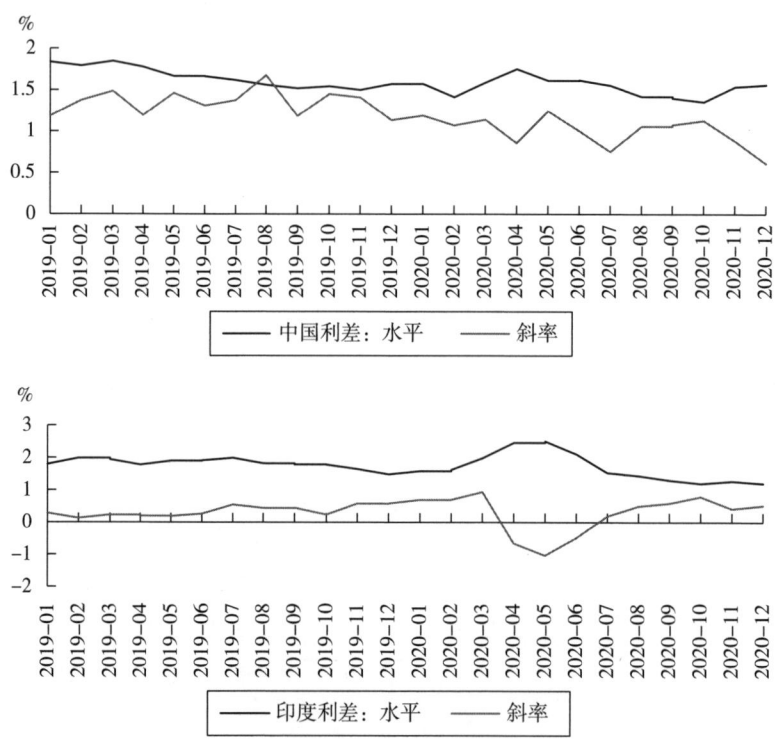

注：利差=（中、印）AA级信用债收益率－国债收益率。

图5　部分新兴经济体利差曲线情况

（资料来源：Bloomberge、中债估值中心、国家金融与发展实验室）

（二）流动性变化

1. 疫情对于美元流动性的冲击现已消退。2020年3月，在疫情冲击下全球金融市场经历了异常剧烈的波动。除了股票市场外，值得关注与反思的必然是美元流动性市场。2020年2月28日，世界卫生组织把新冠肺炎疫情危险级别调整至"非常高"，全球金融市场开始对全球价值链的负面冲击进行重新定价，受到供给和需求的双重剧烈冲击，几乎所有高风险金融资产同时下跌，投资者涌入美国国债市场。然而在3月中旬，全球金融市场出现了无风险资产（国债）与风险资产同时下跌的情况，10年期国债收益率与收益率曲线期限利差同时上升（见图6），这表明美元出现系统性短缺，投资者甚至开始抛弃最后的安全资产——美国国债，以弥补流动性的短缺。在美联储实施大规模的财政刺激之后，国债收益率与期限利差的上升则主要受到再通胀的预期影响。更多的证据表明，引起美元流动性系统性短缺的因素是互相影响的，我们认为主要可以从以下两个方面来考虑：

第一，非美金融机构遭受损失，被动削减国债回购市场做市规模。美国国债回购市场中，最大的流动性提供者是非美金融机构。其中以英、日、法、加四个国家金融机构做市规模占比最高，总共占比超过70%。由于这些金融机构还持有其他风险资产，疫情冲击对需求和供给端造成了双重打击，大部分金融资产收益率相关系数接近于1。由于风险控制的需要，这些金融机构不得不削减总资产头寸规模以满足在险价值（VAR）的要求，因此，这些机构的回购市场做市规模被动大幅削减。做市规模的大幅下降极大地影响国债市场的流动性，我们认为这是导致国债市场流动性短缺的最主要因素。

第二，优先型货币市场基金（Prime Money Market Fund，PMMF）遭到赎回，被迫抛售资产换取现金。美国回购市场参与者中，PMMF投资范围较大，截至2020年1月，PMMF的资产敞口中约40%投资于金融机构/非金融机构商业票据和资产支持证券，33%资产为现金和固定期限存款，剩下为国债资产。由于全球贸易和生产活动的停滞，投资者大量赎回转而投资于政府债券型货币基金，迫使PMMF必须抛售国债资产换取现金来满足赎回需求，造成了流动性的突然短缺。

美元（在岸）流动性短缺的影响是剧烈的，直接导致离岸美元的流动性短缺，FRA/OIS利差大幅上升（见图7），引发了非美国家的普遍的流动性和信用风险，与在岸美元流动性市场形成了双重负反馈——直到美联储启动央行互换工具和开始大规模购买资产才得以解决。美联储的各种流动性工具导致了自身资产负债表大幅扩张，同时美元兑主要货币的互换基差（见图8，

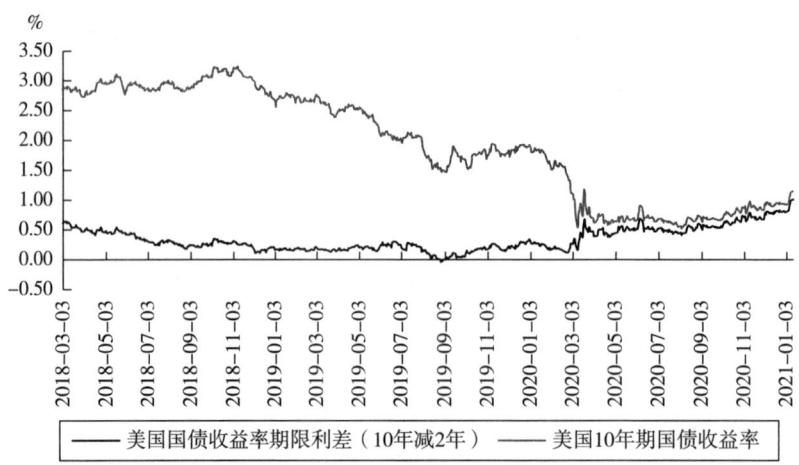

图 6 美国国债收益率

（资料来源：Fed Reserve St. Louis）

XCCY Basis）也出现了 10 年来的首次由负转正，说明当时离岸美元流动性异常的充足，甚至到了过剩的地步，美联储被迫向着全球化的方向迈进。美联储对流动性市场的干预可以说十分迅速地稳定了市场预期，金融市场的波动率持续降低，许多风险资产"V"形反转，在长期无风险收益率极低的情况下，长久期风险资产（成长股和长期国债）屡创新高。

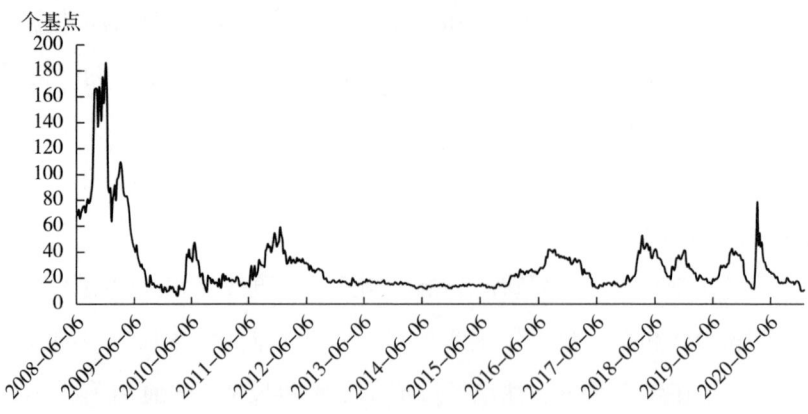

图 7 FRA/OIS 利差

（资料来源：Bloomberg）

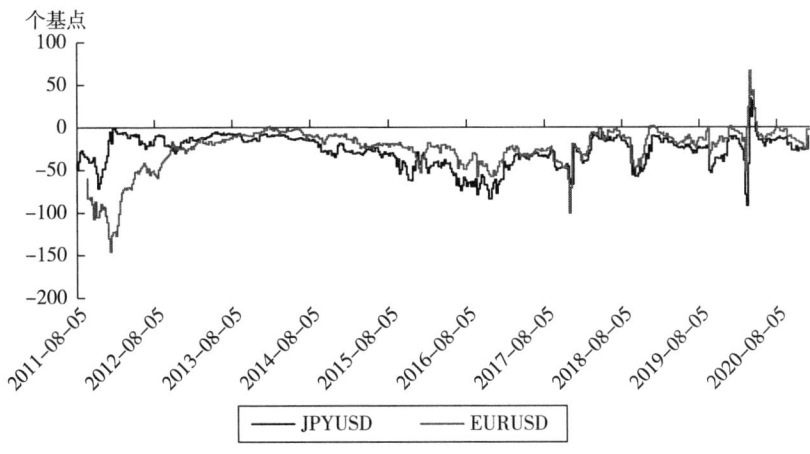

图 8　日元、欧元兑美元的 XCCY Basis

(资料来源：Bloomberg)

2020年第三季度市场上存在着严重的定价矛盾（NIFD 第三季度全球金融市场报告）——美国长债利率和美元指数。这种矛盾并非体现在价格水平上，而是体现在行为预期上（见图9）。欧洲在2020年第三季度疫情抬头，经济前景的不确定性增加，美元指数从低位小幅度反弹，但做空美元的头寸非常拥挤。在美国资产的预期收益好于欧洲的情况下，当时做空美元的核心逻辑是认为美联储将在宽松政策上超预期地加大力度——要么以远高于当前的速度购买国债，要么实行负利率。从当时美联储的政策指引和 OIS 期货市场来看，市场并未形成明显的相关预期。美国商品消费推动经济复苏，虽然依然未能恢复到疫情之前的水平，但2020年第三季度，长债收益率定价显得过低，因此市场对利率上升存在着很强的预期。在这一背景下，美元和美债的预期定价逻辑存在着根本性矛盾。当前同时做空美债和美元的悖论在于：如果做空美元是认为美联储将以更大的力度购买国债，那么同时做空国债相当于和美联储对赌，这将是一种非常不明智的策略行为。从收益率的角度来看，如果认为美国收益率将上升，那存在两种可能：一种是市场认为美国经济强劲复苏且远好于欧洲，资产预期收益率经过外汇对冲后仍好于欧洲资产，则资金涌入美国风险资产，利好美元；另一种是美国加大财政刺激力度，发行大量国债推高国债收益率，但这种情况还隐含了美联储停止宽松的条件，即完全由市场存量资金吸纳国债，若果真如此，美元将会迅速紧缺，这又必将推高美元汇率。可见，无论哪种情况，当前做空美债的同时做空美元都存在矛盾。

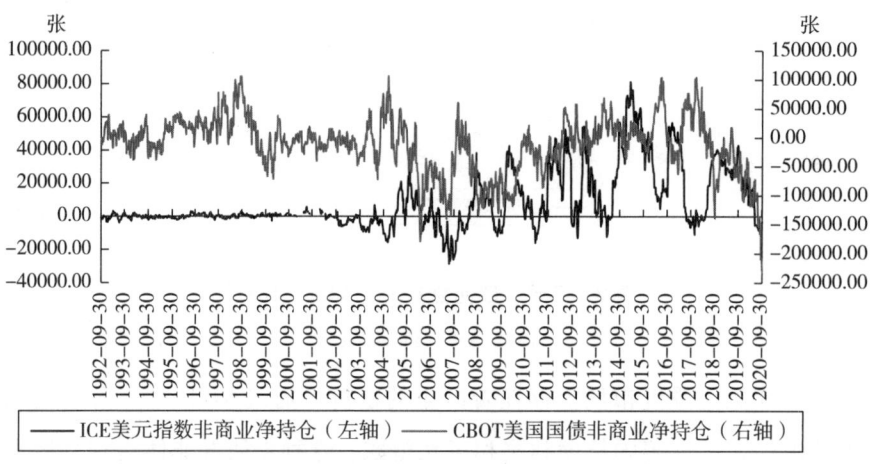

图9　美元指数与美国国债净持仓

（资料来源：Wind）

从当前的情况来看，同时做空美元和美债的行为逻辑部分被证伪。从2020年第四季度开始，美元指数从低位反弹且出现了突破阻力的迹象，同时美国十年期国债收益率也开始上升，然而当前做空美元汇率的头寸依然十分拥挤。

2. 负油价事件。3月中旬新冠肺炎病毒在欧洲开始传播，欧洲部分国家开始宣布封锁，原油需求预期的降低使油价开始下跌。2020年4月20日WTI原油期货近月合约迅速跌破0美元，最低到了 -40.32美元/桶。

负油价主要是交易原因引起的，2月原油多头太过拥挤，在合约的最后一个交易日多头需要找到原油库存空间来交割原油，但原油库存空间已经所剩无几。自2月以来美国库欣地区的原油库存空间已经开始下降，多头集中平仓导致剩余的库存空间迅速被填满，多头不得不倒贴钱来找人从自己手里买走合约，以免真的需要交割而持有实物原油，到时将没有任何多余容器来储存原油。

负油价本质上是一个交易因素导致的情况，并不是原油产能严重过剩——次月合约价格并未到负值。中国银行的原油宝出现大额亏损的根本原因是中行的产品发行方没有进行严格的风控管理，一般跟踪商品指数的金融产品需要在倒数第二个交易日完成全部移仓操作，避免在最后一个交易日无法平仓而导致实物交割，而中国银行到了最后一个交易日才进行移仓，导致客户出现大额亏损。而工行的类似产品则并未出现同样的情况。

（三）股票市场依旧受益于宽松货币政策

股票市场自 2020 年 3 月至今的"V"形反弹主要受益于美联储的宽松政策影响。值得关注的有两个事件，一个是在 2020 年第三季度前后中美市场上出现了价值股和成长股的风格切换讨论，当时也出现了部分资金流向价值股的现象。然而从 2020 年 11 月开始，价值股继续跑输成长股。我们认为以当前的市场条件来看，出现成长股和价值股的全面风格切换很难，原因在于利率中枢很难长期趋势性上升。从通胀方面来看，全球商品产能几乎不可能出现全面崩溃的情况，因此供给端产能是相对稳定的，主要受库存周期的影响；全球各大经济体缺乏长期增长动力的问题也未能从根本上解决，且人口老龄化问题开始向新兴市场经济体扩散，因此全球经济依然处于存量博弈时期。宏观因素上很难支撑无风险利率中枢的长期趋势性上升。

另一个值得关注的是 GME（游戏驿站）的逼空事件。对冲基金大规模做空一个基本面相当差的股票，甚至做空比例达到了 140%，导致做空机构被逼空。同样的逼空也发生在黑莓、AMC 院线和诺基亚等股票上。这次事件是典型的 Gamma Squeeze——散户同时大量买入看涨期权和股票，导致股价短时间内大幅度暴涨令期权做市商来不及买入股票对冲手中期权的负 Delta[①]，从而

---

① Delta 是期权价格对股票价格的一阶偏导数，Gamma 是期权价格对股票价格的二阶偏导数。

使股票价格更大幅度地上涨。我们认为此次事件的影响是短期的，主要是在监管和对未来投资风格的转变方面。超过100%的做空规模显然不合逻辑，而WSB（Wall Street Bets）的做法显然也是操纵市场的行为，美国证监会依然没有针对该组织的行为作出表态。被逼空的几只股票基本面都很差，然而股价的暴涨完全脱离了这些公司的实际内在价值，一些以基本面为导向的多空策略投资机构今后可能会受到影响。

（四）外汇及数字资产

1. 外汇市场。外汇市场主要受到基本面、政策面、利差、风险偏好与资金流动以及地缘政治等几个因素的影响；在不同的时点和不同的期限跨度下，又会有一个或几个因素成为左右汇率的主线逻辑。2020年，汇率决定的主线因素经历了多次切换：年初中美经贸摩擦及其第一阶段经贸协议的达成是汇率的主要驱动因素；1月下旬新冠肺炎疫情暴发，其对经济基本面的冲击成为人民币贬值的动因；时至3月，新冠肺炎疫情在全球蔓延，风险偏好迅速下行，美元流动性紧张，导致美元上涨、非美齐跌的局面；随后政策面重拳频发，美联储迅速稳定了美元流动性局面并将宽松政策维持至年底。2020年第二季度末，随着宽松的政策面已将情绪因素基本抚平，汇率的主导因素逐渐从风险偏好切换到基本面和政治事件上来，新兴市场货币和风险资产逐步受到青睐。

美元方面，2020年美元指数经历了由牛转熊的阶段。2020年3月中旬，随着疫情在国际的不断蔓延，信用链条断裂风险剧增，风险偏好再次下行。美元流动性迅速衰竭，风险资产甚至传统意义上的避险资产一齐被抛售，反常地出现同步下跌的现象，唯独美元出现"挤兑"，美元指数于3月19日到达高点102.69，上涨7.8%。随着美联储动用降息、量化宽松、开放式资产购买、与其他央行进行货币互换等诸多重拳维护美元流动性，以及全球经济重启和风险偏好逐步修复，美元指数开始逐步下行。截至2020年12月31日，美元指数录得89.96，较之最高点下行12.4%，全年下降7.08%。

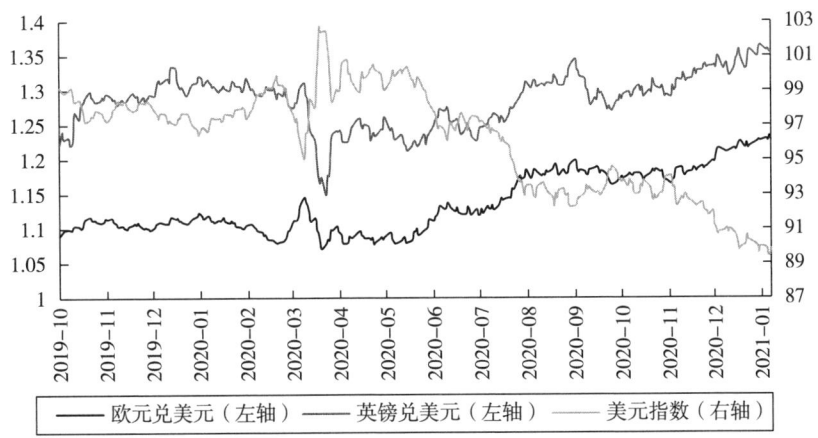

图 10　美元、欧元和英镑汇率走势

（资料来源：Wind）

人民币方面，2020 年人民币汇率一波三折，总体可以分为 6 月以前的贬值阶段和 6 月以后的升值阶段。2020 年 1 月至 5 月，虽然有年初至 1 月 17 日、2 月 21 日至 3 月 9 日两波升值，但是疫情对我国基本面的冲击和全球风险偏好大幅度下行仍导致人民币总体贬值 2.83%，于 5 月 28 日录得 7.16 最高点。此后至 2020 年底，人民币一路走强，到 12 月 31 日，人民币一路升值来到 6.54，并于 2021 年初进入 6.4 区间，从最低点至最高点累计升值超 7000 个基点，升值幅度超 9%。

2020 年下半年人民币兑美元显著升值主要包含以下几方面原因：

第一，美元指数显著下行是人民币升值的重要因素。根据上文的统计，2020 年美元指数下行幅度要大于人民币升值幅度，美元的疲软是人民币变动的主要外部因素。

第二，我国经济基本面保持韧性。在全球主要经济体仍遭受疫情影响的背景下，我国疫情防控成效显著，"V"形经济复苏相位领先其他主要经济体。

第三，政策层面，金融开放持续深化。尤其是资本进入的条件放松和渠

图 11　人民币和美元汇率走势

（资料来源：Wind）

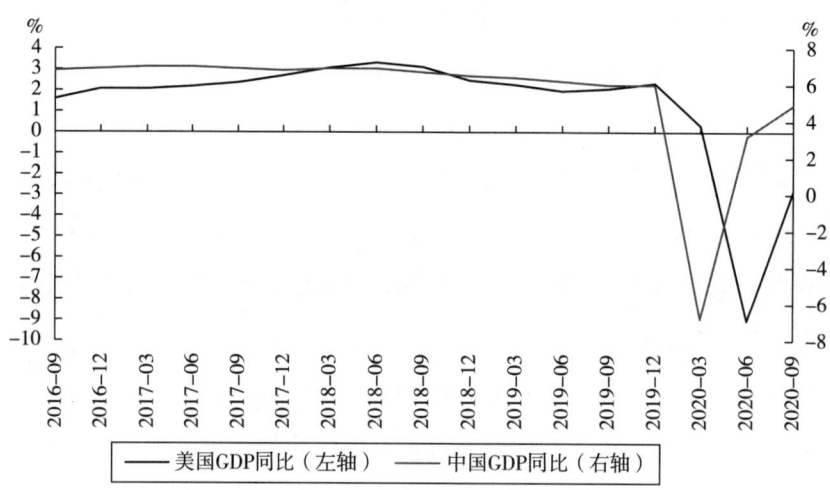

图 12　中美 GDP 增速呈现"双 V 错位"格局

（资料据来源：Wind）

道改善，叠加近年来我国股票指数和债券指数相继被纳入全球主要指数，我国证券市场的价值洼地属性凸显。

在美元走弱的背景下，欧元在 2020 年有所升值。截至 2020 年 12 月 31

日，欧元兑美元较2019年末升值9.23%。2020年7月达成的7500亿欧元的复苏基金是欧盟财政一体化的重要一步，对于欧元区的经济复苏和投资者信心起到了提振作用，使得走弱多年的欧元对美元有所上涨。

英镑受到脱欧不确定性影响，升势远不及欧元，年度升值3.32%。但英国在2020年末终于达成脱欧协议，保留对欧盟单一市场的零关税、零配额准入。

日元相比2019年末也对美元升值4.93%。作为全球主要避险货币之一，日元与美元指数的相关性很高。在全球抗击疫情的过程中，日本与其他亚洲新兴经济体相较欧美有更好的防疫效果，日美利差减小；同时，2020年美元流动性较为充裕，日本金融机构投资美国国债从而卖出日元、购买美元的交易下降，导致日元在2020年升值4.93%。

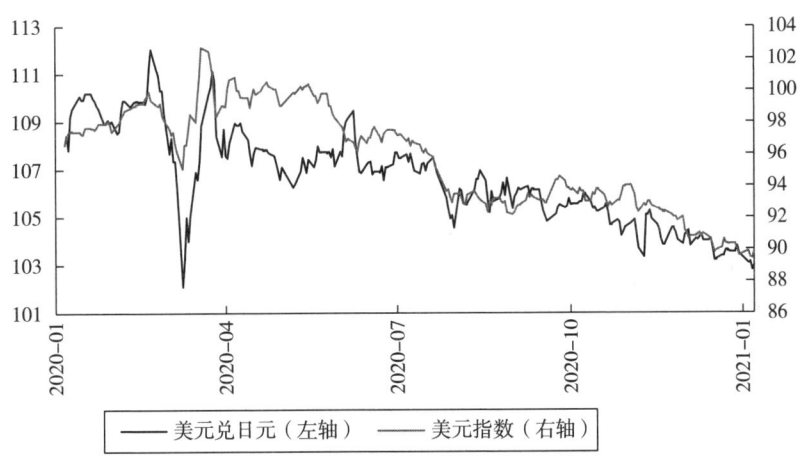

图13　日元兑美元与美元指数走势

（资料来源：Wind）

新兴市场方面，我们统计了22个国家和地区的货币情况（见表1），2020年，受到美元指数下行的影响，许多非美货币对美元有所升值。在我们的统计中，有11个国家和地区出现了不同程度的对美元的升值。在个体层面上，罗马尼亚列伊年度升值最多，为6.92%；其次为人民币、韩元、捷克克朗、菲律宾比索、新台币、智利比索都有超过5%的涨幅；马来西亚、新加坡、波兰、泰国的货币也有小幅升值。然而在新兴市场经济体中，贬值分化较为严重。阿根廷年度贬值40.48%首当其冲，巴西雷亚尔、土耳其里拉、俄罗斯卢布也出现了高于10%的贬值，而墨西哥比索、哥伦比亚比索、南非兰特、印度卢比、印度尼西亚卢比和匈牙利福林也有不同程度的贬值。从地区来看，亚洲国家和地区升值情况较多，南美贬值情况较多，而欧洲则分化较为明显。

表1 新兴市场国家和地区2020年汇率变化情况

（截至2020年12月31日）

货币名称	当前兑美元汇率	汇率变动
阿根廷比索	84.15	-40.48%
巴西雷亚尔	5.1967	-28.93%
土耳其里拉	7.3471	-23.57%
俄罗斯卢布	73.8757	-19.34%
秘鲁索尔	3.623	-9.31%
墨西哥比索	19.9087	-5.54%
哥伦比亚比索	3432.5	-4.74%
南非兰特	14.6246	-4.15%
印度卢比	73.0536	-2.50%
印度尼西亚卢比	14105	-1.47%
匈牙利福林	297.36	-0.89%
泰国泰铢	30.014	0.36%
波兰兹罗提	3.7584	1.03%
新加坡元	1.3221	1.86%
马来西亚林吉特	4.013	1.94%
智利比索	711.24	5.01%
新台币	28.508	5.31%
菲律宾比索	48.036	5.34%
捷克克朗	21.387	5.46%
韩元	1086.3	6.06%
人民币	6.5249	6.47%
罗马尼亚列伊	3.966	6.92%

资料来源：Wind，国家金融与发展实验室整理。

新兴市场国家和地区的汇率走势，在外因上，共同的主因是美元指数走弱。尤其在2020年下半年风险偏好抬升后，资金又开始流向部分情况较好的新兴市场经济体。据国际金融协会（IIF）统计，2020年全年，约有3130亿美元流入新兴市场经济体，比2019年减少了480亿美元。由于亚洲地区在疫情防控方面的表现普遍好于欧美国家，宏观经济也领先踏上复苏道路，因此亚洲新兴市场货币升值较多。而在跌幅比较大的几个国家和地区往往面临实体经济与债务的双重困扰，甚至还陷入地缘政治的泥潭。如阿根廷作为旅游业高度发达的国家，新冠肺炎疫情使其经济陷入负增长，阿根廷政府不得不于8月与国际债权人达成近700亿美元的债务重组协议，但仍未能遏制其主权货币的跌势。与阿根廷类似的还有巴西，总统雅伊尔已经宣布国家破产。土耳其则饱受地缘政治与经济双重困扰。除了利比亚问题、纳卡军事冲突、东地中海资源争端之外，其准备测试俄罗斯 S-400 防空导弹系统遭受了美国措辞严厉的指责。经济方面，土耳其高失业率与高通胀并存，同时经常账户逆差也在快速增加。在这样的国内基本面环境上，如果不能较快地平息外部争端，未来的情况同样堪忧。俄罗斯方面情况类似，国内新冠肺炎疫情抬头，同时也卷入亚美尼亚与阿塞拜疆的冲突，拖累了卢布汇率。

2. 数字资产高集中度与高波动性特征明显。目前，数字货币包括三大类：一是以比特币为代表的作为资产的加密货币；二是以 Diem（原 Libra）为代表的稳定币；三是央行数字货币。本节所讨论的数字资产主要指第一种。2020年，以加密货币为代表的数字资产受到了市场越来越多的关注，其市场规模和对金融体系的影响也愈发显著。

根据 CoinMarketCap 的统计，全球已有数千种加密货币。其中，截至2020年末，比特币以超过5000亿美元市值高居榜首；以太坊、泰达币、瑞波币、波卡、莱特币分居 2~6 位。

在市值前 6 位的加密货币中，比特币的市值也占据了很大比例。截至2020年末，比特币在市值前 6 位中占比高达 80.37%，以太坊占比 12.55% 排在第二，余下 4 种加密货币仅占比个位数。放到更宽的视角下也可以发现，

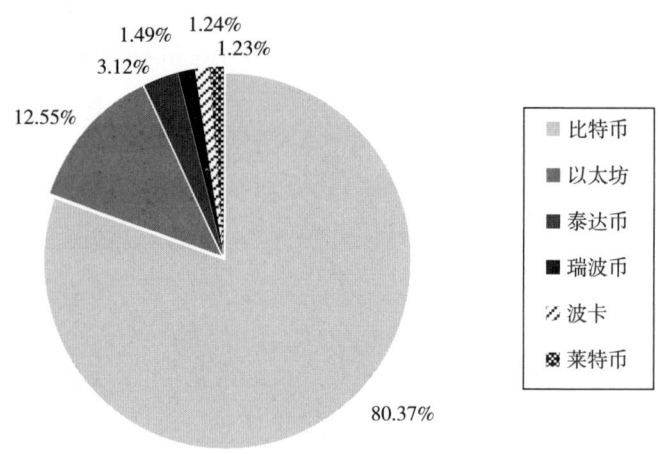

图 14　前 6 大加密货币市值分布

(资料来源：CoinMarketCap)

加密货币也存在数字经济"赢者通吃"的现象。我们提取了交易最活跃的 200 种加密货币作为样本，以市值从大到小排列，计算它们的累积市值占比。发现以 2020 年 12 月 31 日的市值计算，它们的标准差达到了 384 亿美元；即便将样本量扩展到如此之大，比特币的市值仍在其中占据 69.27%。从市值累积占比（见图 15）中可以看到，图的初段十分陡峭，比特币、以太坊、泰达币、瑞波币、波卡、莱特币这前 6 大币种就已经瓜分超过 86% 的市值，后续其他每种加密货币的市值占比均不足 1%。

在价格走势方面，比特币的行情可以用"过山车"来形容。2020 年 3 月，随着新冠肺炎病毒在全球蔓延，美元流动性紧张，全球金融市场剧烈动荡，3 月 12 日比特币跌破 3800 美元。5 月 12 日，比特币完成第三次减半，区块链奖励由 12.5 枚 BTC 减至 6.25 枚 BTC。2020 年下半年，随着风险偏好逐步抬升，灰度基金、PayPal、Square、Micro Strategy 等机构入场，数字货币已经成为重要的大类资产。在包括摩根大通等传统金融机构入场的助推下，比特币价格屡创新高，2020 年底突破 28000 美元。2021 年初，比特币价格再度出现剧烈波动：在 1 月 8 日录得 40797.61 美元的高点后，比特币在短短十数

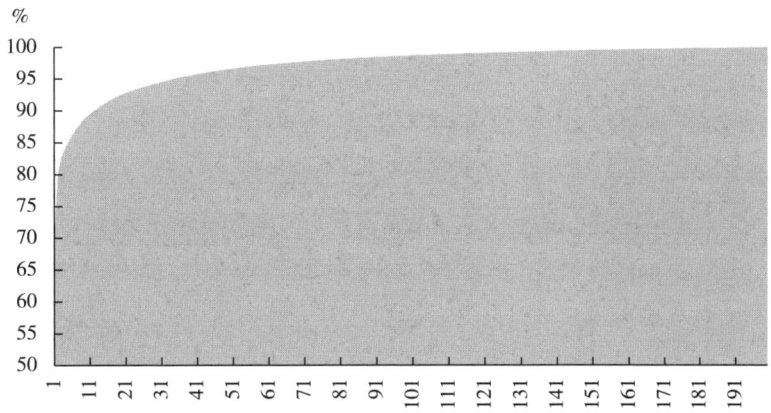

图 15 200 种加密货币累积市值占比（截至 2020 年 12 月 31 日）

（资料来源：CoinMarketCap）

天内下跌超 24%，1 月 21 日最低点收盘价为 30825.70。随后一路高歌猛进，2 月 17 日比特币收盘价突破 5 万美元关口，录得 52149.01 美元。

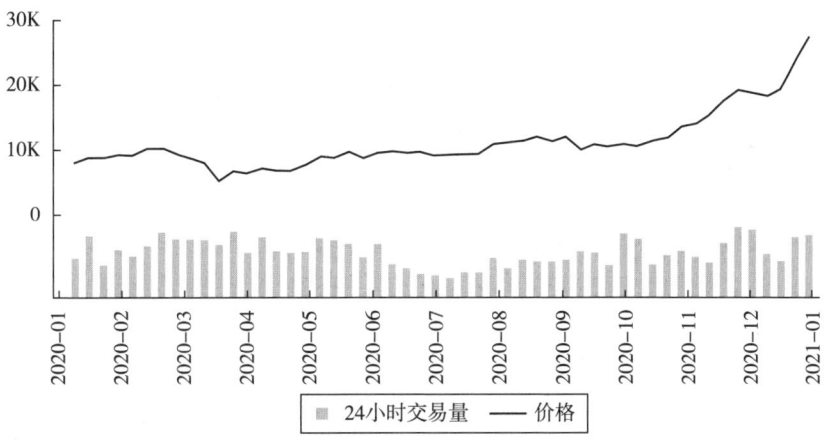

图 16 比特币 2020 年价格与 24 小时交易量走势

（资料来源：CoinMarketCap）

在价格波动性方面，比特币 2020 年的平均波动率也高于 2019 年。我们使用每日收盘价与开盘价计算了比特币每日价格的年化波动率，可以看到，在 2020 年 3 月 12 日大跌当日，比特币价格几乎腰斩，波动率达到近 10 倍。经过第三季度、第四季度的蓄势，价格与波动率再次拉上，2020 年底、2021 年初普遍超过年度均值线。

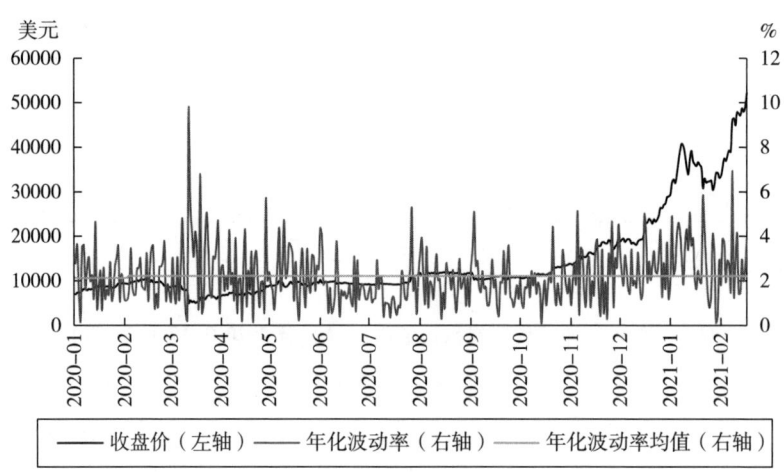

图 17　比特币 2020 年以来价格与波动率走势

（资料来源：CoinMarketCap）

无独有偶，2020 年全年，以太坊上涨 4.64 倍；如果把统计的截止日期延后至 2021 年 2 月 17 日，其涨幅将达到 13.13 倍。2020 年，以太坊作为全球最活跃的分布式账本之一，为了提升平台的吞吐量，以太坊启动了 2.0 进程。该进程计划按三步走进行。目前，第 0 阶段已于 2020 年 12 月 1 日启动，以太坊信标链创建，平台开始从工作证明共识机制（PoW）过渡到利益证明（PoS）。第 1 阶段的重点是创建分片并将其链接到信标链；第 2 阶段将进一步延续分片机制，解决交易拥堵问题。目前，距离以太坊 2.0 的最终实现仍有很长的路要走。

在影响数字资产价格的因素方面，我们认为，一个是数字资产的技术创新，在数字经济已成宏观趋势的背景下，数字资产由于其去中心化、匿名性、不可篡改性而受到追捧；同时也因为存在软硬件漏洞的可能性而遭到怀疑。另一个重要影响因素来自监管层面，作为主权货币某种意义上的替代物，加密货币对现代货币体系产生了威胁和挑战，一旦重要经济体对其加强监管，加密货币的价格就可能受到严重打击。这也使得在短期内，加密货币仍应更多地作为一种风险资产而不是"货币"被分析。

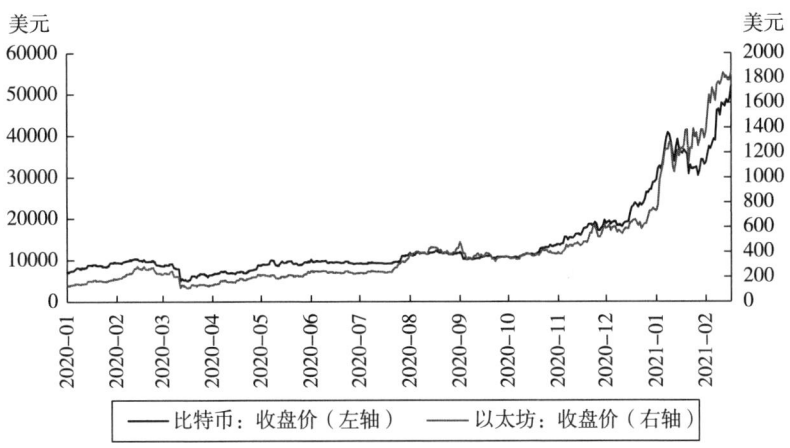

图18 比特币和以太坊的价格走势趋同

（资料来源：CoinMarketCap）

作为一种风险资产，加密货币最重要的影响因素仍是市场供求。从价格走势上看，比特币和以太坊的供应机制、使用价值属性大不相同，但二者的走势却高度一致，2020年初至今，其收盘价相关性高达0.977。这充分说明2020年数字资产的价格波动主要来自市场上交易者的供求关系。目前，加密货币总量仍然较小，CoinMarketCap数据显示，截至2020年末，市值最大的前200种加密货币总量仅为0.77万亿美元，与全球广义货币供应量近百万亿美元的体量相比，这个市场是比较容易受到操控和冲击的。2020年下半年，随着知名机构的入场，叠加全球货币政策宽松的背景，数字资产的上涨与高波动性也不难理解了。

二、2021 年可能面临的风险

（一）固定收益市场接下来可能发生的变化

2020 年突如其来的新冠肺炎疫情对经济冲击以及前所未有的财政金融救助政策成为主导债券市场走势的主导因素和主要风险点。展望未来，固定收益市场变化可能体现在如下四个方面：

第一，新冠肺炎疫情对经济影响边际减弱，但仍需关注病毒变异和疫苗生产、分配、接种效率等情况，尤其是不同防疫策略对经济全面开放的影响。在财政金融政策支持下，全球经济呈现不同程度的复苏迹象，新冠肺炎疫情对经济的影响在边际减弱。近期，虽然出现疫情反弹，但全球主要国家已陆续开展疫苗接种，未来需要关注病毒变异对疫苗有效性的影响，以及疫苗生产效率和分配不均等问题。同时，由于欧美等主要发达经济体防疫策略上倾向于"群体免疫"，随着疫苗接种率提升和病毒传染率的下降，包括人员流动在内的经济全面开放或将早于国内。

第二，欧美等发达经济体率先复苏对部分新兴经济体的冲击。目前，发达经济体已呈现较为强劲的复苏迹象，而部分新兴经济体由于对抗疫情和资本市场冲击能力有限，遭遇资本外流、货币贬值和通货膨胀等问题。随着欧美经济体率先复苏，新兴经济体资本外流和滞胀风险或将进一步凸显。

第三，经济增长的波动性大，难预测。在经历大萧条以来最严重的经济衰退后，未来经济料将反弹，但反弹的节奏和力度难以把握。在此情况下，市场预期容易出现偏差，宏观政策调控难度也将加大。

第四，全球债务压力飙升，政策调控空间有限。目前，主要发达经济体基本采用零利率或负利率，政策利率空间已被压缩殆尽；同时，据国际金融协会（IIF）数据，疫情发生以来，全球债务水平飙升，2020 年增加了 17 万亿美元，达到 275 万亿美元。其中，全球政府债务与 GDP 之比从 2019 年的 90% 升至 2020 年的近 105%。经济刺激政策发挥了一定的作用，但也带来了金融和预算失衡等挑战。

（二）监管政策可能成为影响流动性变化的重要因素

2021年，美元流动性的变化可能是引爆市场风险的最关键的变量。2020年第四季度美元融资溢价有所上升，但我们认为这主要是年末叠加季末效应引起的——银行需要调整资产负债表以满足监管的年末审查要求，部分大型银行需要维持G-SIB分数因此缩减了资产负债表规模。2021年1月融资溢价又大幅缩小，远优于历史平均水平。美联储在2021年1月的会议中透露了缩减资产购买量的意向，但依然采取到期再投资的策略，我们认为边际上的减少对未来一个季度的美元流动性影响有限。当前美联储每月购买资产1200亿美元，如果以2014年每月缩减100亿美元的购买量为参考，需要12个月左右的时间资产负债表才停止扩张。

2021年美元流动性影响最大的因素在于监管政策是否继续放松。美联储在2020年5月放宽了对银行的SLR限制，持续到2021年3月。我们认为这是当前美元流动性非常宽松的主要原因。2020年全球的制造业产能遭受了重大打击，2021年主要是企业补库存的阶段，企业恢复产能对信贷和短期运营资本的需求都会上升，届时美元流动性紧缩将抑制全球价值链的恢复和正常运行。

（三）市场可能过早地定价了再通胀

当前市场普遍预期未来通胀上升（见图19），相对于通胀预期而言美国10年期国债收益率（约1.1%）偏低，市场预期未来长债收益率会大幅上升，且美联储的宽松政策会使美元长期下跌。我们认为未来一年内影响美国国债收益率和美元汇率的主要因素可能是欧洲、日本两个地区的央行与美联储的货币政策分化。当前欧洲面临着疫情的二次反弹，日本的经济预期依然具有高度的不确定性，其他新兴市场（墨西哥、巴西等）依然未能从疫情的泥潭中脱身。也就是说，美元流动性的宽松在2021年大概率不能有效地刺激这些国家的信用和产能扩张，2021年能够进行信用扩张的国家可能只有中国。在无法有效提升需求的情况下，日本和欧洲的央行将扩大货币宽松的规模，边际上造成对美联储资产负债表规模的相对扩张。如果美元流动性不出现非常紧张的情况（XCCY Basis 约从当前水平上升60个基点），美国国债对于欧洲和日本的 Carry 型投资者依然具有较强的吸引力，会使得资金流入美国。这样会同时抑制美元下跌和美债利率上涨的动力。

然而，当前及其拥挤的美元空头头寸使美元汇率成为潜在的风险因素——美元汇率上升的幅度和速度可能远超预期。2020年美联储的央行互换工具本质上是美联储与外国央行互相以本币借贷，再由该国的央行借给本国需要美元的金融机构，再借贷给需要美元的企业。这一过程会派生出大量的离岸美元。如果美元汇率上升，美元的拆入方将面临偿债成本上升的情况，从而抑制资本扩张和通胀。

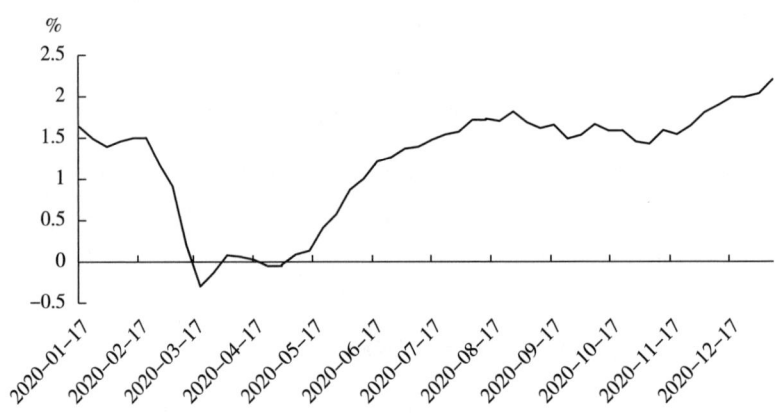

图19　美国2年期 Inflation Swap

（资料来源：Bloomberg）

（四）关注短期内美元汇率弱势预期的反转

展望2021年的外汇市场，经济复苏将是未来一年汇率决定的重点因素；政治变幻、新冠肺炎疫情的防控效果和疫苗有效性是需要关注的风险点。

美元指数是其他非美货币汇率走势的重要外部因素。2019年以来，美国经济显现疲态，美国与其他主要发达经济体之间的利差逐步缩小，美元指数已经增长乏力；2020年疫情暴发后，美国疫情防控最为不力，美联储为保证离岸美元流动性，其货币政策宽松力度也导致美元流动性长期宽松的局面。很多观点认为美元可能已经确认开启新一轮下行长周期。

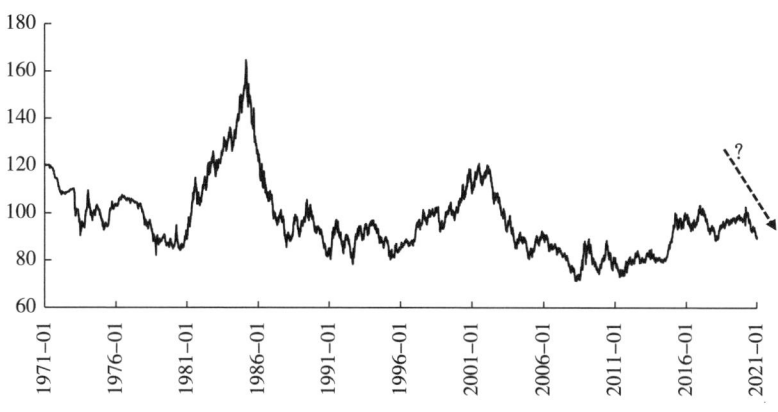

图20　美元指数开启新一轮下行长周期

（资料来源：Wind）

但是我们认为，美元在2021年的下行空间可能有限。一方面，从美国国内因素来讲，基本面上美国虽然饱受疫情困扰，但民主党已采取更严格的防疫措施并出台更大规模的财政刺激，其经济增长大概率不会弱于其他主要经济体；政策面上，美国的财政刺激会使用取消特朗普时期减税政策的方式融资，而减少美联储为其埋单的因素；美联储的货币政策虽然仍会保持宽松态势，但在边际上可能形成逐步缩减的格局。另一方面，美元目前仍具有强烈的避险货币特征，经济复苏预期会否被证伪、病毒变异与疫情防控、中美关系、中东地缘政治等因素都有可能导致风险偏好下行，推动美元上升。因此短期内，在全球政治经济仍存在较大不确定性的情况下，美元继续下行空间有限，加之短期做空美元的头寸已过于拥挤，需要关注短期内美元汇率弱势预期出现逆转；而长期，疫情、政治动荡和财政赤字的不可持续可能对美国消费、产业等方面造成较为深远的影响，这将在一定程度上侵蚀美元的长期价值基础。

人民币方面，我们认为2021年将由基本面与国际政治两个因素驱动。在外部美元难以快速持续走弱的背景下，考虑到基数效应，中国前两个季度会呈现比较强势的同比增长，但是下半年，如果全球主要经济体从疫情的影响中逐渐恢复，我国防疫物资的出口将有所下降、国内对外国服务贸易的需求将回升，经常账户顺差将逐步恢复到疫情前的水平；而拜登政府对中国"硬碰硬"的制裁可能减少，转而修复美国与盟友的关系，建立长期的联合封锁。因此，2021年人民币可能会在上半年维持震荡升值态势，但下半年存在转弱的风险。

欧洲方面，考虑到拜登政府很可能会着力修复其与欧洲的经贸关系，这对出口占据大量份额的欧洲经济来说无疑是一剂强心针。但目前疫情出现恶化，包括英国在内的欧洲各国都采取了较强的限制措施，即便病毒突变不影响疫苗有效性，其产能也难以保证短期内形成免疫屏障。因此在2021年上半年，欧元仍存在潜在的下行风险。而英国脱欧的靴子尚未完全落地，英国作为全球离岸美元最大的交易中心，欧盟尚未决定是否要给予包括英国金融业在内的服务业准入。因此，2021年，英国经济仍将面临新的贸易制度的不确定性和转型阻力，英镑前景依旧不明朗。

日元方面，考虑到2021年美国存在收益率上行的可能，同时日元升值可能会伤害日本出口企业的利润，从而妨害日本经济复苏，因此短期内日元不具备较强的升值基础。

新兴市场经济体中，很多由于自身经济结构和债务问题，在疫情下其主权货币极易遭受冲击，2021年存在高度不确定性，我们认为这类货币仍不乐观。

（五）数字资产快速增长伴随着风险的大量积聚

展望2021年，数字资产的大热将使其跻身大类资产配置当中，提升该细分市场的重要性。目前，传统金融机构已着手进入这一市场，典型的方式包括直接配置比特币等数字资产、投资数字货币交易所、依托自身机构发行数字货币等，未来数字资产市场将迎来巨大的发展与变化。

同时，快速的发展也意味着风险隐患的积累。数字资产的特性是一把"双刃剑"，优势往往也蕴含着劣势。首先，数字货币的技术特征使其具有匿名特性，主权国家和金融监管难以对用户的信息进行监控，是洗钱、恐怖势力滋长的沃土；加之数字货币对主权货币存在一定的威胁，很容易受到监管的制裁，因此其具有较大的政策风险。其次，目前数字资产的体量仍然较小，市场投机情绪较强，容易出现人为操控、羊群效应等问题，从而出现剧烈的价格波动。最后，数字货币的虚拟性特征对硬件和软件、网络和算法均要求可靠性，而其交易所的风险管控历史较短，不如传统金融交易所成熟且经验丰富，具有一定的技术风险。在数字货币的发行和交易中，如何保障各方权益、防止外溢效应，将成为未来亟待解决的问题。

三、针对风险的相关建议

针对上述风险，我们有如下建议：

第一，继续坚持科学合理的疫情防控措施，同时警惕发达经济体复苏外溢性，并关注资本流动和人民币币值稳定。疫情目前仍然是决定全球经济走势的关键因素，保持防疫警惕性，加大加快疫苗研发、生产和接种依然是实现经济正常化的必要前提。另外，自2020年以来，由于中国有效的防疫和强有力的经济金融措施，经济率先实现强劲复苏，国际资本大量持续流入，人民币对美元有较大幅度升值。在美国经济持续复苏的条件下，中美利差或将扭转，利差从高位下降会对国际资本流动和人民币币值稳定形成一定压力。

第二，继续实施稳健灵活的货币政策，对于适当的经济波动保持定力，注重政策微调。2021年第一季度国内经济或将延续复苏态势，呈现阶段性高点，之后经济增速或将快速收窄至常态化水平，经济增长波动较大。对于此种情况，货币当局应给予适当理解，保持定力，防止过紧或过松，在货币政策稳健中性的条件下，注重边际微调。

第三，审慎对待货币政策正常化。2020年，为应对疫情冲击，国内实施宽松货币政策，宏观杠杆率和央行资产负债表增幅明显，但总体来说，相对欧美等发达经济体，我们的政策力度适中，且我国央行尚有较为宽裕的政策调整空间。并且，在国内外疫情形势依旧严峻的情况下，若贸然启动货币政策正常化，可能会打断经济复苏势头。通常来说，货币正常化包括缩表和加息两层含义。根据发达经济体经验，货币政策正常化通常以缩表开始，因为缩表可由央行自主选择减持的证券类型，一方面影响可控，另一方面可针对性进行调节。而加息会影响所有资产价格，因此央行对于加息政策会更加谨慎，加息往往会滞后缩表数年；此外，货币政策正常化应该以经济持续修复为基础，非常规政策支持力度越大，其持续时间越长，货币政策正常化开启越需谨慎。同时，货币政策正常化的节奏和力度应根据经济情况，实时进行调整。

第四，密切监测金融机构，特别是非银金融机构的债务杠杆和现金流状况。一方面，疫情期间一些企业可能通过金融机构拆入了大量的廉价美元以扩张投资，另一方面疫情期间大量海外资金进入中国的债券和股票市场，对我国金融机构的资产负债表产生了较大的影响。如果海外流动性收紧，在资产再平衡的情况下海外投资者可能出售部分中国的资产以保持资产组合的在险价值处于合理范围，借入外债的金融机构也会加快偿债速度，两者叠加会对国内货币市场造成一定的资金压力。因此必须保持隔夜市场的资金充裕以应对可能出现的短期资金紧张，防止货币市场的风险传导至信用和国债市场。同时央行也可以考虑在一定条件下对非银金融机构开放回购/逆回购工具，以缓解突然的国际流动性紧缩，保持市场稳定。

第五，加强对外汇市场的审慎监管，保持人民币汇率在合理均衡水平上基本稳定。加强对离岸人民币外汇市场的隐含波动率管理，防止人民币汇率过快、过大波动，同时引导市场预期。在新冠肺炎疫情冲击尚未平息、国际国内经济复苏仍存在不确定性的背景下，政策方面的调控应以"内向"为主，保持货币政策独立性和有效性。监管方面，对有较大美元负债的银行机构作出更高的汇率对冲比率要求，以应对美国的补充杠杆率政策常态化之后出现的周期性美元紧缩状况。汇率同时受到国内外双重影响，不可控因素较多，要深化人民币汇率市场化改革，使人民币有升有贬、双向浮动成为常态。要促进在岸、离岸市场的协调发展，为市场参与者提供更多套期保值的金融工具。面对国际疫情发展和政治摩擦等潜在风险事件，要持续检测跨境资本异常流动，完善宏观审慎和微观监管的两位一体管理框架，严厉打击外汇领域违法违规活动。

第六，把握数字货币发展趋势，审慎控制数字资产风险，积极稳妥推进数字人民币落地应用。首先，数字货币作为数字经济时代的新兴产物，要加强对全球各类数字货币的研究，掌握底层技术，创新应用场景，争取在经济数字化进程中实现弯道超车。其次，数字资产具有金融属性，可能会对传统货币金融运行产生影响，削弱货币政策有效性，影响金融稳定。因此，对数字资产及其相关市场和参与方要加强监管，本着"相同行为、相同监管"的原则，防止监管套利。要加强国际交流与合作，保护金融消费者权益，共同打击洗钱、恐怖融资等犯罪行为。最后，稳步扩大数字人民币试点范围，拓展应用场景，在精准信贷投放、跨境金融等领域发力，研判数字人民币对我国货币政策传导机制和金融稳定的影响，提升人民币国际地位。

附件　收益率曲线三因子

本文通过构建三因子模型，刻画收益率曲线的形态特征，即将收益率曲线分解为水平因子、斜率因子和曲率因子。其中，水平因子刻画了当前收益率曲线所处的位置区间；斜率因子，刻画了收益率曲线的陡峭程度；曲率因子，刻画了收益率曲线的弯曲程度。

收益曲线的水平因子是整条收益率曲线的平均。它代表了收益率曲线的整体水平，数学表达式为

$$Level = \frac{1}{T}\int_0^T y(t)\,dt \tag{1}$$

对于离散的情形，水平因子是各个期限收益率的加权平均。

$$Slope = s_{short} \times \Delta T_{short} + s_{long} \times \Delta T_{long} \tag{2}$$

$$Curve = s_{short} \times \Delta T_{short} - s_{long} \times \Delta T_{short} \tag{3}$$

其中，$y(t)$ 表示期限为 t 的收益率，s_{short} 和 s_{long} 分别表示短端和长端的斜率，ΔT_{short} 和 ΔT_{long} 分别表示短端和长端期限长度。根据惯例，短端通常指 2 年期以内，长端通常指 2 年期至 10 年期。

银行业金融风险分析报告

李广子[①]

摘要：尽管受到疫情冲击，2020年我国银行业仍然表现出较强的韧性，在为实体经济提供信贷资金支持的同时将风险保持在可控范围之内。本文对2020年我国银行业面临的重点风险进行了分析，包括经营业绩下滑、公司治理不规范、贷款定价基准转换、中小银行并购重组、互联网存贷款新规等引发的风险等。此外，本文还对2021年我国银行业风险变动趋势进行了展望，并结合主要风险点提出了相应的政策建议。

关键词：银行；疫情；公司治理；并购重组

2020年，新冠肺炎疫情的暴发叠加中美经贸摩擦、宏观经济下行等因素影响，我国实体经济运行受到严重冲击。作为金融体系的主要组成部分，我国银行业也受到较大影响，部分领域风险有所上升。尽管如此，我国银行业仍然表现出相当大的韧性，总体运行平稳，在为实体经济提供信贷资金支持的同时将风险保持在可控范围之内。

一、疫情对银行业风险的影响

从负面影响看，疫情对银行业的冲击主要体现在以下几个方面。（1）从业务结构看，疫情短期内对银行对公业务的冲击要更加明显，对零售业务的

[①] 作者简介：李广子，中国社会科学院金融研究所研究员，银行研究室主任。

冲击相对较弱。原因在于，对公业务主要针对企业客户，大量企业在疫情冲击下面临停工停产，正常的生产经营活动受到较大冲击；与之相比，零售业务主要针对个人客户，金融需求额度相对较小、客户分散，部分零售金融业务需求不会直接受到疫情影响，比如住房按揭贷款业务等。此外，很多银行通过线上方式向零售客户提供金融服务，也使零售金融业务受疫情冲击相对较小。（2）从行业分布情况看，疫情对不同行业的冲击有所不同。交通运输、餐饮、住宿、旅游等行业受到的冲击较大，这些行业中的很多企业处于完全停摆状态，银行在上述行业中的资金投放将面临相对较高的风险。（3）从区域分布看，湖北特别是武汉是本次疫情暴发的中心，受疫情冲击较大，加之采取了严厉的防控措施，本地经济社会发展受到较大影响；另外，作为我国的政治、经济中心以及国际交流中心，北京等重点城市的疫情防控政策也非常严格，受疫情冲击也比较明显。相应地，业务较多地集中于上述区域的银行也面临较高的风险。（4）从客户类型看，小微企业受到的冲击更为明显。与大企业相比，小微企业通常资金储备不高，产品和市场单一，资产规模小，抗风险能力差；与之相比，大企业资金实力较强，能够在更多的产品条线和区域分散风险，抗风险能力相对较强。相应地，那些业务主要集中于小微企业的银行受到疫情的冲击会更加明显。（5）从银行类型来看，区域性中小银行面临的冲击要更大。与全国性大银行相比，区域性中小银行业务主要集中于特定区域，经营业务高度依赖本地经济发展，无法在全国或更大的范围内分散风险。另外，地区中小银行客户中小微企业客户相对较多，而此类客户又是受疫情冲击最为明显的客户，客户结构的这种特点也使得区域性中小银行受疫情冲击较大。疫情冲击最终体现在银行资产增速的下滑、盈利能力的下降以及不良贷款比率的上升等方面。不过，这种冲击是短期的，随着疫情得到控制，生产生活将逐步得到恢复，疫情对银行的负向影响将随之趋于缓和。

从中长期来看，疫情的暴发对银行业发展会产生潜在的积极影响，为银行业实施转型升级提供了契机，对于中长期内银行防范风险具有一定积极意义。一是对银行业务结构调整产生影响。疫情的暴发会对企业和个人的生产生活方式产生影响,相应地改变了其金融需求的特征。以本次疫情为例,尽管传统行业受到较大冲击,但网络理财、线上生活缴费、网络教育、远程办公、医药医疗等相关领域成长迅速,由此诞生了不同于传统产业的新型金融需求,金融机构需要改进金融服务方式以满足此类金融需求,并将更多的资金投入上述领域。此外,为了应对疫情的冲击,未来一段时间中国将加大在基础设施建设、民生等领域的投资力度,也将产生大量的金融需求。二是为金融机构本身的数字化转型提供了契机。首先是金融产品和服务的数字化。银行业预计将会加大对金融科技的投入和利用,预期未来将有更多的金融服务可以通过线上的方式提供,无接触式服务的比重将会上升,物理网点的重要性不断下降;其次是内部管理和业务流程的数字化,主要体现在利用科技手段对内部管理流程进行改造等。

二、银行业风险概况与特征

(一) 信用风险变动喜中有忧

近年来我国商业银行不良贷款变动情况如图 1 所示。

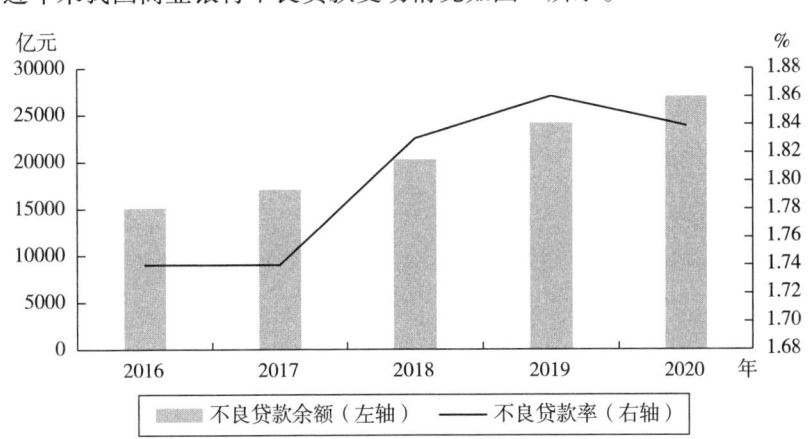

图 1　商业银行不良贷款状况

(资料来源:Wind 资讯)

2020年末，我国商业银行不良贷款余额27015亿元，与上年相比增加了2880亿元，但与2020年第三季度末的28350亿元相比则下降了1336亿元。不良贷款率1.84%，与上年相比下降了0.02个百分点，与2020年第三季度末的1.96%相比下降了0.12个百分点。一个值得注意的现象是，商业银行不良贷款余额和不良贷款率从2020年第四季度开始出现了"双降"趋势，反映了我国商业银行信用风险状况有所好转。之所以出现这种情况，主要有以下三个方面原因：一是宏观经济企稳以及微观主体经营状况改善提高了借款人的还款能力，降低了借款人违约风险。二是银行业加大了不良资产处置力度。2020年全年我国银行业共处置不良资产3.02万亿元，使得银行业总体信用风险得到了有效释放。三是为应对疫情出台的延期还本付息政策延缓了风险暴露。2020年3月1日，银保监会等五部委联合印发《关于对中小微企业贷款实施临时性延期还本付息的通知》（银保监发〔2020〕6号），对于2020年1月25日以来到期的困难中小微企业贷款本金，以及2020年1月25日至6月30日中小微企业需支付的贷款利息，银行业金融机构应根据企业申请，给予企业一定期限的临时性延期还本付息安排。还本付息日期最长可延至2020年6月30日，免收罚息。2020年6月1日，人民银行等五部委出台《关于进一步对中小微企业贷款实施阶段性延期还本付息的通知》（银发〔2020〕122号），对于2020年6月1日至12月31日到期的普惠小微贷款本金和利息，银行业金融机构应根据企业延期还本申请，给予企业一定期限的延期还本和付息安排。还本和付息日期最长可延至2021年3月31日。上述政策的出台有助于延缓银行贷款风险暴露。总体上，2020年第四季度以来银行业信用风险状况的好转一定程度上得益于不良贷款处置力度的加大以及贷款延期还本付息政策的出台。随着延期还本付息政策的退出，未来一段时期银行业仍面临较大的不良资产反弹压力。

我国商业银行不良贷款构成情况如图2所示。

从图2可以看到，截至2020年末，商业银行次级类、可疑类和损失类不良贷款率分别为0.87%、0.72%和0.25%。风险相对较低的次级类不良贷款

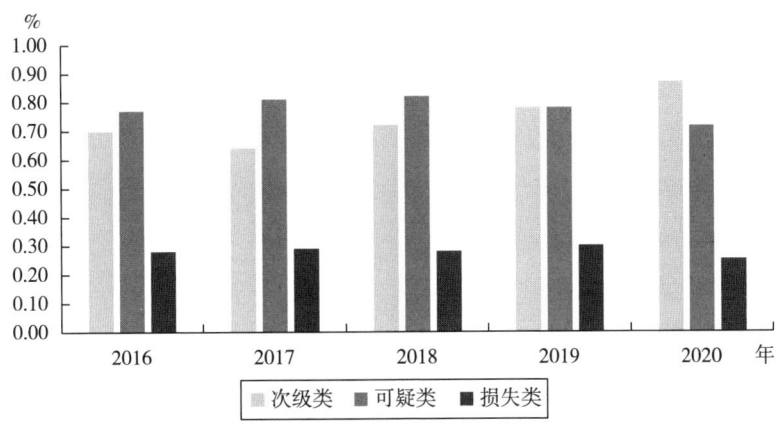

图 2　商业银行不良贷款构成情况

(资料来源：Wind 资讯)

率最高,风险相对较高的损失类不良贷款率最低。与之相比,2019 年商业银行不良贷款构成中损失类和可疑类不良贷款率则非常接近。从趋势上看,商业银行次级类不良贷款率 2017 年以来呈现一定的上升趋势,可疑类不良贷款率 2018 年以来则呈现一定的下降趋势,损失类不良贷款比例 2019 年以来也呈现一定的下降趋势。以上数据总体上表明近年来我国商业银行不良贷款的真实风险有所下降。

我国不同类型商业银行不良贷款率变动情况如图 3 所示。

从图 3 可以看到,不同类型银行资产质量分化明显。2020 年末,国有大型商业银行、股份制银行、城商行、民营银行、农商行、外资银行不良贷款率分别为 1.52%、1.50%、1.81%、1.27%、3.88% 和 0.58%。其中,农商行不良贷款率是行业平均水平的 2 倍以上,信用风险较为突出。另外,不同类型银行不良贷款率变动也呈现一定的分化趋势：与 2019 年相比,国有大型商业银行和民营银行不良贷款率均有一定幅度的上升,上升幅度分别为 0.14 个和 0.27 个百分点,说明这两类银行的信用风险有所上升。其中,国有大型商业银行的不良贷款率上升可能与其业务下沉有关：由于加大了在普惠金融领域的资金投放力度一定程度上导致信用风险上升。民营银行的不良贷款率

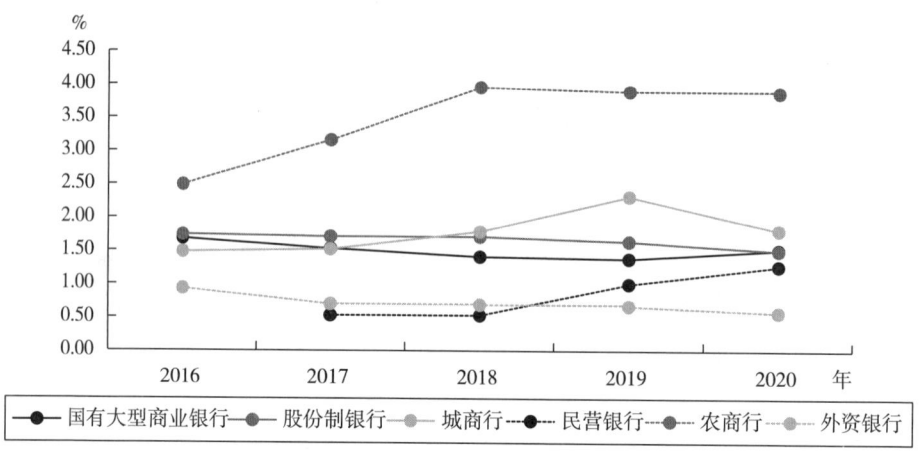

图3 各类商业银行不良贷款率

(资料来源:Wind资讯)

上升可能主要与其前期风险的逐步暴露有关:民营银行普遍成立时间较短,经过一段时期的运营之后目前逐步进入风险的暴露期,但不良贷款率总体上保持在较低水平。与之相比,其他几类银行不良贷款率均有所下降。其中,城商行2020年不良贷款率的下降幅度相对较大,达到0.51个百分点,一定程度上说明其前期风险暴露已经较为充分,现阶段信用风险总体状况已经有所好转。

(二)拨备覆盖率略有下滑

截至2020年末,我国商业银行拨备覆盖率为184.47%,比上年下降1.61个百分点,延续了2018年以来的下降趋势;贷款拨备率为3.39%,比上年下降0.07个百分点。拨备覆盖率的持续下降主要有以下几方面原因:一是盈利能力下滑压缩了银行的拨备计提空间,银行为维持目标利润增速一定程度上减少了拨备计提数量;二是银行资产质量有所下滑,不良贷款余额持续增长。在这种情况下,商业银行计提拨备的增速滞后于不良贷款增速,也会导致拨备覆盖率下降。尽管如此,目前我国商业银行拨备覆盖率仍保持在较高水平。

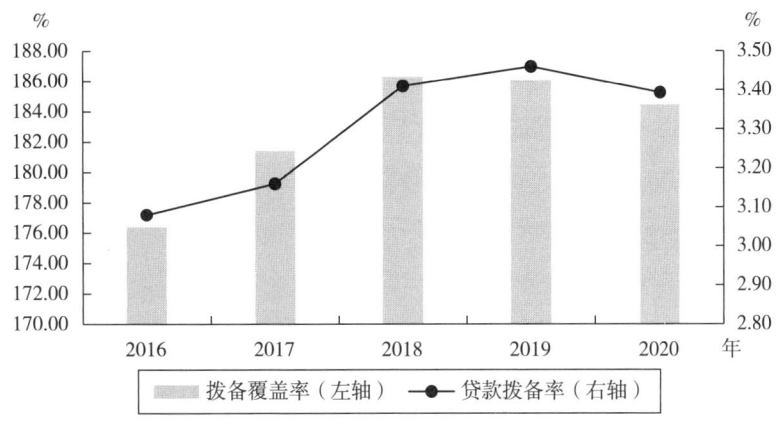

图4　商业银行拨备覆盖情况

（资料来源：Wind 资讯）

（三）资本充足风险保持在较低水平

2020年末，我国商业银行资本充足率为14.70%，与上年末相比提高了0.06个百分点；一级资本充足率为12.04%，与上年末相比提高了0.09个百分点；核心一级资本充足率为10.72%，与上年末相比下降了0.20个百分点。总体上看，目前我国商业银行资本充足率保持在较好水平，资本充足率和一级资本充足率均呈现稳中有升的态势；与之相比，核心一级资本充足率自2018年以来呈现小幅下降趋势，进一步凸显了核心一级资本对于商业银行发展的重要性。

从不同类型银行来看，2020年末，国有大型商业银行、股份制银行、城商行、民营银行、农商行、外资银行资本充足率分别为16.49%、13.60%、12.99%、13.53%、12.37%和18.32%。可以看到，外资银行、国有大型商业银行资本充足率较好，均高于行业平均水平；农商行、城商行资本充足率相对较低，凸显了两类银行进行资本补充的必要性。从趋势上看，国有大型商业银行、股份制银行资本充足率总体上呈现上升趋势，资本充足情况较好；外资银行、城商行资本充足率基本保持平稳；农商行、民营银行资本充足率

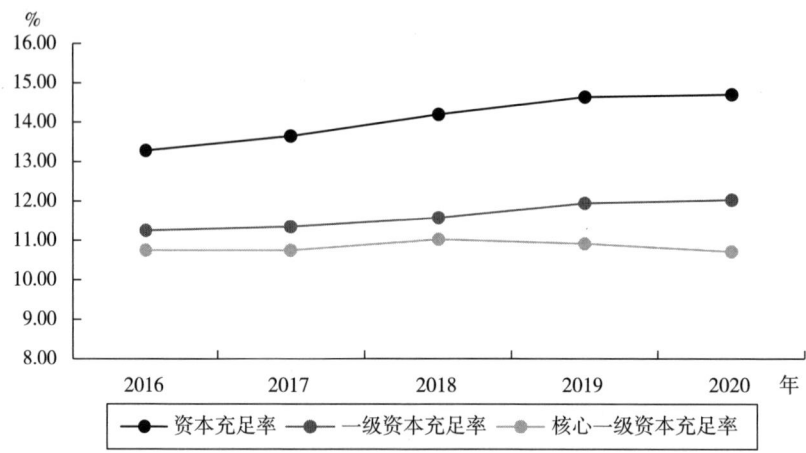

图 5　商业银行资本充足状况

（资料来源：Wind 资讯）

则呈现下降趋势。其中，民营银行资本充足率下降尤为明显，这与过去一段时期民营银行经营规模的快速扩张有关。

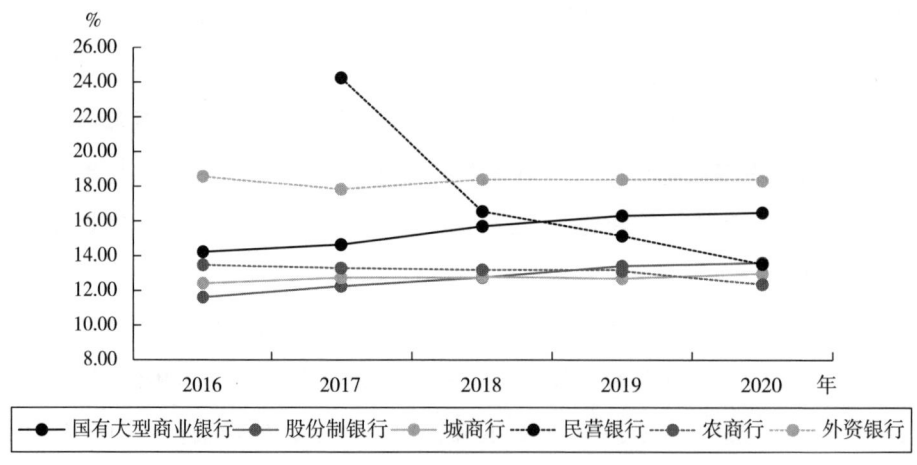

图 6　不同类型商业银行资本充足状况

（资料来源：Wind 资讯）

（四）流动性风险相对较低

2020年末，我国商业银行流动性比例为58.4%，与上年基本持平；存贷比76.8%，与上年相比提高了1.4个百分点；流动性覆盖率146.5%，与上年相比下降了0.2个百分点。从各项指标来看，商业银行流动性总体上保持在较好水平，且在时间趋势上看基本保持平稳，流动性风险相对较低。

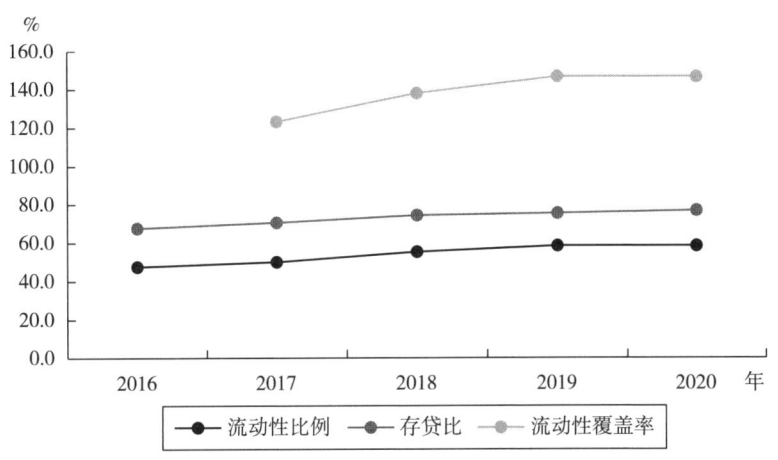

图7 商业银行流动性状况

(资料来源：Wind 资讯)

三、银行业主要风险点

（一）经营业绩下滑增大银行脆弱性

尽管从2020年第三季度开始呈现一定的好转势头，但我国商业银行经营业绩2020年总体上仍延续之前的下行趋势。2020年第四季度，我国银行业景气指数为67.9%，比上季度提高1.9个百分点，比上年同期降低2.8个百分点；银行盈利指数为60.9%，比上季度提高0.6个百分点，比上年同期降低

6.8个百分点。① 但从实际经营情况来看，2020年第一至第四季度，我国商业银行资产利润率（ROA）分别为0.98%、0.83%、0.80%和0.77%，资本利润率（ROE）分别为12.09%、10.35%、10.05%和9.48%，盈利能力指标延续了近年来的下降趋势。经营业绩下滑降低了银行的抗风险能力，进而加大了银行业的脆弱性。

其中，区域性中小银行面临的经营业绩下滑压力更加突出。原因在于：一是区域性中小银行本身经营实力相对较差，在资产质量、资本充足情况、内部管理能力、科技实力等方面与大银行相比差距明显。在这种情况下，外部冲击将对区域性中小银行的经营活动产生更大的负面影响。二是来自大银行的竞争使得中小银行优质客户出现流失，对中小银行造成一定的不利影响。三是区域性中小银行经营范围较为集中，无法在更大的范围内分散风险。特别是位于受疫情影响较大区域的中小银行，如地处湖北的区域性法人金融机构，其经营绩效的下滑将更为明显，风险将更为突出。此外，2020年发生了多起中小银行挤兑事件，引发了对中小银行声誉的担忧。例如，4月5日，甘肃银行陇南市徽县支行营业网点出现部分储户集中办理业务现象；6月16日山西阳泉市商业银行因不实消息引发储户挤兑；6月20日，保定银行因不实言论造成公众恐慌情绪，出现挤兑。四是包商银行事件对中小银行声誉造成不利影响。2020年11月13日，包商银行发布公告，称对"2015年包商银行股份有限公司二级资本债"本金予以全额减记，同时累积应付利息不再支付，包商银行应对已发行的"2015年包商银行股份有限公司二级资本债券"本金65亿元按照合同约定进行全额减记。11月17日，包商银行以无法清偿到期债务并且资产不足以清偿全部债务为由，向北京市第一中级人民法院申请进行破产清算。11月23日，银保监会发布公告，原则上同意包商银行进入破产程序。作为国内首单二级资本债触发减记事件，包商银行资本债的减记会对中小银行后续资本债的发行产生不利影响。一方面，中小银行二级资本债对

---

① 数据来源：中国人民银行发布的《2020年第四季度银行家问卷调查报告》。

投资者的吸引力会下降，发债难度更大；另一方面，中小银行二级资本债的利率将会提高，银行信用分层情况将更加明显，中小银行发行二级资本债需要支付的资金成本将会更高。

专栏1

包商银行风险事件[①]

1. 事件背景。包商银行于1998年成立，在中小微业务和同业业务方面比较突出。小微业务上，到2017年，已累计为50余万户小微企业、个体工商户提供服务，累计发放小微贷款2000多亿元；同业业务方面，包商银行2017年三季报显示同业存放款项为1697亿元，较期初涨幅接近140%。2019年5月24日，人民银行和银保监会联合发布公告，包商银行出现严重信用风险，将由中国银保监会接管，为期一年。2020年11月17日，包商银行以无法清偿到期债务并且资产不足以清偿全部债务为由，向北京市第一中级人民法院申请进行破产清算。11月23日，银保监会发布公告，原则上同意包商银行进入破产程序。

2. 成因分析。

（1）资产端。一是大股东违规占款。从股权结构角度看，明天系集团直接或间接持有包商银行股份高达89%。而中国银监会办公厅2010年发布的《关于加强中小商业银行主要股东资格审核的通知》中规定，主要股东包括战略投资者持股比例一般不超过20%。包商银行通过表内贷款与表外通道业务出借大量资金给明天系，形成大规模股东占款，使得包商银行面临较大的流动性风险。二是贷款质量下滑明显。主要贷款客户失信问题严重，数据显示，2016年前十大贷款公司中有4家被列入了失信人名单。另外，中小微客户受经济下行冲击严重，使得银行形成大量坏账。员工违规放贷是导致贷款质量

---

① 本专栏资料主要由中国社会科学院金融研究所胡滨研究员提供。

下降的另一个因素。从 2016 年开始，包商银行不断出现由于违规放贷被行政处罚的事件。三是应收账款类投资占比较大导致较高的流动性风险。2015 年前后，包商银行应收账款类投资上升到资产的 30%，并且之后都维持在高位，带来了较大的合规风险和流动性风险。

（2）负债端。一是本地经济发展滞后制约了银行吸储能力。2014 年以来，内蒙古 GDP 较低、经济增长疲弱、常住人口较少，导致该地区公司存款和个人储蓄的"双低"，严重制约了包商银行的吸储能力，降低了资金来源的稳定性。二是同业负债占比过大导致高资金成本和期限错配风险。在吸储能力受到较大冲击的情况下，包商银行通过同业业务支持负债扩张。2014 年至 2018 年 9 月，包商银行调整后同业负债占比从 31.70% 快速上升至 43.92%，远高于同业平均水平。同业负债的快速增长在提高了负债资金成本的同时也增大了包商银行的期限错配风险。

（二）公司治理不规范导致经营风险上升

良好的公司治理是确保银行长远健康运行的一个基础。长期以来，我国商业银行公司治理中存在较多问题，在宏观经济下行、实体经济风险不断暴露的背景下，商业银行特别是中小银行公司治理问题突出，成为加大银行经营风险的一个重要诱因。主要表现在：

第一，股东行为不够规范。部分股东存在虚假出资、以债务资金出资、非公允关联交易等问题，损害了银行利益。2020 年 7 月 4 日，银保监会首次公开了 38 家重大违法违规股东名单，要求加强股东行为约束和关联交易监管。当前，由于股东行为不规范所引发的银行风险主要体现在以下五个方面：一是实体经济下滑导致股东自身经营风险加大、偿债能力下降，使得银行向股东发放的关联贷款面临的信用风险有所上升。二是在面临较大的经营压力背景下，股东具有更强的动机损害商业银行利益。比如，通过非公允关联贷款侵占银行利益，为银行带来风险隐患。三是股东经营业绩下滑降低了其对银行的支持力度，特别是在资本补充方面很难对银行给予进一步的支持。四是银行经营绩效下滑降低了股权价值，银行吸引优质股东的难度加大，加大了银行资本补充的难度。一些银行股东在转让股权时甚至出现无人愿意接手的情况。五是部分通过质押银行股权进行融资的股东，在经营业绩下滑的情况下陷入债务纠纷，出现银行股权被司法冻结进而导致股东权利无法行使的情形，银行公司治理运行陷入困境。

第二，银行组织架构呈现复杂化趋势。近年来，金融业混业经营的浪潮势不可当，出现了金融控股平台、银行控股公司、地方金控平台和产业金融控股平台等不同类型的金融控股公司。除传统的银行业务以外，主要银行纷纷通过控股或参股的方式投资其他金融业务。混业经营程度的加深使得商业银行的组织架构日益复杂。组织架构的复杂化一方面可能导致不同业务的风险在金融集团内部出现交叉传染，进而增大了信贷风险向金融体系的传染；另一方面也加大了银行业金融机构资金在金融体系内部空转的风险，降低了对实体经济的支持力度并推高了实体经济部门的融资成本。此外，与组织架构复杂化类似，金融产品的复杂化也加大了银行风险。投资者或者基于对银行声誉的信任忽略了对产品风险的识别，或者缺乏专业的能力识别产品风险，由此导致在风险事件发生时给投资者和金融机构造成较大损失。2020年4月发生的中国银行"原油宝"事件就是其中的一个代表。

专栏2

中国银行"原油宝"事件[①]

1. 事件背景。2020年4月21日凌晨2:30，WTI原油5月期货以每桶-37.63美元的结算价期满了结，国际原油期货首次出现负结算价。与此同时，中国银行面向公众推介的挂钩WTI原油期货的产品"原油宝"发生风险事件，造成投资者巨额损失。"原油宝"事件是自2004年国内第一只银行理

---

① 本专栏资料主要由中国社会科学院金融研究所助理研究员李俊成博士提供。

财产品发行至今，商业银行理财业务发生的第一起穿仓事件。此次"原油宝"事件充分暴露出了银行在理财产品设计、风险控制、产品销售等诸多环节的问题，为银行业理财业务的盲目扩张敲响了警钟。

2. 根源分析。回溯"原油宝"事件，中国银行在原油宝的产品设计、风险提示、移仓处置等环节都存在一系列问题：一是目标投资者类型与产品风险不相称。"原油宝"直接挂钩境外原油期货，是典型的期货场外衍生品。然而，我国现行的监管制度并不允许个人投资者直接参与境外衍生品市场的投资。中国银行推出的"原油宝"产品，通过在自己的平台上"报价"，为境内的个人投资者提供了境外期货交易的通道，事实上打了监管的擦边球。二是对流动性风险考虑不足。流动性是期货合约交易的"重中之重"。"原油宝"原有设计的临近月合约交割日前一天才开始"移仓换月"，表明产品在设计之初就缺乏对流动性风险管理的考量。三是产品结算时间未考虑时差，基差风险需引起足够重视。"原油宝"产品结算时间设计为合约最后交易日，交易时间为当日 8:00 至 22:00，但结算参考 CME 官方结算价进行轧差或移仓，中间存在一定的时差，相应的交易时段差别所带来的基差风险并未得到有效控制。四是缺乏对重要事件的风险应对措施。交易所早在 4 月 15 日进行了负油价的设置。负油价报价出现后，"原油宝"就成了存在穿仓风险的高风险业务，这在根本上改变了"原油宝"产品的定位。中国银行本应引起足够重视，甚至暂停"原油宝"产品的交易。显然，中国银行对重要事件的风险应对是不充分的。

3. 风险警示。"原油宝"银行业理财业务的规范发展带来了重要的风险警示。首先，在风险控制上，银行在理财产品的设计中应注意对极端风险的规避。中国银行将原油类期货合约作为理财产品的标的，显然轻视了原油期货这类价格投机性极强标的出现极端行情的概率。其次，在投资者甄别上，商业银行在产品销售的过程中应严格遵循投资适当性的原则。在"原油宝"产品的销售过程中，有许多对期货交易一无所知的投资者实际上并不适合购买挂钩境外原油期货的理财产品，银行缺乏对投资适当性原则的把握。最后，加强理财产品的风险披露。银行等金融机构应向投资者全面、充分地告知投资风险，要避免在宣传过程中可能出现的信息扭曲对消费者产生的误导，如因风险提示不到位给投资者造成损失，需承担赔偿责任。

（三）贷款定价基准转换加大流动性风险

为进一步推动利率市场化改革，2019年8月17日，中国人民银行就改革完善贷款市场报价利率（LPR）形成机制发布公告，要求银行在新发放贷款中主要参考贷款市场报价利率定价，并在浮动利率贷款合同中采用贷款市场报价利率作为定价基准。2019年12月28日，中国人民银行发布公告（〔2019〕第30号），要求金融机构自2020年3月1日起根据客户需要对利率定价方式进行转换，原则上应于2020年8月31日前完成。从目前情况看，银行存量贷款的利率定价方式转换工作基本完成。由于增量贷款主要参照贷款市场报价利率定价，随着存量贷款利率定价方式转换工作的完成，贷款利率总体上形成了以市场报价利率定价为主导的格局。

贷款利率定价方式的转换为银行带来了两方面风险：首先，在当前市场利率总体下行背景下，存量贷款利率定价方式转换为以市场报价利率定价一定程度上降低了银行贷款利息收入。全国银行间同业拆借中心数据显示，2021年1月20日，1年期和5年期贷款LPR利率分别为3.85%和4.65%；与之相比，2019年9月20日，1年期和5年期贷款LPR利率分别为4.20%和4.85%。前者比后者分别下降了0.35个和0.2个百分点，下行趋势明显。其次，贷款利率定价方式转换增大了银行资产负债匹配的难度。资产负债匹配是银行流动性风险管理中的一个关键内容。贷款利率定价方式转换为以市场报价利率为基准加大了银行利息收入的波动性，进而提高了银行资产负债匹配的难度。

（四）并购重组增多增加银行体系不稳定性

2020年以来，我国中小银行并购重组案例不断增多。一是部分中小银行合并重组。例如，2020年7月29日，江苏银保监局同意徐州淮海农商银行、徐州铜山农商银行、徐州彭城农商银行三家农村商业银行新设合并，筹建徐州农商银行，无锡银行、江阴银行也宣布入股徐州农商银行；同日，陕西银保监局同意陕西榆林榆阳农商银行和陕西横山农商银行以新设合并的方式发起设立陕西榆林农商银行；8月3日，福建邵武农商行获批筹建，福清汇通农商行、平潭农商行分别参股；9月22日，银保监会同意攀枝花市商业银行、凉山州商业银行合并重组设立四川银行；另外，山西省内晋城银行、晋中银行、阳泉市商业银行、长治银行、大同银行5家城商行拟合并重组为山西银行。总体上看，我国中小银行法人机构数量众多，在内外部多种因素的冲击下，中小银行现阶段业绩分化明显，未来通过并购重组等方式进行整合的情况将会越来越普遍。二是村镇银行首次获批解散。村镇银行是我国立足于县域地区的法人银行机构，于2006年开始启动试点。12月28日，地方银保监局批复了《关于解散重庆万州滨江中银富登村镇银行的请示》《关于解散宁波宁海西店中银富登村镇银行有限责任公司的请示》，这两家银行成为全国首批获批解散的村镇银行。公开信息显示，两家村镇银行均因被吸收合并而解散。尽管此次解散与村镇银行经营绩效并无直接关系，但近年来随着村镇银行机构数量与资产规模的增长，也暴露出其经营成本较高、盈利能力弱等问题，村镇银行面临较大的发展困境。特别是在疫情冲击下，部分村镇银行经营业绩下滑明显，风险较为突出。

  中小银行的并购重组会在一定程度上增加银行体系的不稳定性。首先，并购重组增加了银行内部整合风险。由经营业绩相对较好的银行对高风险银行进行并购重组，在这种情况下，并购重组后银行内部的整合就非常重要。如果并购重组后的银行无法实现有效整合，那么只会导致风险在金融体系内部积累，不能实现"$1+1>2$"的效果。其次，中小银行的并购重组将改变现有的银行业结构，一定程度上提高了地方银行业机构的行业集中度。在这种情况下，其他规模较小的银行会受到冲击，一些优质客户将会流失，进而面临更大的生存压力。最后，并购重组过程中非市场化因素仍然存在。目前中小银行的并购重组很多情况下是在政府的推动下完成的，往往被视作一种风险处置手段，并不是市场化操作下的强强联合、优势互补，存在一定的"拉郎配"风险。一些地方金融主管部门出于化解金融风险的目的，要求部分业绩较好的低风险银行采取并购重组方式对区域内其他高风险银行进行帮扶，结果导致风险在区域金融体系内部传染。

另外，村镇银行的风险暴露对银行业风险至少会产生两方面风险：一是对村镇银行本身的声誉造成损害。作为县域金融机构，村镇银行经营规模小、抗风险能力差、品牌影响力不高。一旦出现风险，会加大存款人或投资者对整个村镇银行业的不信任，对村镇银行业的声誉造成损害，进一步增大村镇银行在资金筹集、业务拓展等方面的难度，使得村镇银行面临更大的经营困境。二是村镇银行的风险会传导到其他金融机构。首先是向其发起行传导，对发起行的声誉造成损害；其次也可能会通过同业业务等向其他金融机构传染，加大金融体系的总体风险。

（五）互联网存贷款新规导致业务调整风险

第一，《商业银行互联网贷款管理暂行办法》落地增加了部分银行存量互联网贷款处置风险。针对近年来商业银行互联网贷款业务快速发展的情况，2020年7月17日，银保监会制定了《商业银行互联网贷款管理暂行办法》（以下简称《办法》），对商业银行互联网贷款业务经营行为进行规范。《办法》的出台尽管对于降低银行互联网贷款业务总体风险具有积极作用，但同时也增大了部分银行贷款业务调整难度，使得部分存量互联网贷款占比较高的银行面临一定的存量贷款处置风险。《办法》要求银行在2年过渡期内对存量互联网贷款进行压降和整改。对于部分互联网贷款占比较高的银行，这一规定将带来较大的经营压力。从实际中看，一些中小银行前期通过与外部科技公司合作的方式发放了较多的贷款，短期内的压降和整改将使得此类中小银行贷款规模迅速缩水，经营业绩大幅下滑。

第二，互联网存款新规出台导致部分银行存款业务调整风险上升。互联网存款业务是近年来快速发展的一项业务，主要是部分中小银行借助互联网平台推广营销自身的存款产品。在这种业务模式中，存款产品仍然由商业银行提供，互联网平台主要起到一个引流、导流的作用。与一般存款相比，互联网存款利率通常较高。2020 年 12 月 15 日，中国人民银行金融稳定局局长孙天琦在会议上强调，互联网存款模式突破了地方法人银行经营的地域限制，互联网金融平台开展此类金融业务，属"无照驾驶"的非法金融活动，应当纳入金融监管范围。随即，支付宝、度小满金融、京东金融、陆金所、腾讯理财通、携程金融、滴滴金融、天星金融等多家平台宣布下架互联网存款产品。2021 年 1 月 15 日，银保监会、人民银行发布了《关于规范商业银行通过互联网开展个人存款业务有关事项的通知》（以下简称《通知》），规定商业银行不得通过非自营网络平台开展定期存款和定活两便存款业务，存量存款业务到期自然结清。尽管下架互联网存款对于规范银行存款行为、降低银行资金成本、维护金融体系稳定等具有积极意义，但在短期内则可能会对部分银行的流动性造成不利影响，甚至导致流动性风险。一是部分缺少线下网点的民营银行。这些银行在设立之初就定位于发展线上业务，缺少物理网点，主要依靠线上渠道拓展业务，对互联网存款依赖程度较高；二是部分区域性中小银行。此类银行规模较小，品牌影响力有限，筹集存款的难度较大，也在较大程度上依赖第三方互联网平台吸收存款。上述银行对互联网存款的依赖程度越高，下架互联网存款给银行带来的流动性风险就越大。

四、展望与政策建议

展望 2021 年，我国银行业的总体风险将主要取决于以下两方面因素的综合作用。一是有利因素。在宏观经济企稳回升的背景下，前期新冠肺炎疫情对实体经济造成的冲击向银行业的传导将趋于尾声；此外，微观主体经营状况的好转也将有助于银行控制新增风险。在这种情况下，银行业总体风险状况将呈现向好态势。另外，2021 年我国银行业预计仍将保持较大的不良资产处置力度，这对于银行化解存量风险具有重要意义。二是不利因素。随着经济状况的好转，前期为应对疫情冲击而出台的延期还本付息政策将会逐步退出，这将使得银行业面临较大的不良资产反弹压力。

为应对风险，2021年银行业应当重点做好以下工作。

第一，加大对中小银行支持力度。在当前形势下，中小银行受外部环境冲击更为明显，风险相对较高，需要有相应的政策给予特别支持。一是支持中小银行补充资本。具体包括：（1）拓宽银行二级资本债的投资主体范围。二级资本债是银行补充资本的一个重要来源。目前银行二级资本债的投资范围还比较窄，主要包括商业银行、基金公司、商业银行理财资金等。尽管中国银保监会已发布《关于保险资金投资银行资本补充债券有关事项的通知》，明确保险资金可以投资银行发行的二级资本债券，但从实际情况看，保险资金投资二级资本债的比重仍然偏低。另外，部分地方监管机构对于理财资金投资于异地银行发行的二级资本债还存在一些限制。从未来情况看，要进一步放宽二级资本债的投资者限制，鼓励更多投资者投资银行二级资本债，提高债券市场流动性。（2）创新资本补充方式。2020年7月1日，国务院常务会议允许地方政府发行专项债合理支持中小银行补充资本金，为中小银行补充资本提供了新的渠道。截至2020年底，已经有多个地方政府专项债支持银行建设的计划陆续出炉，包括广西、广东、山西、四川、陕西、浙江等多省份中小银行专项债密集启动发行，为中小银行补充资本提供了一种新的渠道。在未来发展过程中，需要制定明确的实施细则，确保政策落实到位。二是引导大型银行与中小银行实现错位竞争，鼓励大型银行在开展业务过程中设立差异化的考核标准，使得大型银行与中小银行在服务对象上形成错位，避免地方中小银行优质客户大范围流失。三是有序退出疫情支持政策。在延期还本付息政策到期后把握好政策退出节奏，可以针对不同地区具体情况采取差异化的退出政策。

第二，进一步完善银行公司治理。把规范银行公司治理作为防范银行风险、促进银行发展的重要抓手。一是规范股东行为。对目前银行股东行为不规范现象进行清理。加强对关联贷款的管理。确保银行向股东贷款符合信用审核标准，同时确保贷款条件公允；对股东在出资过程中的不规范行为进行进一步清理，包括以债务资金入股等；对股东质押银行股权的行为进行清理和规范，确保股东质押银行股权符合相关程序。一旦出现因股东债务纠纷而导致银行股权被查封的情形，及时进行处置，保障银行公司治理的正常运行；完善中小银行股权交易市场，确保股东在出现问题时通过市场渠道实现退出，提高银行股权的流动性和市场价值。二是强化对银行集团和复杂架构的治理。针对银行组织架构不断复杂化且不透明的情况，巴塞尔银行监管委员会（BCBS）2015年版《银行公司治理原则》对银行集团与复杂架构的治理提出了明确要求，我国应对参照国际标准规范对复杂组织架构的治理。2019年9月，中国人民银行发布《金融控股公司监督管理试行办法》，对金融控股公司的市场准入、股东资质监管、股权结构、关联交易等方面作了明确规定，这些制度为加强银行集团和复杂架构的治理指明了方向。

第三，提高资产负债管理水平。一是优化负债结构，减少高成本存款资金占比，降低资金成本。对资金吸收方式进行调整优化，适当降低资金成本较高的长期存款资金比重，缩短存款资金期限结构，降低利息支出。二是提高资产负债匹配程度。针对贷款定价基准转换产生的风险，银行需要扩大采取浮动利率计息的负债占比，提高贷款利息收入与存款利息支出在流动性上的匹配性，降低贷款定价基准转换给银行带来的流动性风险。

第四，有序推进中小银行并购重组。一是深化体制机制改革，在一定范围内推动中小银行并购重组。针对现阶段中小银行外部竞争日趋激烈、经营风险不断上升的情况，在一定范围内推动中小银行并购重组是提升中小银行竞争力的一种有效手段。可以借鉴现有银行的成功经验，推动部分中小银行在地市或省层面进行并购重组，提高银行资本实力和区域竞争力，形成规模效应，提高抗风险能力。二是降低政府对中小银行并购重组中的过度干预，避免"拉郎配"。对于风险过高的银行要采取市场化方式进行退出，而不是通过并购重组方式导致风险在金融体系内部积累。三是引导银行加强对并购重组后的整合。出台指导性意见，对于中小银行并购重组后在组织架构、人力资源、信息系统、业务流程等方面的整合行为进行规范和引导，提高协同效应。四是加强对村镇银行风险的监测与处置。未来一段时期将村镇银行作为防范中小银行风险的一个重点领域。做好对村镇银行经营状况和风险状况的排查，加强村镇银行、发起行与监管部门之间的沟通，及时跟踪村镇银行经营状况和风险状况，做好风险处置预案。有序推进村镇银行兼并重组。中国银保监会办公厅于2020年12月30日发布《关于进一步推动村镇银行化解风险改革重组有关事项的通知》，对推进村镇银行兼并重组提出了要求，包括督促主发起行落实风险处置牵头责任，推动村镇银行改革重组，加快村镇银行补充资本，强化风险处置等。未来一段时期，要落实好通知要求，根据村镇银行的不同风险状况有序推动村镇银行改革重组。

第五，做好互联网存贷款新规产生的风险防范。一是推动《商业银行互联网贷款管理暂行办法》有效实施。加强对互联网贷款占比较高银行的风险监测，对存量互联网贷款风险进行评估，推动银行有序化解存量互联网贷款风险，一旦出现风险及时处置。二是防止互联网存款新规对部分银行造成的冲击。对银行互联网存款业务进行排查，摸清各家银行对互联网存款业务的依赖程度，准确评估下架互联网存款对银行流动性造成的影响大小。拓宽部分中小银行资金来源渠道。

国内资本市场风险分析报告

徐 枫[①]

摘要： 2020年国内资本市场受到疫情冲击，金融风险显著增加。资本市场风险跟踪结果表明：一是股市板块估值显著提高；二是整体波动率有所增加；三是北向资金流入大幅减少；四是境外股市传导风险有所增加；五是场内杠杆率显著上升；六是投资者情绪不容乐观；七是债市波动率大幅增加；八是场内杠杆率有所下降；九是违约风险预期略有上升。资本市场关键风险点主要表现为：一是股市场外配资面临失控风险；二是"中概股"造假可能触发A股下跌；三是创业板交易制度改革引发股市过度投机风险；四是注册制改革可能触发股权质押风险；五是债券违约事件持续攀升可能会酝酿新一轮违约潮；六是债券发行套利可能诱发企业资金链断裂风险；七是房地产贷款集中管理导致房地产企业信用债违约风险上升；八是低评级的城投债风险存在信用风险；九是油价波动引发企业套期保值风险。2021年需要关注美国拜登政府政策可能使A股市场承压更大，注册制改革可能触发小盘股质押风险，部分房地产企业债务可能会爆发等金融风险。

关键词： 新冠肺炎疫情；资本市场；金融风险

2020年新冠肺炎疫情暴发以来，国内资本市场受到显著冲击，金融风险显著增加。疫情对国内资本市场风险的影响机制表现为，海外疫情通过企业

---

① 作者简介：徐枫，中国社会科学院金融研究所副研究员，资本市场研究室副主任。

现金流和顺周期投资引发全球资本市场动荡，全球市场动荡通过资本流动和企业基本面两个渠道增加 A 股市场下跌压力，通过市场情绪和企业基本面两个渠道加剧债券市场信用风险。

对 2020 年以来国内资本市场整体风险状况跟踪发现：股票市场方面，板块估值水平显著提高但距离触发泡沫破裂尚远，市场整体波动率有所增加，境外资本净流入较大幅度减少，境外股市向内传导风险有所增加，场内市场杠杆率显著上升，投资者情绪不容乐观。债券市场方面，整体波动率大幅增加，债券市场场内杠杆有所下降，违约风险预期略有上升。

2020 年股票市场关键风险点表现为：股票市场方面，场外配资面临失控风险，中概股造假可能触发 A 股下跌，创业板交易制度改革引发股市过度投机风险，股票发行注册制改革可能触发股权质押风险。债券市场方面，债券违约事件持续攀升可能会酝酿新一轮违约潮，债券发行套利可能诱发企业资金链断裂风险，房地产贷款集中管理导致房地产企业信用债违约风险上升，低评级的城投债风险存在信用风险。期货衍生品市场方面，油价波动引发企业套期保值风险。

2021 年股票市场可能面临的风险点为，美国拜登政府政策可能使 A 股市场承压更大，注册制改革可能触发小盘股质押风险，部分房地产企业债务可能会爆发。基于上述分析，提出相关风险防范建议。

一、疫情对国内资本市场风险的影响机制

海外疫情通过企业现金流和顺周期投资引发全球资本市场动荡。新冠肺炎疫情导致企业部门现金流显著萎缩，尤其是疫情敏感性较强的行业和杠杆率较高的企业。一是企业现金流不足导致上市公司股份回购和分红金额缩水，从而引发股价大幅下跌。通常而言，成熟资本市场中，回购和分红是维护上市企业股价的重要方式，尤其是当企业盈利增长难以为继之时。根据中金公司研究部测算，2011—2019 年，标普 500 指数投资收益累计高达 91%，其中上市公司回购和分红两者合计贡献了 24.7 个百分点。受新冠肺炎疫情影响，

上市公司没有多余的现金流用于回购企业股票，导致美股市场崩盘风险陡然上升。二是企业现金流不足导致偿债能力迅速下降，从而加剧债券市场信用利差明显走阔。根据中金公司研究部统计，此次疫情敏感性较强的行业信用债券续存规模占比为20%~30%。新冠肺炎疫情冲击敏感性较强的行业财务状况，引发市场投资者悲观预期，导致债券市场信用利差迅速攀升。一方面，悲观预期会加速债券基金清盘行为。根据EPFR统计，2020年2月，157家投资机构管理高收益债基金净流出165亿美元，占基金规模的6.5%。另一方面，悲观预期会增加新债券发行难度。2020年2月，美国投资级信用债发行规模环比减少39.2%，高收益信用债发行规模环比减少13.5%。企业现金流萎缩和资本市场融资渠道阻塞导致企业债券违约事件频繁出现。三是顺周期资产管理全球金融市场动荡加速器。一方面，被动投资策略加速股市暴涨暴跌。ETF投资和量化交易策略行为是两种典型的被动投资行为，容易引起股票抛售和股价下跌连锁反应，也成为近期美国股市四次熔断的助燃剂。另一方面，加杠杆交易扩大股市波动性。2020年1月，美股市场融资余额高达5618亿美元，相当于美股市值的1.6%；美股场内市场融资杠杆率为2.65倍，超过2015年中国A股市场震荡前夕。

全球市场动荡通过资本流动和企业基本面两个渠道增加A股市场下跌压力。短期内，国内资本外流可能触发A股下跌。2020年3月，沪股通合计净流出377亿元，深股通合计净流出301亿元，达到近五年来资本外流最高峰。同期，上证综指下跌5.0%，深证成指下跌9.3%，创业板指数更是下跌9.7%。中期而言，企业基本面受损导致股价下跌。海外需求收缩导致国内企业订单需求减少，部分原材料甚至出现断供风险，产业链运行完全恢复需要时日。

全球市场动荡通过市场情绪和企业基本面两个渠道加剧债券市场信用风险。中资企业美元债收益率上升，以及新冠肺炎疫情冲击企业现金流，导致债券市场信用风险陡然上升。国内债券市场信用风险具体表现为：一是信用违约事件明显增加。2020年3月，国内新增4家债券发行企业违约。其中，2

家企业付息方式由场内改为场外兑付，2只企业债券触发交叉违约条款，2只债券出现兑付展期。二是信用评级总体有所下调。2020年3月，债券市场主体评级下调合计12次。债项级别下调合计21次，展望调整至负面的企业合计3家，列入评级观察名单的企业合计3家。三是信用利差明显走阔。2020年3月末，三年期AAA级和AA级公司债信用利差为0.39%，较二月末增加6个基点。

二、2020年以来国内资本市场整体风险状况跟踪

结合近年来资本市场风险事件，经过广泛调研，提炼若干金融风险前瞻性指标，跟踪资本市场整体风险演变。具体而言，我们选择板块估值水平、整体波动率、股市境外资本流动、境内外股价偏离度、场内市场杠杆率、投资者情绪六个指标度量A股市场风险，选择整体波动率、场内市场杠杆率和违约风险预期三个指标度量债券市场风险，研究上述风险监测指标的变化，以及对比金融风险爆发时相关指标估值情况，进而形成2020年资本市场风险的基本判断。

（一）股票市场整体风险状况跟踪

A股市场估值水平显著提高，但距离触发泡沫破裂尚远。一是中小板企业估值上升较快，但远不及市场高峰期估值。近十年来，中小板上市公司平均静态市盈率在2015年股灾前超过60倍市盈率。2020年中小板上市公司平均静态市盈率为32.64倍，较2019年增加6.05倍。分季度看，2020年第一季度中小板上市公司平均静态市盈率为29.55倍；第二季度中小板上市公司平均静态市盈率为28.42倍，环比减少3.83%；第三季度中小板上市公司平均静态市盈率为35.07倍，环比增长23.38%；第四季度中小板上市公司平均静态市盈率为35.31倍，环比增长0.68%。二是创业板企业估值上升较快，但远低于高峰期估值。近十年来，创业板上市公司平均静态市盈率在2015年股灾前超过90倍市盈率。2020年创业板上市公司平均静态市盈率为55.03

倍，较 2019 年增加 14.52 倍。分季度看，2020 年第一季度创业板上市公司平均静态市盈率为 52.07 倍；第二季度创业板上市公司平均静态市盈率为 47.84 倍，环比减少 8.11%；第三季度创业板上市公司平均静态市盈率为 58.90 倍，环比增长 23.10%；第四季度创业板上市公司平均静态市盈率为 62.00 倍，环比增长 5.26%。三是科创板企业估值较上升较快，但缺乏历史记录比较。2020 年科创板上市公司平均静态市盈率为 90.99 倍，较 2019 年下半年均值增加 12.96 倍。分季度看，2020 年第一季度科创板上市公司平均静态市盈率为 92.38 倍；第二季度科创板上市公司平均静态市盈率为 82.19 倍，环比减少 11.03%；第三季度科创板上市公司平均静态市盈率为 96.36 倍，环比增长 17.24%；第四季度科创板上市公司平均静态市盈率为 93.02 倍，环比减少 3.46%。

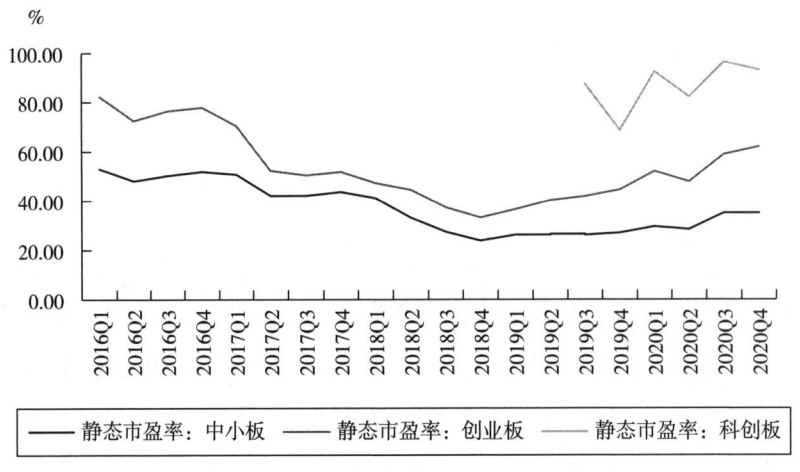

图 1　A 股市场分板块上市公司估值

A 股市场整体波动率有所增加。通常采用创业板市场指数涨跌幅的标准差来衡量股票市场波动率。[1] 近十年来，创业板市场指数波动率于 2016 年第一季度达到最高峰，超过 3.5%。2020 年创业板市场指数波动率为 1.95%，较 2019 年上升 0.31 个百分点。分季度看，2020 年第一季度创业板市场指数波动率为 2.53%；第二季度创业板市场指数波动率为 1.38%，环比下降 1.15

个百分点;第三季度创业板市场指数波动率为2.08%,环比上升0.70个百分点;第四季度创业板市场指数波动率为1.60%,环比下降0.48个百分点。

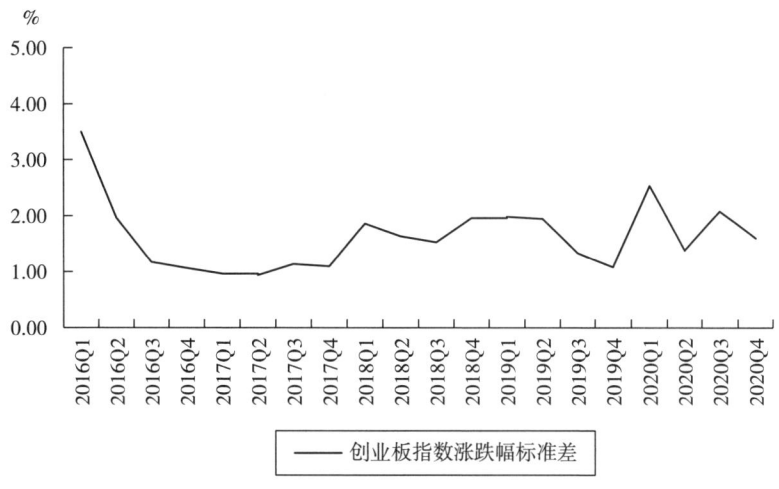

图2 股票市场波动率

A股市场境外资本净流入较大幅度减少。一是沪股通平均每日净流入大幅减少。2020年沪股通日均净流入3.70亿元,较2019年减少44.69%。分季度看,2020年第一季度沪股通日均净流出3.05亿元;第二季度沪股通流向发生变化,日均净流入10.65亿元;第三季度沪股通流向再次发生变化,平均每日净流出4.75亿元;第四季度沪股通流向又发生变化,平均每日净流入14.12亿元。二是深股通平均每日流入大幅减少。2020年深股通日均净流入5.34亿元,较2019年减少35.97%。分季度看,2020年第一季度深股通日均净流出0.04亿元;第二季度深股通流向发生变化,平均每日净流入15.02亿元;第三季度深股通日均净流入1.00亿元,环比减少93.34%;第四季度深股通日均净流入6.82亿元,环比增长582%。

境外股市向内传导风险有所增加。通常采用恒生A-H股溢价指数来衡量境内和境外市场证券价格的偏离程度。[2] 近五年来,恒生A-H股溢价指数于2020年10月达到历史最高值149。2020年恒生A-H股溢价指数均值高达134.23,较2019年增加6.57%。分季度看,2020年第一季度恒生A-H股溢

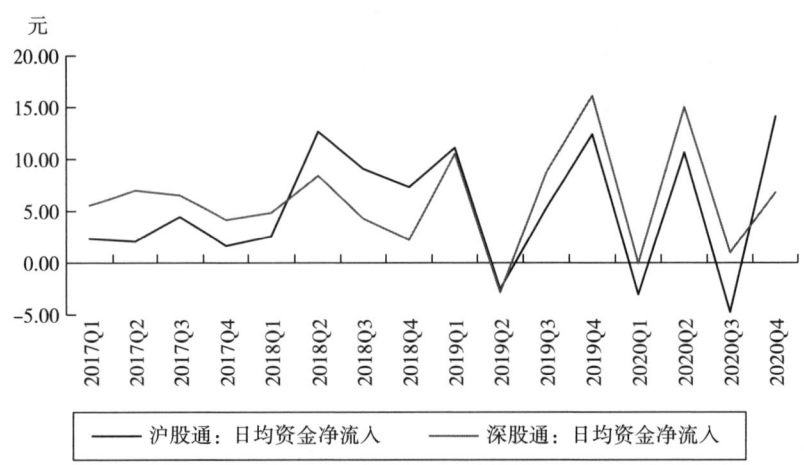

图3　A股市场境外资本流入情况

价指数均值为127.86；第二季度恒生A－H股溢价指数均值为126.52，环比减少1.05%；第三季度恒生A－H股溢价指数均值为138.27，环比增长9.29%；第四季度恒生A－H股溢价指数均值为143.81，环比增长4.01%。

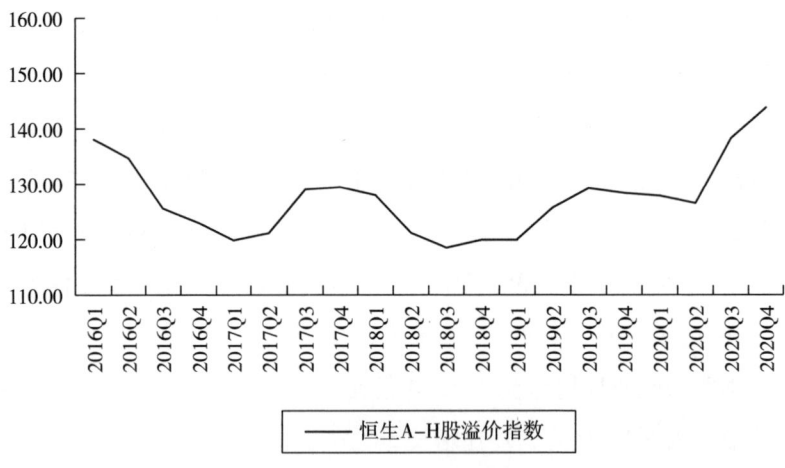

图4　境内外市场股价偏离度

A股市场场内杠杆率显著上升。通常采用场内融资融券余额/A股总市场价值来衡量场内杠杆率。[3]近十年来，A股市场场内杠杆率在2015年市场震荡前超过2.3%。2020年A股市场场内杠杆率均值为1.96%，较2019年上升0.25个百分点。分季度看，2020年第一季度A股市场场内杠杆率均值为1.84%；第二季度A股市场场内杠杆率均值为1.85%，环比增长0.48%；第三季度A股市场场内杠杆率均值为2.03%，环比增长10.12%；第四季度A股市场场内杠杆率均值为2.13%，环比增长4.69%。

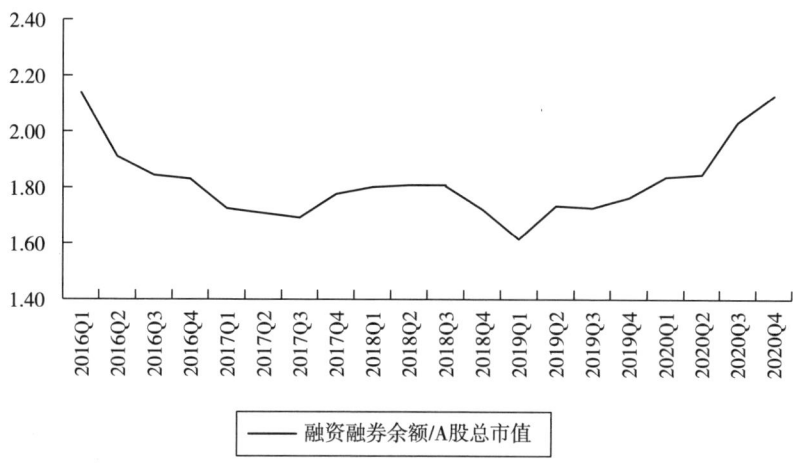

图5　A股市场场内杠杆率

A股市场投资者情绪不容乐观。一是看空资金比例不断提升。2020年A股市场融资余额/融券余额均值为39.26，较2019年减少56.92%。分季度看，2020年第一季度融资余额/融券余额均值为79.02倍；第二季度融资余额/融券余额均值为44.17倍，环比减少44.13%；第三季度融资余额/融券余额均值为23.84倍，环比减少46.02%；第四季度融资余额/融券余额均值为12.93倍，环比减少45.79%。二是投资者信心指数相对平稳。2020年A股市场投资者信心指数均值为55.01，较2019年增加0.03。分季度看，2020年第一季度投资者信心指数为52.63；第二季度投资者信心指数为55.13，环比增长4.75%；第三季度投资者信心指数为57.77，环比增长4.78%；第四季度投资者信心指数为54.25，环比增长6.09%。

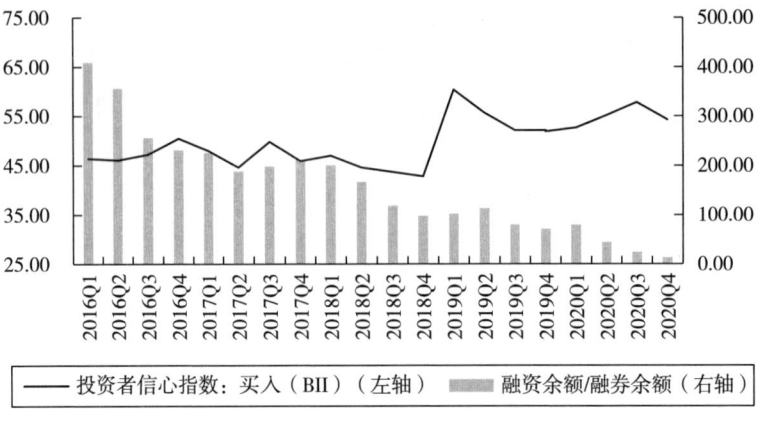

图6 A股市场投资者情绪

（二）债券市场整体风险状况跟踪

债券市场整体波动率大幅增加。通常采用1年期AAA信用评级公司债到期收益率的标准差来衡量债券市场波动率。[4] 近十年来，债券市场波动率于2016年第四季度达到最高峰，超过0.5%。2020年债券市场波动率为0.47%，较2019年上升0.37个百分点。分季度看，2020年第一季度债券市场波动率为0.21%；第二季度债券市场波动率为0.31%，环比下降0.10个百分点；第三季度债券市场波动率为0.15%，环比下降0.16个百分点；第四季度债券市场波动率为0.13%，环比下降0.02个百分点。

债券市场场内杠杆率有所下降。通常采用债券托管量/（债券托管量-待回购债券余额）来衡量债券市场场内杠杆率。[5] 近十年来，债券市场场内杠杆率于2015年末达到最高峰，超过1.15倍。2020年债券市场场内杠杆率均值为107.42%，较2019年下降0.52个百分点。分季度看，2020年第一季度债券市场场内杠杆率为109.71%；第二季度债券市场场内杠杆率为108.72%，环比下降0.99个百分点；第三季度债券市场场内杠杆率为107.72%，环比下降1.00个百分点；第四季度债券市场场内杠杆率为108.26%，环比上升0.54个百分点。

图 7 债券市场波动率

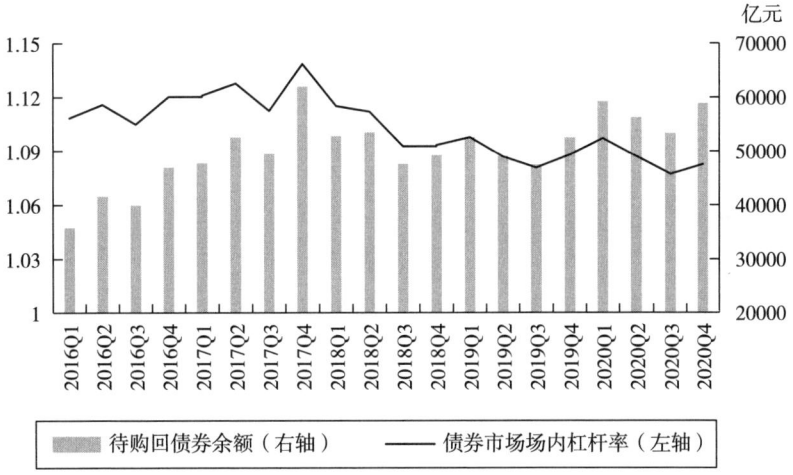

图 8 债券市场场内杠杆率

债券市场违约风险预期略有上升。通常采用一年期 AAA + 级和 AA - 级中期票据利差来衡量债券市场信用利差。[6] 近五年来，债券市场信用利差于 2020 年第二季度打破历史纪录，达到最高峰 2.89%。2020 年债券市场信用利差均值为 2.56%，同比上升 0.16 个百分点。分季度看，2020 年第一季度债券市场信用利差为2.36%；第二季度债券市场信用利差为2.79%，环比上升0.43个百分点；第三季度债券市场信用利差为2.53%，环比下降0.26个百分点；第四季度债券市场信用利差为2.55%，环比上升0.02个百分点。

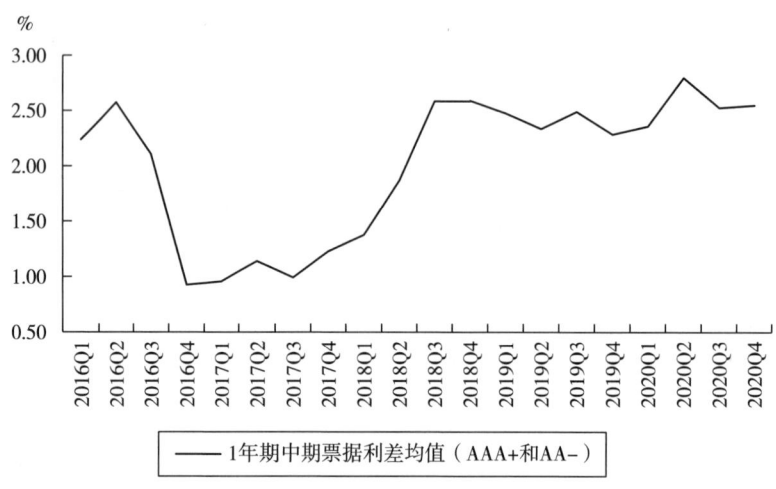

图9　债券市场违约预期

三、2020年以来国内资本市场风险表现点及原因分析

如果将单个金融风险指标的演变视为"线"的维度，那么一系列指标的演变就形成了金融风险之"面"，而关键金融风险事件无疑成为面上的重要"点"。针对资本市场关键风险点进行解析，有助于揭示具体金融风险背后完全不同的微观作用机制。2020年资本市场运行已经成为过去式，部分风险点已经得到及时化解，部分风险点仍然在延续之中。考虑到资本市场风险的转瞬即逝，为了更加全面回溯资本市场风险演变规律，我们尽可能保留原始的风险点，而非政策干预后的风险点。

（一）股票市场关键风险点表现及原因分析

场外配资面临着失控风险。随着第二季度股票市场行情回暖，大量场外配资公司成立，参与场外配资的客户数量与资金规模迅速增长。一方面，场外配资平台异常活跃。一是宣传广告极具吸引力。一些配资公司网站标注"一个涨停收益110%""股票收益最高10倍、期货收益最高20倍"等。二是配资成本不低。配资利率根据配资期限,本金和杠杆倍数决定,月利率维持在0.6%~1%。叠加隔夜费、递延费等费用,最低年化配资成本达到0.8%。三是配资杠杆较高。目前场外配资杠杆普遍为1~10倍,高端客户可达12倍。起配资金最低30万元,最高可达500万元。另一方面,场外配资危害不可忽视。一是交易风险放大。本金风险通过杠杆比例、配资期限条款、保证金比例及持仓股票自身波动性放大。二是欺诈风险较大。场外配资机构不具备经营证券期货业务资质,有的涉嫌非法从事证券期货业务等违法犯罪活动。三是存在违规操作。场外配资者将配资导入平台账户,平台拥有客户密码,可以调度资金形成资金池。7月8日,证监会集中曝光了258家非法场外配资平台,并强调未取得证券业务经营资质的机构或个人从事场外配资活动属于违法行为,将被依法追究法律责任。

  中概股造假可能触发A股下跌。瑞幸咖啡遭到浑水公司指控财务造假后,引爆中概股信任危机。一是美国参议院通过《国外公司问责法案》,主要针对中概股财务审计问题。这一议案针对《萨班斯法案》进行补充和修订,明确如果域外立法导致美国公众公司会计监督委员会不能对股票发行企业进行检查,有关上市公司需要向美国证券与交易委员会披露相关信息。根据法案审议流程,这一法案需要众议院通过,并由美国总统签字才能生效。二是交易所收紧企业上市规则。纳斯达克交易所向美国证交会提交关于修订上市规则的提议,包括部分国家公司上市募资额不低于2500万美元,管理层需满足附加要求等,目前处于等待美国证交会批准状态。三是部分中概股陆续遭遇空头机构狙击,如视频网站"爱奇艺"、在线教育"跟谁学"等。境内和海外法治环境和监管力度不可同日而语,大量问题上市公司混杂于A股市场,投资者存在忧虑"踩雷"心态。

  创业板交易制度改革引发股市过度投机风险。此次创业板交易制度改革的亮点是放宽股票交易涨跌幅限制。新的交易制度实施后,A股市场过度投机现象迅速出现，小盘股更是成为炒作的风口浪尖。根据 Wind 数据统计，8月24日至9月8日，股价涨幅超过30%的创业板股票数量超过三分之一，涨幅超过50%的创业板股票多达110只，涨幅超过100%的创业板股票有10只。以最具代表性的三只股票天山生物、长方集团和豫金刚石为例，炒作前公司市值不超过30亿元，但11个交易日市值上涨超过150%，同期创业板指数仅上涨0.69%。根据近年来上市公司再融资情况，2015—2017年A股市场再融资总额超过4万亿元，不少参与企业定向增发的杠杆资金被深度套牢，迫切需要紧抓交易制度改变机会拉高股价高位解套，由此可能引发创业板市场暴涨暴跌。

股票发行注册制改革可能触发股权质押风险。注册制改革对股票价格形成机制的影响是加剧公司估值两极分化，少数行业如白酒、新能源、汽车和军工领域，估值大幅偏离基本面价值，绝大多数小市值股票"壳价值"快速贬值。值得关注的是，小市值股票持续下跌过程中，主要股市指数却在不断上涨。2020年7月，注册制改革开始加速推进，平均每月IPO企业数量达到60家，随之小市值股票出现下跌。从2020年12月开始，下跌趋势更加明显。2020年12月4日，小盘股指数为1430点，到了2021年1月13日，这一指数跌至1150点，跌幅超过24%。与此同时，代表蓝筹股走势的沪深300指数上涨了12%。公司估值两极分化容易导致投资者误判市场形势，一些持有小市值股票的投资者融资账户将会大规模爆仓，甚至可能触发小市值上市公司股权质押风险。如果不采取措施控制股票IPO进度，部分小市值公司股价将会进一步下跌，可能触发股权质押风险。

(二) 债券市场关键风险点表现及原因分析

债券违约事件持续攀升可能会酝酿新一轮违约潮。2020年以来，国有企业信用债违约事件增多，刚性兑付预期进一步打破，并形成以永煤集团为标志的债券违约潮。本轮债券违约潮呈现出新的特征：一是违约行业从产能过剩性行业进入"散点开花"状态，如综合、计算机、汽车、建筑装饰、房地产等行业。二是国有企业违约超过市场预期。永煤违约事件打破了市场对规模大、具有核心资产、区域重要性强的国有企业刚性兑付预期。三是高评级违约主体明显增加。子强母弱、财务独立性不高的公司在此轮违约潮中较为突出。四是债务压力较大的地区违约风险高。一些经济指标下滑、财政收入承压的地区如天津、吉林和辽宁等，违约事件会首先发生在产业类资产占比高且质量差的城投平台。一些盈利能力较弱、资产负债规模较大、现金流较紧张的企业信用债违约风险将会暴露。

债券发行套利可能诱发企业资金链断裂风险。本轮宽松广泛采用结构化政策工具，彼此之间利率差异较大，容易引发资金套利现象。融资利率方面，2020年第二季度，六个月期人民币理财预期收益率为3.91%，比相同期限AAA＋等级短期融资券利差高出2.03个百分点。融资规模方面，2020年第二季度，短期融资券发行量1644.6亿元，同比增长54.32%；超短期融资券发行量1.17万亿元，同比增长71.72%。根据媒体信息披露，一些实体企业发行低成本、短久期债券，将资金配置为银行理财和表内存款等进行套利，但政策转向可能会冲击企业资金链稳定。随着市场利率抬高，债券发行套利空间会有所收缩，但套利现象依然存在。

房地产贷款集中管理导致房地产企业信用债违约风险上升。2020年8月20日，人民银行、住建部召开座谈会，明确收紧地产开发商融资的"三条红线"。2020年8月20日，人民银行、银保监会联合发布《关于建立银行业金融机构房地产贷款集中度管理制度》，分别对中资大型、中型、小型银行，县域及非县域农合机构、村镇银行设置差异化房地产贷款占比上限，对房地产企业融资进行全面挤压。在房地产调控政策升级背景下，市场风险偏好回落，房地产企业融资约束加强，借新还旧难度明显增加、资金链断裂风险不可忽视。一些杠杆率偏高、资产周转速度过慢的房地产企业信用债违约风险将会暴露。

低评级的城投债风险存在信用风险。一方面，城投债总体风险可控。一是融资环境更加宽松。疫情发生以来，国内货币和信用政策双宽松，大量城投公司有机会获得国开行应急贷款、商业银行专项贷款和发行疫情防控债券。二是业务发展空间更大。城投债投向以基建业务为主，受疫情影响相对较小，还能从疫后重建中获益。三是财政政策更加积极。疫情虽然加剧地方政府收支失衡，但放松赤字率、发行特别国债和地方债等举措会对冲地方财力削弱的负面影响。另一方面，低等级城投债风险加剧。当前宽信用环境导致城投债收益率普遍下行，但 AA－级及以下评级城投债收益下行幅度仍较少。一些债务风险较高的地区发行的 AA－级及以下评级的城投债存在违约风险。

（三）期货衍生品市场关键风险点及原因

油价波动引发企业套期保值风险。2020 年第一季度，WTI 原油下跌 33.03%，振幅高达 64.52%；ICE 布油下跌 34.57%，振幅高达 76.79%。需求方面，汽油、柴油和航空煤油需求下滑超过 60%，原油需求更是断崖式下滑。供给方面，OPEC＋国家部长级会议谈判未能就减产意向达成协议，沙特和俄罗斯开启原油价格战，加剧美国、加拿大、巴西等高成本油企产能出清，尤其是美国页岩油企业财务状况更加恶化。油价下跌固然有利于企业降低成本，但部分用油企业可能过度热衷于套期保值，引发投机性交易风险。如果油价波动局面仍将持续，企业套期保值风险难以有效抑制。

四、2021 年国内资本市场可能的风险点

美国拜登政府政策可能使 A 股市场承压更大。经济刺激方面，2020 年末美国国会批准 9000 亿美元刺激计划，近期拜登政府还在寻求另一项 1.9 万亿美元企业纾困法案。相比特朗普时代，拜登经济政策更加激进，这也是全球通胀预期高企的主要原因。产业链调整方面，美国正在加强"自由"供应链体系，试图彻底摆脱中国供应链体系。其与中国"脱钩"的意图并未因特朗普下台而减缓，反而呈现加速化趋势。

注册制改革可能触发小盘股质押风险。在股票发行核准制背景下，新股发行数量和节奏受到行政控制，由此产生上市公司"壳价值"。"壳价值"导

致 A 股市场蓝筹股估值相对低估，而大多数绩差股严重被高估。随着注册制改革的深入，大多数小盘股上市公司估值都会大幅度走低，可能触发股权质押风险。

部分房地产企业债务可能存在违约风险。根据相关数据披露，2021 年 1 月，房地产企业已披露债务规模达到 1.2 万亿元，同比增长 36%。超过 30 家房地产企业境内外发行债券约为千亿级，相当于债务余额的 8%。一些实力较弱、杠杆率偏高的房地产企业，信用债违约风险将会暴露。

五、针对资本市场风险的相关建议

防范股票市场风险。一是适度限制上市公司大股东减持，尤其是创业板交易制度改革后被套牢资金大幅炒作的上市公司，鼓励上市公司实际控制人通过回购维护市值稳定。二是实时监测股权质押风险。重点关注大股东质押率高、股价联动性强的上市企业，尤其是 2020 年下半年以来市值不断下跌的小盘股上市公司。三是重点防控场外配资风险。借助大数据、人工智能手段识别场外配资行为，稳妥处置场外配资平台跑路事件，尽力避免酿成社会危机。

防范债券市场风险。一是实时监测债券市场信用利差变化和企业信用评级下调情况。二是及时出手救助流动性紧张但前景乐观企业，尤其是商贸行业、交通运输行业。三是妥善处置企业债务违约，尤其关注地方政府和国有企业恶意违约现象，避免新一轮违约潮蔓延。四是关注投资行为激进、杠杆率过高、资产周转速度较慢的房地产企业信用债风险。五是重点关注低利率环境下企业"借短投长"产生的资金期限错配风险。

参考文献

[1] 杨苓, 蒋远营. 融资融券交易对股市波动率的影响——来自中国证券市场的经验证据 [J]. 金融理论与实践, 2021（2）.

[2] 宋顺林, 易阳, 谭劲松. AH 股溢价合理吗——市场情绪、个股投机

性与 AH 股溢价［J］. 南开管理评论，2015（2）.

［3］赫凤杰. A 股市场杠杆交易与监管［J］. 财经科学，2015（11）.

［4］苏云鹏，杨宝臣. 随机波动 HJM 框架下可违约债券市场波动结构的实证研究［J］. 管理科学，2015（1）.

［5］管晓明. 中国债券市场杠杆率问题探讨［J］. 南方金融，2016（7）.

［6］纪志宏，曹媛媛. 信用风险溢价还是市场流动性溢价：基于中国信用债定价的实证研究［J］. 金融研究，2017（2）.

保险业金融风险分析报告

王向楠[①]

摘要：2020年，中国保险业外部负面冲击加大，交织内部固有因素，风险呈现错综复杂的形势。保险业在多个领域进行了重要改革，旨在防控风险，并提升服务经济社会发展的能力。本章从非寿险业增速及承保状况、寿险业利差损、保险机构偿付能力及杠杆率、养老保障压力四个方面分析了当前的风险状况，探讨了气候变化、多地推出普惠健康保险、网络互助发展与波动、新冠肺炎疫情代表的重大公共卫生事件四个潜在的风险点，最后提出了应对这些风险的政策建议。

关键词：市场竞争；利差损；老龄化；气候变化；公共卫生事件

2020年是中国保险业极不平凡的一年。中国保险业在多个领域进行了大刀阔斧的改革，取得了可圈可点的成绩，为今后的高质量、可持续发展奠定了坚实的基础。与此同时，保险业也出现了一系列现实或潜在的风险。这些风险产生的外部环境因素直接看是经济增长进入新阶段、金融市场波动和利率进入下行区间以及国际地缘政治的不确定性，其背后的四个方面重要原因"由近到远"为——新冠肺炎疫情、数字科技、人口结构和气候变化。本章分析了2020年中国保险业的风险状况，探讨了四个潜在的风险点，最后提出了相应的对策建议。

---

① 作者简介：王向楠，中国社会科学院金融研究所保险与社会保障研究室副主任、副研究员。

一、保险业风险整体状况和特征

（一）非寿险业增速显著放缓，承保业绩压力很大

2020年，非寿险业保费收入增长明显放缓［见图1（a）］。这既是由于新冠肺炎疫情造成的经济增长放缓传导至服务生产生活的保险业，也是由于保险业对自身产品服务进行了"自我变革"。（1）2020年，财产险保费收入同比增长2.4%，增幅较2019年同比下降5.76个百分点，并且2020年第四季度财产险保费收入同比下降9.5%，是多年来首次出现季度同比负增长。2020年9月19日车险综合改革实施以来，车均保费降幅达到了27%，其可持续性值得关注，特别是中小财产险的销售和定价的难度越来越大。在改革主要目标不断实现的同时，行业将经历较大的调整。（2）2020年第四季度，健康险保费收入同比增长15.7%，明显低于之前三年同期25%至40%的同比增幅。如此看来，实现"健康险保费规模在2025年达2万亿元"的目标，有一定压力。（3）2020年，人身意外险保费收入较2019年减少约1亿元，而2019年较2018年增加约100亿元。意外险的缩水既有市场治理的原因，如压缩了过高的手续费使得人身意外险价格大为瘦身、避免被相关服务搭售而造成消费者无意识或被迫购买，也有疫情的原因，如2020年居民出行大为减少。

2020年，非寿险业务赔付率上升［见图1（b）］，维持盈利或减少亏损的压力加大。（1）2020年，财产险简单赔付率为58.3%，较2019年上升约2.5个百分点，2020年第四季度（76.3%）较2019年第四季度（65.6%）上升明显。2020年9月19日车险综合改革实施以来，车险整体的综合成本率已经突破了100%。基于信用保险和保证保险的保费收入明显下降而赔付支出保持在高位的情况，笔者估计，二者的综合成本率均在120%左右。（2）2020年第四季度，健康险的简单赔付率为63.9%，较2018年第四季度和2019年第四季度分别提高了14.5个和12.5个百分点。近几年来，百万医疗险竞争激烈，"爆款"产品迭出，但普遍对未来预期过于乐观、定价偏低，有"赔本赚吆喝"和"替他人打工"之嫌。2020年以来,各地"惠民保"业务不断推出,但是这些产品普遍投保门槛低,价格也低。(3)人身意外伤害险的简单赔付率保持稳定。(4)根据中国境内上市公司的数据(数据来自Wind金融数据终端),2020年末,财产险公司的权益收益率(ROE)(按TTM法计算)为-108.05%,显著低于国民经济其他行业(约70个)的ROE(TTM法),与倒数第二的"航空与物流业"也存在明显差距。

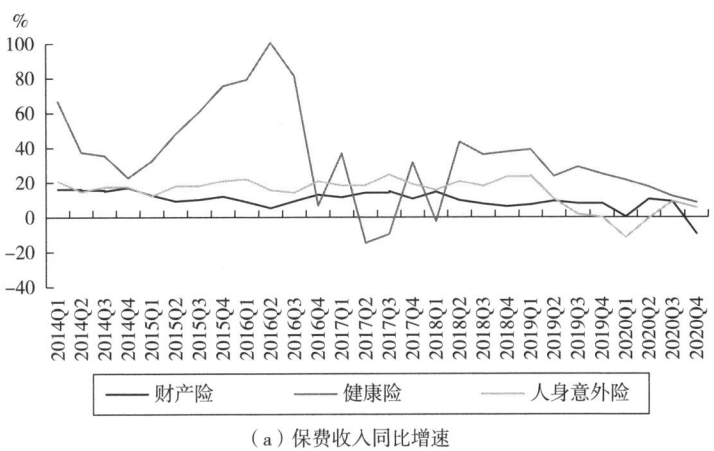

(a)保费收入同比增速

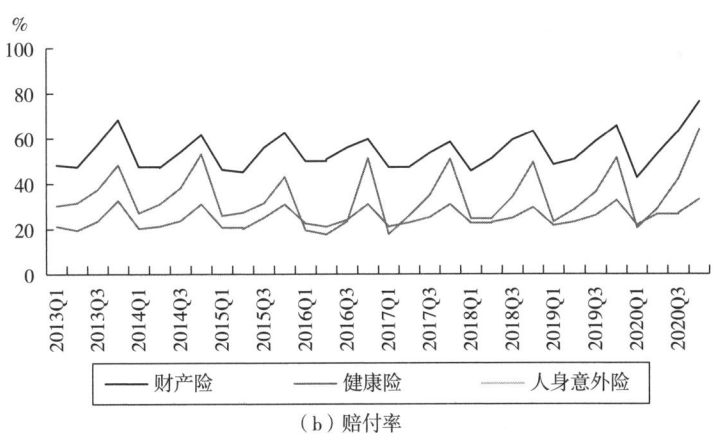

(b)赔付率

图1 非寿险业务保费收入和赔付情况

(资料来源:基于银保监会数据计算)

（二）低利率环境延续，寿险业利差损风险凸显①

中国或将长期处于低利率时代，利差损②问题需引起高度关注。2019年，中国人民银行多次降准降息，并改革贷款市场报价利率（LPR）形成机制，疏通利率传导机制，引导市场利率下行。近年来，银行存款和国债收益率逐年下行，低利率环境不可避免，我国或将长期处于低利率时代。2019年8月，银保监会发布了《关于完善人身保险业责任准备金评估利率形成机制及调整责任准备金评估利率有关事项的通知》，确立了以市场利率和行业投资收益率为基础的准备金评估利率确定机制，并成立了人身保险业责任准备金评估利率专家咨询委员会，定期研究讨论评估利率调整的必要性及其影响。

在当前低利率环境下，我国保险业的利差损风险还受到行业内外多方面因素的影响。一是新会计准则对保险负债的评估更加公允，加快了现有利差损风险的暴露。目前，不论是企业财务报表还是偿付能力监管报表，都是基于过去750日移动平均确定折现率。如果新会计准则在国内外全面实行，保险公司不再使用基于历史或精算判断的折现率水平，这将使保险公司历史经营所遗留的利差损问题直接反映在当前财务报表中，从而加快利差损风险的暴露。二是保险公司持有资产的较大比重是固定收益类资产，因此，如果低利率环境持续，保险公司权益投资的收益率也会下降，拉低保险公司的整体投资收益率，导致利差损风险。人身险行业平均的负债久期为12.44年，资产久期为5.77年，久期缺口达6.67年，资产负债错配问题突出，部分公司的错配情况可能更为严重③。照此假设，根据简单的试算（见表1），利率下

---

① 此内容由郭金龙教授和朱晶晶博士合作完成。
② 利差损风险是指保险公司投资收益低于预定利率时给保险公司造成的损失。利差损风险根据程度不同可以有不同的表现。程度较轻时，可能只是表现为保险公司利润水平下降，偿付能力充足率水平下降，资本吃紧；严重时，不仅会造成保险公司亏损和偿付能力不足，还会导致保险公司破产。此外，作为一个宏观因素，利率变动对保险行业的影响具有系统性，因此，利差损风险可能会演变为行业系统性风险。
③ 数据来自银保监会人身险监管部贾飙副主任在"新浪金麒麟·2019保险高峰论坛"上的讲话，2019年11月28日。

降 50 个基点，保险公司的盈余将减少 60%，利率下降 100 个基点，盈余将下降超过 100% 变为负值，严重影响保险公司的偿付能力，甚至导致其破产。三是当前行业的产品定价利率调整及其监管存在一定的滞后性，加大了新业务的利差损风险隐患。2019 年改革后，法定责任准备金评估利率是以保险公司过去三年平均收益率与 10 年期国债 750 日移动平均收益率为基准的。在利率平稳的情况下，基于过去三年的历史情况可以有效降低评估利率的波动性，但当利率下行时，却无法及时有效地反映利率的变化情况，导致对保险公司约束不足，公司和监管行动都将存在一定的滞后性，给行业带来潜在的利差损隐患。

表 1　　　　　　　　利率变动对保险公司盈余的影响估计

项目	初始现值	久期	利率变动后的现值			
			下降 50 个基点	下降 100 个基点	下降 150 个基点	下降 200 个基点
资产	1000	5.77	1028.9	1057.7	1086.6	1115.4
负债	950	12.44	1009.1	1068.2	1127.3	1186.4
盈余	50		19.8	-10.5	-40.7	-71.0

（三）保险业偿付能力充足稳定，承保杠杆小幅上升

保险机构需要持有与其业务风险相匹配的资本。偿付能力充足率及其扩展指标是国内外保险监管中反映保险机构综合风险的一个核心指标，它考虑了不同业务的风险程度和不同资本的质量。中国保险业的偿付能力处于合理区间 [见图 2（a）]。2020 年末，行业整体的综合偿付能力充足率为 246%，近几年保持稳定。财产险公司的综合偿付能力充足率平均为 241%，较 2019 年末的 284% 有明显下降，反映出财险业的亏损侵蚀了资本。人身险公司的综合偿付能力充足率平均为 278%，较过去几年有较大幅度提升，反映人身险的盈利模式过渡取得了成效，以及人身险业更多地主动补充了资本。再保险公司的综合偿付能力充足率平均为 319%，近几年在 300% 上下波动。随着保险业对重大灾害事故损失、长寿风险、各类新型健康风险等承保力度的加大，以及再保公司的技术积累和传导能力的持续提升，再保业务要发挥更大的作用，也做好了充足的资本储备。

杠杆率是反映一家机构资本与业务量匹配程度的一个简洁、透明的指标，但不具有风险敏感性，其可以作为配合偿付能力充足率的监测指标［见图2(b)］。2020年末，保险业的总杠杆率为8.46，较2019年末略微上升0.17，低于2018年末的水平。2020年，反映承保业务利润边际支持风险保障程度的承保杠杆率达到10691，为近年来首次突破10000，所以承保业务应当更加关注风险控制和盈利提升。2020年末，投资杠杆率为7.88，较2019年末上升0.41，低于2018年末的水平。

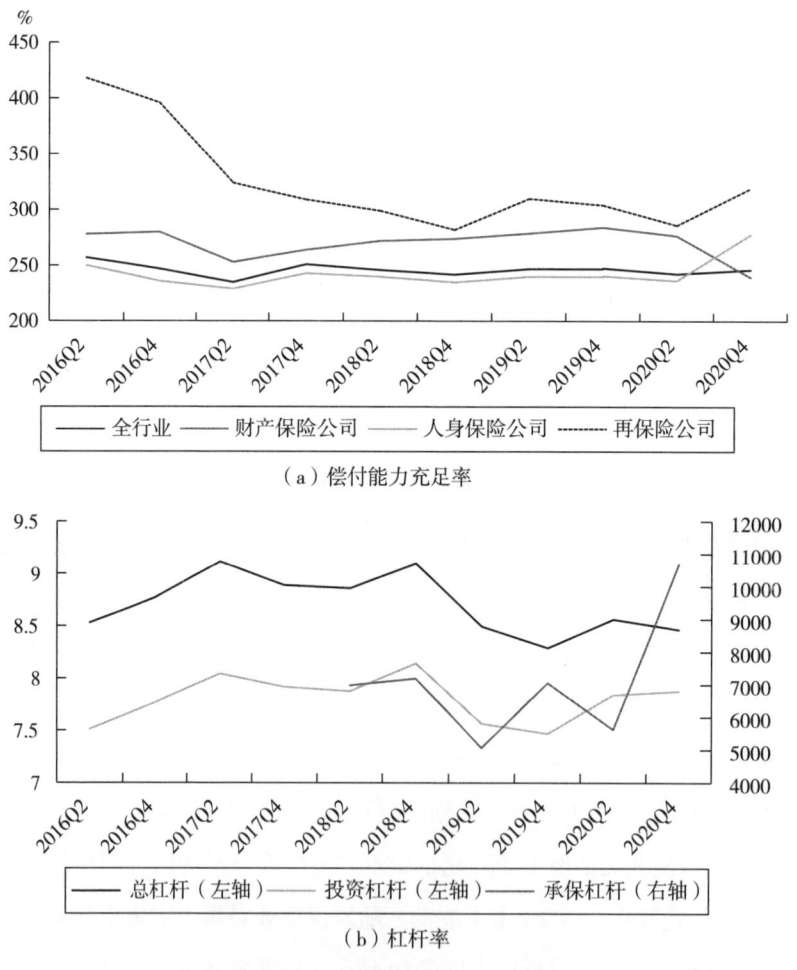

图2 保险公司的偿付能力和杠杆率

（资料来源：综合偿付能力充足率来自银保监会网站，杠杆率指标根据银保监会数据计算得到）

随着保险公司资本需求的增加，2020年有20多家保险公司发行资本补充债，发债融资规模远超2019年。在增资方式上，发行资本补充债比增加股份更有吸引力，这是因为：资本补充债的设计更为灵活，而在股票市场公开融资的灵活性较差；险企规模较大，对上市广告效应的依赖较小；险企的公司治理受到严格的监管，而上市对于完善上市公司治理的效果相对较弱；很多险企并没有针对员工的股权激励计划，或者股东不愿意改变公司的股权结构；当前，传统大型金融机构在资本市场的估值水平不高。人身险公司补充的资本比财产险更多，这是因为：人身险公司承担的利率风险、面临的流动性风险更大；人身险公司业务增长的波动性更大，因此，其资本规划有更大的不确定性，更要相机抉择；人身险业务的发展速度更快，中长期保障型产品的资本要求也更高。

（四）基本养老保险开支压力不断加大，雇主养老保险保障有限

作为养老保险的第一支柱，基本养老保险的负担越来越重。截至2020年末，城镇职工基本养老保险的参保人数达到4.56亿人，较年初增加了0.21亿人，城乡居民基本养老保险参保人数达到5.42亿人，较年初增加了0.18亿人。由于人口老龄化等原因，中国离退休人口数与工作年龄人口数之比不断攀升，基本养老保险收支压力不断加大。城镇职工基本养老保险基本实行现收现付制，2020年出现了首次年度"收不抵支"，基金收入为43972亿元，支出为51189亿元，当期透支率为16.4%［见图3（a）］。城乡居民基本养老保险参保人员的年龄结构相对年轻，基本实行基金积累制，因此，不同时期的收支波动较大，各期收支呈结余状态［见图3（b）］。虽然基本养老保险基金有历史结余，全国社保基金的储备也在不断壮大，但随着中国的老龄人口负担系数的不断上升，如果不采取有效措施，第一支柱养老金的收支缺口将以较快的速度扩大，并在七八年内耗尽。这些有效措施包括提高缴费率、提高领取最低养老金的缴费年限、扩大就业或延迟领取养老金、用国有资本或其他资本充实社保基金、大幅提高基金投资收益率等。

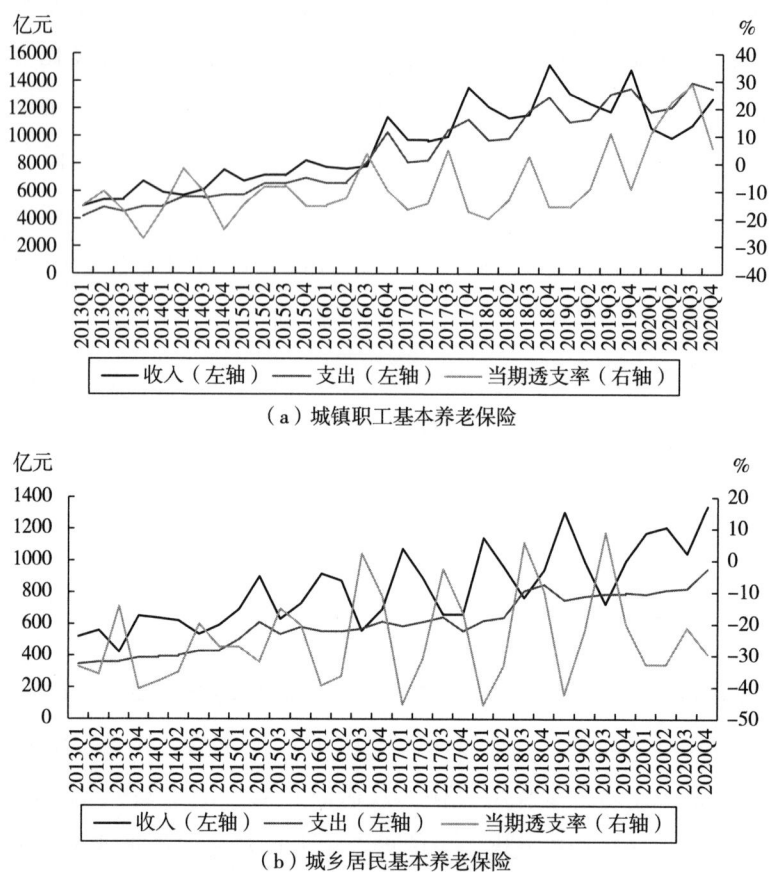

注：当期透支率=（当期基金支出−当期基金收入）/当期基金收入。

图3　基本养老保险的收支情况

（资料来源：根据人力资源和社会保障部的数据计算得到）

二、保险业潜在风险点分析

（一）保险业的气候变化风险在"碳达峰""碳中和"目标下趋紧

2020年9月，习近平主席在第七十五届联合国大会一般性辩论上提出"二氧化碳排放力争于2030年前达到峰值，努力争取2060年前实现碳中和"。

美国总统约瑟夫·拜登在宣誓就职当晚宣布,美国将重返应对气候变化的《巴黎协定》。保险业将更多受到气候变化的影响。一方面,保险业直接承保各类风险事件的损失,气候变化将会严重影响保险业的未来。气候变化的责任认定与保险被认为是气候政策和谈判方面的最大问题之一。另一方面,近几个世纪以来,保险业积累了大量关于气象灾害所造成损失(可视为气候变化的短期剧烈影响)的数据资料,形成了模型方法等知识,因此,保险业可以赋能其他部门,提升全社会应对气候变化的韧性。

气候变化对保险业的不利影响可分为以下三种:一是实物风险,是指气候变化及天气相关事件对保险标的直接造成的损失,及其后续事件造成的间接损失;二是转型风险,是指保险企业在经济向低碳转型过程(受可再生能源技术进步、社会认知、监管政策等因素影响)中所面临的风险;三是责任风险,是指当事人在遭受气候变化造成的损失时,会要求他们认为应当承担责任的主体赔偿,而如果索赔成功且被索赔方已投保责任保险,那么被索赔方的部分或全部成本就会转嫁给保险公司。对于这三种风险的影响大小,目前的排序为:实物风险 > 转型风险 > 责任风险。由于转型风险正在增强,预计二三十年后责任风险也将凸显,这三种风险若干年后的大小排序尚无法确定。对于这三种风险的认识和管理程度:实物风险的短期影响较受关注,但对其长期影响关注不够;对于转型风险的管理尚处于初级阶段;对于责任风险的管理极少。

2020年,中国保险业加强了对气候变化风险的应对。专栏1报告了几个典型事件。

专栏1

2020年中国保险业应对气候变化风险的部分行动

1月,中国平安保险集团成为首家签署"气候行动100+"倡议的中国资产拥有者,而该倡议的400多家签署者所管理的资产规模合计超过38万亿美元。4月,中国平安保险集团成为中国首家签署《可持续保险原则》(Principles for Sustainable Insurance,PSI) 的公司,并承诺将充分考虑气候环境和社会因素,打造可持续保险产品体系,并开始披露可持续保险的承保人次和保险金额。全球已有140多家机构签署了《可持续保险原则》,其中包括占全球保费总额的25%以上的保险公司,管理资产达14万亿美元,可持续保险原则也被纳入道琼斯可持续发展指数和富时社会责任指数。7月,大家保险集团发布首份社会责任报告,该报告广泛参考了联合国可持续发展目标(UN SDGs),将大家保险集团的责任实践与国际性的话语对接。9月,中国保险行业协会首次发布了保险业社会责任报告,环境责任为其所关注的五个领域之一。该报告认为,保险业贯彻落实国家对环境保护提出的新要求,坚持把可持续发展原则和循环低碳经济理念放在首位,在资产负债两端全方位参与绿色金融体系建设,包括研发环保领域的责任险产品、对节能环保和新能源相关产业提供融资支持。9月,中国车险综合改革正式实施,明确鼓励保险公司推出新能源专属车险,探索和研发各类"按需"(on-demand)保险,让使用车辆较少的投保人少交保费,促进绿色出行。

(二)各地普惠医疗保险项目的风险值得监测

2020年以来,全国多个城市的保险业联合当地的医保、民政等部门推出了"普惠型"医疗保险,本着"广覆盖、低成本"的原则,维护居民基本健康。中国各地居民的医疗保障缺口很大,且呈现扩大趋势,中国居民医疗自费比例明显高于同等高收入国家。近些年,中国保险业探索出了多种扶贫模式,尤其是近几年兴起的网络互助为社会提供了大量的疾病和意外风险保障,目前,各主要平台的运行比较稳健,这也促使保险公司的普惠工作更勇于创新。各地区开展的"普惠型"健康保险能够提升居民特别是低收入群体和高风险群体的保障水平,保险业可以利用运行技术和人力资源改善医疗保障制度的运行效率。地方政府都希望给当地市民提供保障福利,提升经济活力,而保险成了重要的抓手。

要关注普惠医疗保险项目存在的风险。一是赔付风险。很多项目在保障范围设计和精算定价数据上没有充分把握和长远规划,风险分类简单,从短期看普遍较低。规模扩大后,如何实现财务的长期可持续值得担忧、有待观察。二是费用管控风险。这些项目希望借助设计简单的核保,以及加强与互联网科技企业、医保等部门的合作,减少业务及管理费用和手续费及佣金支出,然而,这一目的能否实现仍需进一步观察。三是消费者认知风险。为了将赔付准备金用于解决居民的大额医疗费支出、降低道德风险以及减少烦琐的小额理赔成本,这些项目基本都设置了较高的免赔额(起付线),且一般仅可报销社保范围内的住院费。根据过去几年"百万医疗"保险的经验,消费者在索赔时可能因免赔额、起付线等条款而对保险业产生不信任感。

专栏 2

各地的惠民保项目

截至 2020 年末,全国各地推出了近百个惠民保项目,覆盖近 200 个城市,参保总人数超过 2500 万人。部分项目见表 2。

表 2　　　　　　　　　各地运营的惠民保项目

地区		项目名称	地区		项目名称
全国		360 城惠保	广东	广州	惠民保、穗岁康
北京		京惠保		深圳	专属医疗
天津		津惠保		东莞	市民保
河北		冀惠保		珠海	大爱无疆
辽宁	大连	惠平保		佛山	佛医保
	锦州	惠锦保		惠州	惠民保
吉林		吉康保		云浮	惠民保
江苏	南京	惠民保、宁惠保		茂名	市民保
浙江	杭州	市民保、民惠保、西湖联益保		揭阳	市民保

续表

地区		项目名称	地区		项目名称
浙江	宁波	甬惠保、市民保、工惠保、惠儿保	广东	河源	市民保
	温州	惠医保		盐城	市民保
	嘉兴	惠嘉保	广西		惠桂保
	绍兴	越惠保		桂林	惠民保
	台州	市民保	海南		惠琼保
	丽水	浙丽保	四川	成都	惠蓉保
安徽		皖惠保		德阳	惠民保、德e保
	芜湖	惠民保		自贡	贡惠保
	亳州	亳州保、亳惠保		宜宾	惠宜保
	蚌埠	蚌惠保		遂宁	惠遂保
福建		八闽保	江苏	苏州	苏惠保、苏康保
	福州	榕城保、福惠保		连云港	连惠保
	厦门	鹭惠保、惠民保		泰州	泰惠保
山东		齐鲁爱心保、民生保		宿迁	宿民保、惠宿保
	淄博	齐惠保		徐州	惠徐保
	烟台	惠民保、烟惠保		镇江	惠镇保
河南		豫健保	贵州	遵义	遵惠保
湖北	武汉	惠医保		贵阳	贵保宝
湖南		全民保	云南	昆明	春城惠民保
	长沙	星惠保	宁夏		宁惠保
	株洲	神农保			
	常德	湘惠保			

注：上述数据为不完全统计。

（三）网络互助的风险特征和风险管控①

网络互助体现了高效、便捷、小额的"共享经济"特征，是一种新的基于社群合作的经济活动方式。然而，网络互助平台一旦形成较大规模，就需

---

① 本节部分内容在中国社会科学院金融研究所、中国社会科学院金融法律与金融监管研究基地主办的"金融监管沙龙第6期：互助型保险与网络互助"（2019年11月20日）上进行过分享，该沙龙相关信息可见网站"FLR金融监管网"或微信公众号"金融监管与风险观察"。

要注意风险。当前,网络互助的法律地位尚不明晰,且处于"监管缺失"的状态。一方面,根据《保险法》(2015年)第二条的规定,投保人、保险人、预收保费和确定保险金赔付是构成保险合同的显著要件;显然,网络互助的运行模式不具备这些要件,所以不是保险,不由金融监管部门负责。另一方面,2017年8月开始执行的《慈善组织互联网公开募捐信息平台基本管理规范》规定:"公开募捐信息不应与商业筹款、网络互助、个人求助等其他信息混杂","个人求助、网络互助不属于慈善募捐,真实性由信息提供方负责",因此,网络互助不是公益募捐,也不由民政部门负责。

网络互助采用的是移动互联网和云计算技术,其风险类似于互联网金融业务。一是单位经济损失有限。每个会员预付的"会费"较低;但对于平台运营商而言,大量会员的预付款总额却是一笔巨大款项。二是突出的传染效应。互联网平台经济中的某些运营缺陷或其他危机被放大,造成会员群体的"羊群效应"。三是社会影响较大。普惠性或涉众性是互联网金融的典型特征,普惠性在提供更公平的金融服务的同时,也增加了危机时的社会影响。

网络互助包含如下几个方面的风险。一是资金安全风险。网络互助运营一般采用分级账户模式,其中:一级真实资金流转账户,即网络互助平台发起人以其名义在商业银行开立的托管账户,集中存储会员的预付款(充值金额);二级数值记录账户,即每个会员在网络互助平台上设立的个人账户(不对接到托管银行的平台虚拟账户),会员的充值和取现都需要向平台申请,由平台在后台进行真实资金操作。发生需要分摊损失的事件时,互助金额由一级真实资金流转账户直接转入申请人账户,并在相应的二级数据记录账户中"扣减"会员账户中的分摊金额(没有真实资金流动,只涉及数字记录更改)。已有大量实例(如P2P的卷款跑路事件、共享单车平台押金难以退回等)证明,这种模式存在资金安全风险。二是信息安全风险。网络互助平台利用"小额会费vs高额互助金"的吸睛广告获得大量会员。虽然网络互助平台都是互联网科技企业,但是从其官网上的信息来看,只有个别网络互助平台明确表示已通过公安部门"等保三级"认证,接受国家信息安全监管部门的直接监督。此外，大量平台在官网上分享会员的照片和姓名，甚至某著名平台直接在官网公布受助人员的姓名、照片、疾病和居住城市等私人信息，存在过度披露的问题。三是大量会员集体退出风险。参与会员选择退出的情形包括：分摊金额太高；自己或他人得病或发生意外事故时，未获得预期补偿。由声誉或其他原因导致的"羊群效应"可能引发大量会员退出，进而直接影响网络互助平台的持续运营。四是平台非法盈利风险。例如，平台发起人采取非法手段（如倒卖会员信息）谋利可能直接影响广大会员群体的利益。

专栏3

"相互宝"的风险管控措施[①]

"相互宝"等主要网络互助平台对投保人的风险分类简单，按直观认识，会面临较大的逆向选择风险和欺诈风险。"相互宝"的参与人数增至1亿人后，其规模趋于稳定，人均分摊金虽有较大幅度的同比上升，但仍然保持在较低水平。这反映出"相互宝"有一些超常的风险管控措施。

"加入"阶段。基于已有的信息系统，快速分析操作人与所填写的参与人的身份关系。通过芝麻信用分，判断申请参与人的信用风险和资质。通过已有大数据，分析申请参与人的健康风险，并给予详细程度不同的风险告知。对于较大概率不符合参与条件的申请人，"相互宝"会专门予以提示，对于明确不符合加入条件的参与人（主要是带病人群），"相互宝"会劝退或拒绝其加入。

"核赔"阶段。在决定是否立案时，对申请人进行差异化回访，采用了AI相机等技术。通过人工智能进行发调，调查的顺序有最优化的设计。立案后，在案件分级时，进行差异化调查，采用le调度大脑等技术。对于低风险

[①] 此专栏基于相互宝团队的专家向本人参与的调研组的介绍，专栏的内容未经该专家确认。该调研组成员包括纪洋、边文龙、王向楠、魏巍、董英伟等博士或博士研究生。

案件，采取简易程序，使用面访、社保数据和出险医院数据。对于高风险案件，采用风险调查程序，使用面访、社保数据和多类医院的数据，其中医院包括出险医院、居住地医院、户籍地医院等。回访问询后，不予立案率提升16%，阳性线索查询后确定率提升10%。

"公示"和"理赔"阶段。通过视频面访，提升时效，降低成本，控制廉政风险，保障调查质量，系统自动生成笔录。通过公估小程序，实现作业透明数字化，如用LBS+人脸识别来杜绝泄露隐私，降低舞弊风险。通过已经较成熟的人工智能"小二"，审核案件，决定是否采纳审核建议，准确率非常高。最后，人工审核案件时，通过系统自动分析生成时间轴，对材料进行汇集、分类、去重等操作。

（四）国际保险业对新冠肺炎疫情的赔付和诉讼[①]

新冠肺炎疫情的发酵及其对经济社会的负面影响让全球保险业砥砺前行。虽然保险业资本金充足，有能力吸收这些损失，但是短期仍然面临较大赔付压力，多家保险公司下调了2020年的盈利预期，有的公司甚至直接取消了盈利目标。例如，2020年上半年美国财产意外险同比盈利下降23%。新冠肺炎疫情不仅给保险业带来了财务压力，也带来了声誉风险。保险业正处于一种"两难境地"，慷慨赔付会加剧自身的财务负担，而据理力争拒赔又会打击消费者对保险合同的信任。面对投保人和保险公司之间的利益分歧，政府的态度及其干预方式成为解决问题的关键力量。理赔金额最大的险种是活动取消保险，例如，慕尼黑再保险公司为东京奥运会提供了5亿美元的取消险，因此，其潜在理赔压力主要来自重大活动的取消和推迟。最常见的理赔险种是旅游取消保险。而营业中断险则是覆盖行业范围最广、理赔中最具争议的险种，也是相关诉讼的主要领域。

---

① 此内容由本人与吴婷博士合作完成。

在保险业发达的英国，投保人提出了大量营业中断索赔，但保险业纷纷拒赔。保险业针对保单条款中的"政府""行为""传染病""禁止""阻碍""事件是否符合地理范围""进入营业场所""中断"等词语，合计提出了十几种拒赔理由。大量投保人投诉至英国金融行为监管局（Financial Conduct Authority，FCA），FCA将一些有代表性的争议提交至英国高等法院裁决。FCA担任原告，统一代表保单持有人的利益，被告则是出售此类保险较多的8家保险公司。对此，2020年7月，英国高等法院启动了测试案件计划（test case scheme），成为自2015年英国的金融清单案件（Financial List Claim）制度实施以来的首个测试案件计划。案件争议的重点内容见专栏4。

专栏4

英国保险业的新冠诉讼中的三大争议内容

一是对"疾病"认定的争议。在测试案件中，保险公司针对"疾病"条款的抗辩理由如下：营业中断险保单中"notifiable diseases"（法定呈报疾病）的发生是针对被保险人本人的疾病；"疾病"的发生需要满足在约定的半径范围内有个体被确认患病的要求。FCA认为，"法定呈报疾病"条款的理解应当具有简单性和普适性，即疾病的确认并不要求该疾病必须被诊断出来。英国高等法院法官支持了FCA的理解，即"新冠肺炎是一种必须呈报的疾病"已经是一种共识，因此，当一个地区至少有1名新冠肺炎感染者时，就可确认该地区"发生"了法定呈报疾病。

二是"疾病"与"业务中断"因果关联的争议。在测试案件中，有保险公司主张保单中列出的疾病应当是导致业务中断的近因。FCA则认为，结合上下文理解，保单中的"following"（紧随）、"In consequence of"（由于）等术语暗示了某事件是事实背景的一部分，代表了一种更松散的因果关系，因此，不需要是保险公司主张的近因。FCA认为，保单所列的风险事项并不会直接中断或干扰业务，在几乎所有情况下，这些风险都只能通过政府或公众的反应间接造成营业中断;具体到新冠肺炎疫情上,中断或干扰"紧随"疫情的暴发,而如果没有新冠肺炎疫情的暴发或政府的干预,这些损失结果并不会发生。英国高等法院法官认为,保险条款中的相关术语应当至少包含了间接因果关系,不应当局限于直接的因果关联。

三是"公共权力"条款的争议。在测试案件中,有保险公司主张其保单"公共权力"条款中的"强制限制"(restrictions imposed)是直接针对被保险人或被保险人对房屋的使用,即保单相关条款中所指的传染病的"发生"应当是"小规模的、地方性的、在某种意义上特定的"。然而,英国高等法院法官否定了保险公司的这种"狭义理解"。

三、保险业的风险点与政策建议

(一)非寿险业加快转变盈利模式

非寿险业已经从"黄金时代"走向"白银时代",要在新的历史时期保持良好发展势头,非寿险业需要不断拓展新的领域。一是车险,全国各地应继续加强综合改革相关措施的实施,推动产品服务创新,改善承保和中介的资源配置,营造良性生态,从而为车主提供更好更多的出行服务,为拓展行业发展空间奠定基础。二是保证保险,研究国民经济高质量发展的大局,加强对不同产业和消费活动的现状及趋势的了解,判断其融资和风险特点;与政府性组织、信贷机构、互联网平台等可靠的外部方合作时,应掌握被保险方的必要数据;基于公司现有保险及相关业务客户,挖掘其对保证保险的需求,降低逆选择风险;加强对金融科技运行基本设施和具体业务模块的投入,以较低成本量化风险。三是健康险,鼓励公司拓展保险及相关服务,提升"全民医保"运行效果和效率,多方面参与"健康中国"建设,同时,对保险业的风险进行监测和提示;积极提供优质的健康管理服务,包括体检、健康咨询、疾病预防、就医服务、慢病管理、康复护理等。四是人身意外险,扎实稳步推进人身意外险回归以"低成本"保障重大的人身意外伤害的本源，丰富产品供给，推动保险产品和服务创新，为经济社会中的新活动、新场景提供更多的风险保障。

（二）寿险业防范化解利差损风险

在低利率环境下，防范利差损风险需要保险行业和监管部门共同发力，多措并举，未雨绸缪。一是监管方面。完善保险业应对低利率的宏观审慎监管框架，并将利差损风险管控纳入其中；进一步加强微观审慎监管[①]，以偿付能力监管制度体系、资产负债管理监管体系、责任准备金监管制度体系等为主要抓手，约束保险公司审慎经营；加强对利差损风险的监控，对行业进行持续严格监控，及时发现潜在的风险，识别问题公司；完善利差损风险处置的制度和法律基础，建设消费者和保险公司的风险共担计划，制订恰当的利差损风险处置方案。二是保险公司经营方面。需要转变盈利模式，平衡利润结构，降低对利差的依赖；在坚持保险业回归保障本源的同时，也应适当审慎地发展分红险、万能险、投连险等利率敏感型产品和风险共担型产品，优化保险公司的产品业务结构，降低负债成本，减轻资产端资产负债匹配的压力；建立审慎经营文化，坚持审慎和稳健的产品定价和投资策略，从源头上防范利差损风险。

（三）保险业积极应对气候变化风险

保险监管的目标是维护保险业的稳定，并以此促进行业及社会的健康发展，因此，笔者对中国保险业应对气候变化提出如下政策建议。一是基于"稳定"目标：采用多年期的时间尺度，开发更长期的气候情景，以捕捉气候

[①] 2021年1月26日中国银保监会修订发布的《保险公司偿付能力管理规定》以及修订中的"偿二代"对此有一定考虑。例如，负债评估所用折现率曲线的期间大为缩短，可以使利率的变化更及时地反映在偿付能力充足率上，以提示公司承保决策中的风险；对所有非基础资产进行穿透，能在一定程度上让公司的利率风险暴露出来；"市场约束机制"通过完善公开信息披露、提高透明度等手段，有助于防范公司粉饰业绩、掩饰利差损风险。

相关风险的"灰犀牛"和"复杂"特性；考虑到气候变化风险敞口缺乏可靠、一致的衡量指标、各行业转型速度存在不确定性等原因，监管部门应提高对保险公司计划和现实的偏差的监管容忍度；加强研究在偿付能力提取、流动性因子等方面加入气候风险的行业性因子；推动建立统一的针对气候变化的压力测试，并定期开展；鼓励保险公司定期披露气候变化风险的应对信息，逐步建立起中国金融保险业一致、可比的信息披露模板。二是基于"发展"目标：加强与自然科学和社会科学领域的气候专家的合作，提升对平均气温上升、温度变动加剧、气候周期变化、大气含水量等气候状况的长期预测能力；加强对各行业/项目对气候的友善程度及其所面临的气候变化风险的认识，与相关部门合作开发关于气候友善程度以及气候变化风险程度的"分类法"；促进节能减排领域的承保和投资，如开发"可持续保险"标签（也可称为"绿色保险"标签、"低碳保险"标签等）制度，对于向节能减排项目和企业的投资，给予更高的投资额度和更低的资本要求；加强在全球范围内的宣传工作，推广中国经验和中国智慧，积极参与相关标准的制定。

（四）健全对网络互助的监管

网络互助是商业主体运营的保障业务，其越来越多地采用了商业保险的经营技术，也面临着保险业的大部分风险，因此，应当由保险监管部门承担主要监管责任。一是政府监管。对于资格准入监管，建议银保监会联合工商管理部门、民政部确定网络互助行业的准入标准。对于资金安全监管，建议网络互助平台将自有资金和会员"预付金"托管在同一家商业银行，由该商业银行对网络互助的会员资金进行存管、划付、核算与监督，严禁挪用会员"预付金"等行为，并定期协助平台向所有会员披露账户的资金使用情况；研究网络互助平台的有序退出办法，避免参与者因外生原因退出而引发恶性循环，最终致使可持续运营的平台被挤兑退出。对于信息安全监管，建议在网络互助平台中引入第三方信息系统安全评估机制，由具有资质的评估机构定期对平台的运营和信息系统管理进行评估，并建立持续的评估档案。二是平台自律和会员监督。要求运营主体在官方网站和 App 上建立经营管理信息披露专栏，定期以公告的形式向会员披露相关法律法规以及政府对网络互助的有关性质界定规定，协助相关政府机构开展消费者教育活动；将网络互助纳入互联网金融举报信息平台。

（五）从发达经济体保险业新冠肺炎疫情诉讼中吸取经验

中国保险业新冠肺炎疫情敞口相对较小，并且一直积极承担公共卫生风险的应对责任，因此美誉度提高，但是随着保险业的不断发展，我们也要从发达经济体保险业的相关诉讼中吸取经验。一是重视极端情形下的"风险敞口"关联性，关注全球风险的相互依存关系，包括地缘政治、政府公共安全政策、社会不平等状况、消费者行为、工作方式和商业竞争环境等因素，并在后疫情时代调整升级风险敞口管理战略。二是评估保险合同的准确性，对"民事当局行政命令""存在疾病""有形损失""中断"等长期使用的保单术语进行更清晰的表达。三是加强风险识别与管理的前瞻性，更积极地为客户提供全周期风险管理服务，加快从单一的"损失补偿"向综合的"风险管理"的转变，以获得更大的价值创造空间。

（六）规范发展养老保险第三支柱

随着中国老龄化进程的加速，养老问题已成为当今社会全局性且越发紧迫的问题。中国养老保险体系的第一支柱和第二支柱所能提供的保障不足，这就需要金融业发挥更大的功能作用，其中，壮大第三支柱养老保险更属于分内之事。加快规范发展养老保险的第三支柱，还有很多工作要做。在"规范"时，对于产品服务的命名以及宣传中"养老"一词的使用，要有更精确的标准，从而让消费者更放心地选择个人养老保险产品，真正实现养老的目的，进而获得更多、更灵活的税收优惠，而国民养老保障储备程度也可以更准确地统计出来。还应当注意第三支柱养老保险产品的透明性，鼓励产品设计简单化，避免损害消费者尤其是金融素养不足的老年人和弱势人群的权益。

在"发展"时，可优先推进能够承担养老这种长期风险的产品，支持经营稳健的金融机构获得先机，推动养老型产品的发展，通过改进产品设计和适度竞争，加快发展养老保险第三支柱。

房地产金融风险分析报告

蔡 真[①]

摘要： 从房地产市场运行情况来看，2020年新冠肺炎疫情在国内的发展态势成为影响房地产市场运行的主导因素。疫情暴发前期商品住房销售同比增速明显下滑，房价涨幅整体回落，租金价格水平略有下降。第二季度之后，得益于疫情的迅速控制，住房销售市场量价齐升，部分城市房价泡沫苗头再起。但住房租赁市场受到疫情的影响仍在延续，价格出现普跌，租金房价走势背离趋势愈发显著。

从房地产金融形势看，个人住房抵押贷款余额尽管仍处于高位，但增速持续放缓，月度新增居民中长期贷款走势与新冠肺炎疫情高度相关；房企融资方面，房企主要融资渠道进一步收紧，2020年房地产开发贷增速持续回落，房地产信托发行规模下滑。重点房地产企业资金监测和融资管理规则的推出，实质上是从供给端收紧杠杆资金流入房地产市场，避免因房企杠杆率快速上升带来重大的金融脆弱性，从而降低和防范房地产金融风险，推动金融、房地产同实体经济均衡发展。

2020年房地产金融的主要风险点包括三个方面：第一，房地产泡沫再起。泡沫再起的原因是：海外资金回流、高净值人群回流以及违规杠杆（如房抵经营贷）进入房地产市场。第二，长租公寓涉嫌非法金融活动。首先，长租公寓"高进低出"和"长收短付"的高风险经营模式涉嫌非法集资；其次，

[①] 作者简介：蔡真，中国社会科学院金融研究所，副研究员，国家金融与发展实验室房地产金融研究中心主任。

长租公寓滥用租金贷，试图借用他人杠杆扩张；最后，一些不法分子利用长租公寓当前模式的漏洞进行诈骗。第三，房企违约风险加剧。房企违约的自身原因包括运营效率低、财务杠杆高等，外部原因包括新冠肺炎疫情、房地产调控政策以及房地产金融审慎管理制度三方面的影响。

关于未来，我们预计房地产泡沫还会持续一段时间，但要警惕疫情稳定后房价快速下跌和汇率大幅贬值的情况；租金贷的问题将得到有效控制，租赁市场将向规范发展。未来风险的关注点应集中于房企违约方面，因为在"三道红线"规则下，"踩线"的房企将直接面临有息负债规模的"硬约束"，以及在融资过程中面临金融机构调低融资评级和强化融资歧视的可能，这都会导致债务违约风险上升。

关键词：房地产金融；房地产泡沫；租金贷；房企违约

一、引言

2020年初新冠肺炎疫情在全国集中暴发，经济运行面临短暂停滞，房地产行业也面临同样状态，如售楼处关门、工地停工等。随着疫情逐步得到控制以及纾困政策的效果逐步发挥，经济运行逐渐好转。房地产市场在各行业最先恢复，3月住宅销售已经反弹；但反弹很快转变为泡沫，2020年5月深圳租金资本化率达到60.2年，创下历史新高，随后深圳泡沫向上海传染。与住房买卖市场的火爆形成鲜明对照的是住房租赁市场的冷清，一线城市（除上海外）和一些二线城市租金价格持续下跌，这使得长租公寓企业面临盈利锐减和流动性风险，长租公寓"爆雷"企业数量剧增，头部长租公寓企业蛋壳"爆雷"更是引发了严重的社会影响。买卖市场和租赁市场相悖的走势是一种"市场分化"现象，同样在疫情之下房企经营业绩也面临分化，一方面疫情造成房企现金流紧张，另一方面"三道红线"政策进一步加剧分化，中小房企违约成为房地产金融的主要风险点。

本部分首先结合疫情以及纾困政策阐释房地产市场和房地产金融形势，

其次以疫情导致的分化为线索探讨 2020 年房地产金融的主要风险点，主要包括房地产泡沫再起、长租公寓非法金融活动和房企违约，最后对房地产金融的风险演进进行预判。

二、房地产及房地产金融形势

（一）房地产市场运行情况

2020 年中国房地产市场走出一波"V"形反弹行情，这主要是新冠肺炎疫情导致的。由于新冠肺炎病毒以飞沫和接触传染为主要传播手段，为防止集聚产生疫情大规模暴发，2020 年第一季度线下售楼活动几乎全部停止；房地产销售从第二季度开始恢复并很快转变为报复式上涨，这主要是中上收入群体的购买导致的。客观原因包括两个方面：其一，疫情逐步得到控制，3 月 19 日武汉新增确诊病例清零，4 月 15 日武汉外确诊病例清零；其二，疫情之中各地房地产行业采取了一定的纾困政策，如上海、南京、杭州等地延长土地出让金缴纳时限，西安、南昌土地出让竞买保证金比例调整为 20%，武汉放松预售条件，开发投资额达到 25% 即可取得预售许可证。然而，随着房价反弹转变为泡沫，各地楼市调控政策也转为趋紧：7 月 2 日，杭州高层次人才的购房 5 年内不得上市交易；7 月 6 日，宁波扩大限购范围；7 月 15 日，深圳升级商品住宅限购，提高非普通住房贷款最低首付比例。7 月 24 日，韩正副总理主持房地产工作座谈会，提出实施好"房地产金融审慎管理制度"；8 月 20 日住建部和央行召开房地产企业座谈会，提出了重点房地产企业资金监测和融资管理规则（以下简称"三道红线"）。

从商品住宅的销售数据来看，2020 年全国商品住宅销售面积为 15.49 亿平方米，同比增长 3.15%；全国商品住宅销售额为 10.35 万亿元人民币，同比增长 10.85%（见图 1）。分季度来看，第一季度受疫情影响，一月下旬至三月上旬线下售楼处基本处于关闭状态，商品住宅销售同比出现大幅下降，住宅销售面积和销售额同比分别下降 25.89% 和 22.83%。这在一定程度上导致大部分对销售回款依赖程度极高的房地产开发企业短期偿债能力下降。第二季度之后，随着疫情控制及线下销售的恢复，住房购买需求释放，商品住宅销售迅速复苏。2020年第二季度商品住宅销售面积和销售额与2019年同期相比分别增长4.12%和9.43%；第三季度商品住宅销售面积和销售额与上年同期相比分别增长10.46%和21.33%；第四季度商品住宅销售面积和销售额与上年同期相比分别增长12.68%和21.76%。住房销售市场量价齐升，房企销售回款增加，房企资金压力有所缓解。

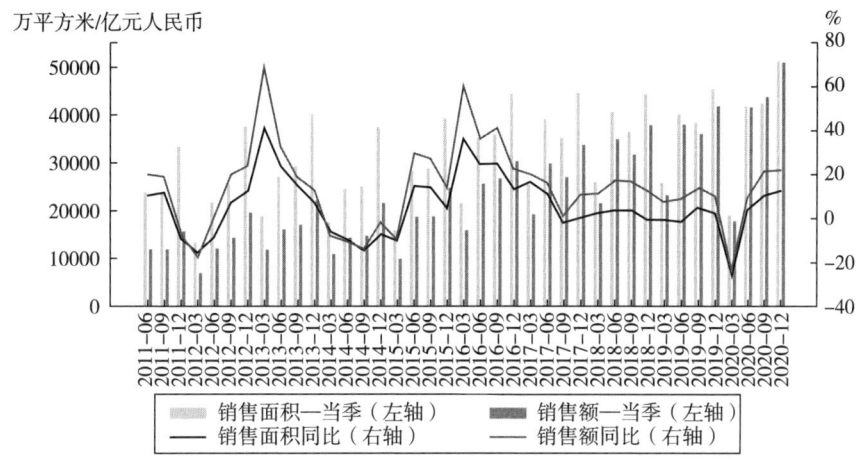

图1 商品住宅销售情况（季度）

（资料来源：根据Wind数据计算）

房地产价格全年保持了上涨态势，截至2020年末，70个大中城市新建商品住宅和二手商品住宅销售价格同比分别上涨3.73%和2.12%，分区间环比数据来看，2020年上半年70个大中城市新建和二手商品住宅销售价格环比逐渐上升，下半年开始月度环比涨幅呈逐步收窄态势［见图2（a）］。这主要是由于疫情控制后，房地产市场呈泡沫化趋势；但7月之后热点城市地方政府陆续对调控政策进一步收紧以及央行等部门推出"房地产金融审慎管理制度"，房价泡沫得到了一定控制。

由于房价上涨主要由中上阶层购买引起，因此房价在城市上也表现出分化的特点，即一线城市在上涨速度和上涨幅度上都快于和大于二线、三线城市。就具体数据而言，一线城市的二手商品住宅环比涨幅由4月最高点1.1%下降至12月的0.6%，房价泡沫得到一定控制，见图2（a）；二线城市的房价泡沫也得到控制，这主要表现在新建商品住宅市场上，环比涨幅由6月最高点0.9%下降至12月的0.13%，见图2（c）；三线城市新建商品住宅环比涨幅从8月的1.0%下降至12月的0.1%，见图2（d）。

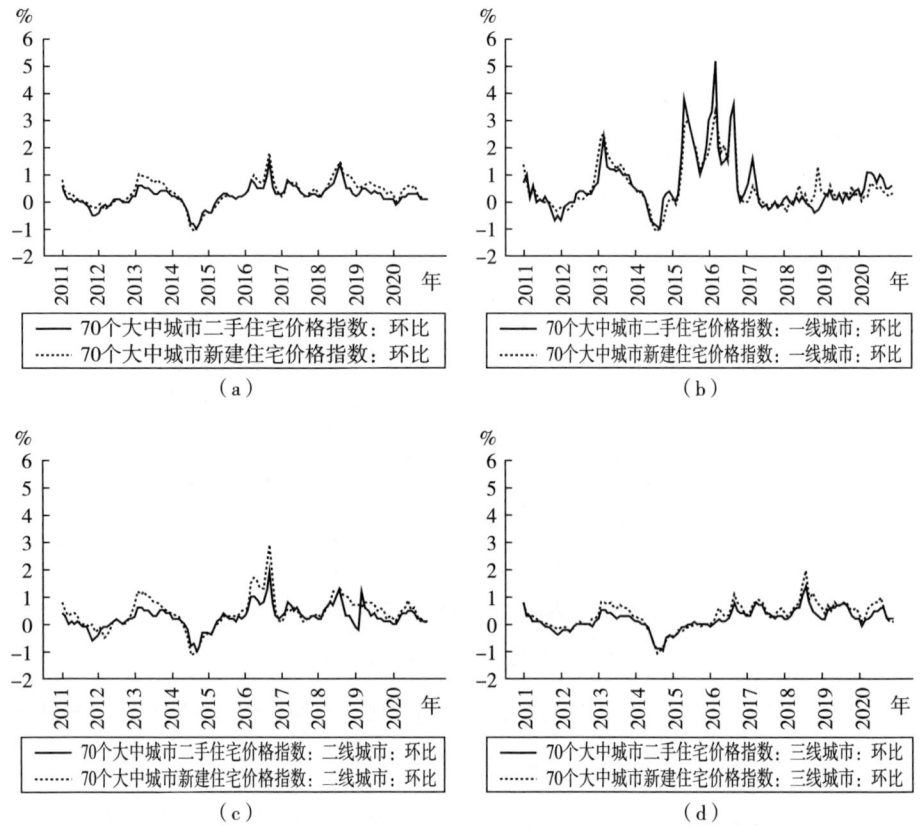

图2 70个大中城市房价走势（环比）

（资料来源：国家统计局，Wind）

住房租赁市场与房地产买卖市场的走势完全不一样：2020年，北京住房租金水平延续了去年下半年的下跌趋势，租金水平累计下降6.28%；深圳租金水平累计下降5.41%；上海租金水平累计上涨1.84%，见图3（a）；天津租金水平累计下降4.51%；成都租金水平累计下降1.92%；广州租金水平累计下降 5.52%，见图 3（b）。

整体而言，住房租赁价格恢复速度慢于住宅价格，各城市租金价格（除上海外）呈现持续小幅下降趋势，住房租金价格和住房价格走势背离的趋势愈发显著。导致这一现象的原因是：第一，住房租赁人群以中低收入人群为主，疫情不仅影响了人员流动，也影响了这类群体的收入水平，从而导致租赁需求下降。第二，我国住房租赁企业抗风险能力弱且部分租赁企业参与非法金融活动，在疫情和下行的经济环境下，那些以"高收低租""长收短付"等高风险模式经营及滥用租金贷无序扩张的住房租赁企业，最终因入不敷出导致资金链断裂，出现流动性危机，这严重影响了住房租赁市场的秩序。

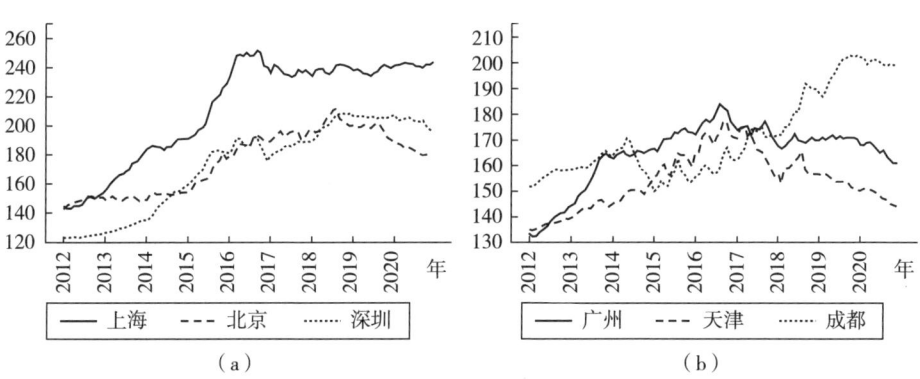

图 3　中原二手住宅租金指数（定基 2004 年 5 月 = 100）

（资料来源：中原地产，Wind）

（二）房地产金融形势

个人购房贷款方面，自 2017 年第二季度起个人购房贷款余额同比增速呈持续下降趋势。2020 年延续了这一趋势，第一季度同比增速为 15.9%，第二季度和第三季度的同比增速均为 15.7%，第四季度的同比增速为 14.6%；截至 2020 年末，个人住房贷款余额为 34.44 万亿元，占全部信贷余额的比例为 19.94%，见图 4（a）。月度增量数据更能反映 2020 年的房地产金融形势，2020 年第一季度居民新增中长期贷款大幅下降，月均新增 4200 亿元，这主要是春节季节性因素和疫情导致的；从4月开始迅速升温，第二季度和第三季度月均分别新增5133亿元和6000亿元；随着房地产金融审慎管理制度的推出，居民中长期贷款增长放缓，第四季度回落至月均4500亿元，见图4（b）。

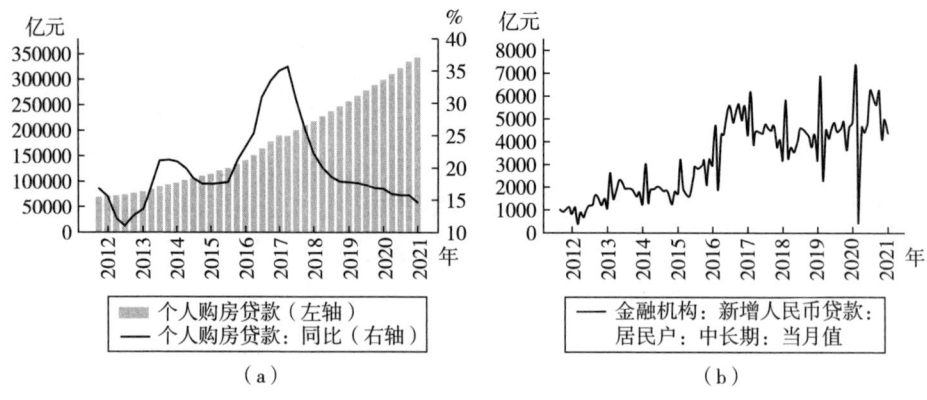

图4　个人购房贷款余额及居民新增中长期贷款情况

（资料来源：中国人民银行，Wind）

房地产业属于资金高度密集型行业，因此控制房企信贷是控制房价泡沫的重要手段。2020年房地产开发贷余额同比增速持续回落，第一季度、第二季度、第三季度、第四季度同比增速分别为9.6%、8.5%、8.2%和6.1%，尤其是第三季度以后，随着房企"三道红线"政策的实施，房地产开发贷增速降幅明显。截至2020年末，房地产开发贷余额为11.91万亿元，占全部信贷余额的比例为6.89%，同比下降0.43个百分点，见图5。

为落实中央"房住不炒"政策，银保监会于2019年5月开始加强对房地产信托业务的监管，并通过专项检查、风险排查和多次窗口指导的方式持续加强合规监管要求，重点整治为房地产项目进行的前端融资、明股实债等违规行为。2020年信托业在风险可控的前提下开展房地产信托业务，并按监管要求压降房地产信托规模。截至2020年第三季度末房地产信托余额为2.38万亿元，环比下降4.94%，同比下降14.39%，占全部资金信托的比例从去年同期的15.01%下降至13.80%（见图6）。

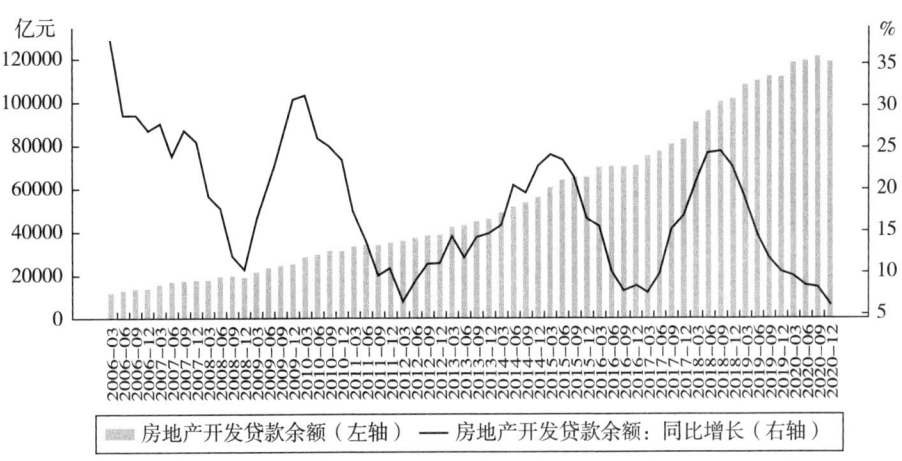

图 5　房地产开发贷余额情况（季度）

（资料来源：中国人民银行，Wind）

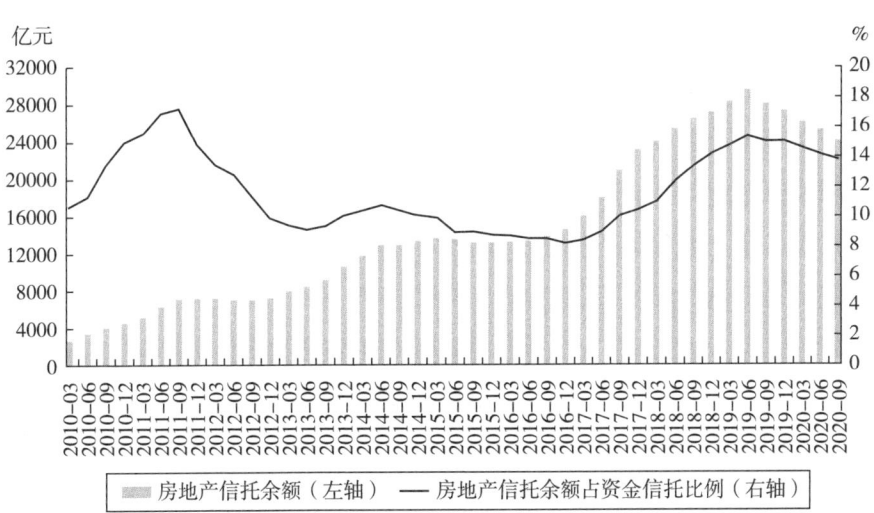

图 6　房地产信托情况（季度）

（资料来源：中国信托业协会，Wind）

三、房地产金融主要风险点及原因分析

（一）房地产泡沫再起

"房地产泡沫再起"是指，自 2016 年底中央经济工作会议提出"房住不炒"的原则并采取一系列措施后，房价泡沫（尤其是一二线城市）得到了有效控制；但在新冠肺炎疫情这一负面冲击下，反映泡沫的租金资本化率指标却又再次攀升。以一线城市为例，四座城市的租金资本化率从 2017 年下半年的最高点持续下降一年半左右，此后除深圳发生反弹外，其他城市一直保持平稳；但 2020 年 4 月以后四座一线城市的租金资本化率总体呈上升态势，至年末平均租金资本化率为 69.70 年，见图 7（a）。同期，二线城市的租金资本化率在疫情中再次上涨，2020 年末为 57.44 年；二线非热点城市租金资本化率为 48.50 年，见图 7（b）。三线城市方面，房价和租金都受到疫情影响，租金资本化率略有上升，2020 年末三线城市的租金资本化率为 41.60 年，见图 7（c）。

那么为什么 2017 年至 2019 年房价泡沫得到控制，而在 2020 年新冠肺炎疫情的负面冲击下房价泡沫再起了呢？

首先解释为什么较长一段时间房价泡沫得到控制，理由是支撑中国房地产上涨长达 20 年的动力机制全部在减弱[①]：第一，从制度角度看，过去住房市场以商品房为主导，目前已全面向保障房市场和住房租赁市场转向，"房住不炒"精神一直在贯彻。第二，从城市化角度看，中国城市化率已达到 60%，快速城市化阶段已接近尾声，至多还有三五年。第三，从银行角度看，银行对房地产业的支持将会减弱。一方面，中国银行业房地产各项贷款余额占比目前在 30% 左右，这一比例已经高于日本泡沫经济破裂前的水平，实属不低；另一方面，银行自身也在寻求新的发展动力，场景金融和智能金融成为新方向。

---

① 蔡真. 中国住房金融报告（2019）[M]. 北京：社会科学文献出版社，2019.

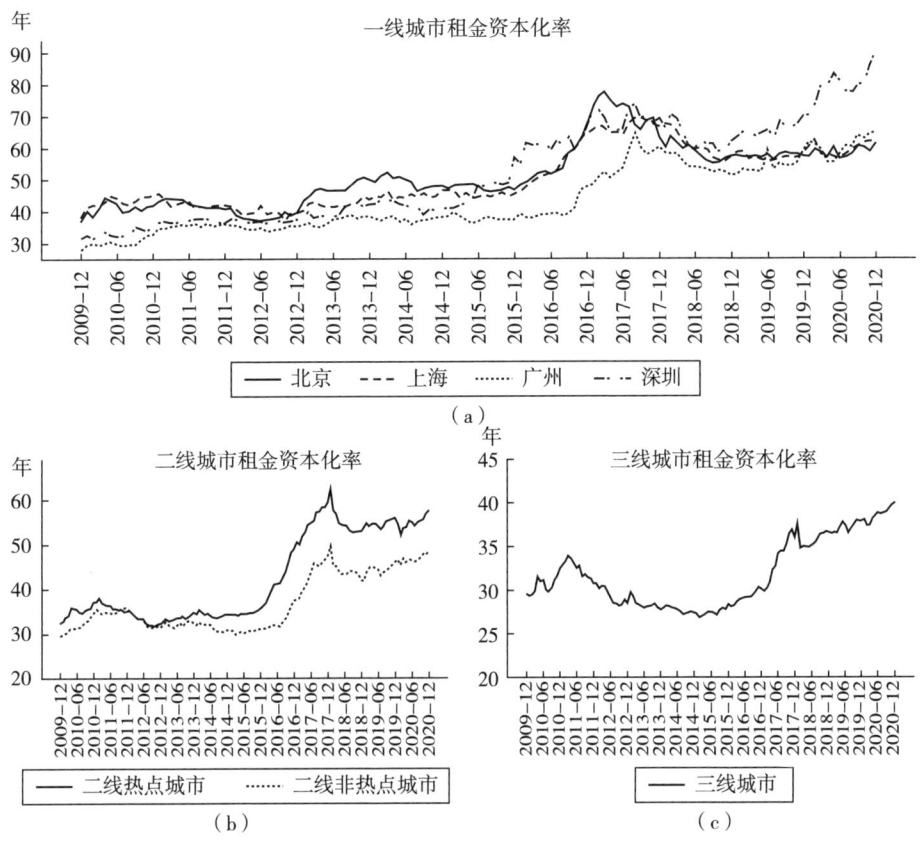

注：本报告监测的二线热点城市包括杭州、南京、苏州、武汉、成都、厦门、福州、苏州、西安、合肥，二线非热点城市包括天津、重庆、郑州、长沙、南宁、南昌、青岛、宁波，三线城市包括昆明、太原、兰州、乌鲁木齐、呼和浩特、湖州、泉州、常德、蚌埠。

图7 租金资本化率走势

（资料来源：国家金融与发展实验室监测数据）

基于以上理由，我们认为中国的房价不会大涨，尤其是一线的房价（因为90%以上的国家城市化都遵循大城市化过程），同时我们还提出了热点二线城市会上涨的预测，其根本原因在于：中国的高铁网络将重塑城市化的一般规律，尤其是城市化的第三阶段，即中国可能跨越城市发展的郊区化阶段直接过渡到城市带阶段。因为快速、高频的高铁运输服务产生了明显的"时空压缩"效应，使交通可达性的范围远超基于高速公路的汽车运输。需要注意的是，高铁网络是一个无向图，既可以产生虹吸效应，也可以产生外推效应。我们认为现阶段以外推效应为主，因为一线城市的房价已经足够高，高铁网络可以使人们保留一线城市的工作机会，同时享有一线附近二线城市的低居住成本。于是，我们看到过去三年一线城市（深圳除外）的房价几乎平稳，甚至阴跌，二线中那些平均加权旅行时间下降最快的城市房价迅速上涨，如郑州、合肥、杭州等。

应该说，我们的分析框架很好地解释了过去三年中国房价的格局，同时我们强调这是一种规律，具有长期性，而这个框架却不能解释2020年的形势。为什么疫情之下一线城市的房价泡沫再起呢？

主要原因是疫情导致货币超发并产生了分化现象。新冠肺炎疫情是一次全球性公共卫生事件，是拥有不兑现信用货币（Fiat Money）体系的现代人从未面对过的危机，以我们目前的认知水平和手段只能通过超发货币的方式购买时间；钱尽管买来了时间，但也固化了原有的阶层，下文我们阐述新冠肺炎疫情的负向冲击如何转换成资产价格的上涨。

新冠肺炎疫情向房价传导的机制包括三个方面（前两者为外部均衡因素，后者为国内因素）。

第一，"钱回来了"。我们知道中国双顺差的格局从2016年以后开始彻底改变，尤其是资本项目，在政策上我们看到2016年外汇局出台了《个人外汇业务"关注名单"》以及2017年四部委联合发布了《关于进一步引导和规范境外投资方向的指导意见》，这些政策的目标旨在抑制资本外流。然而，2020年资本项目在经历了第一季度的逆差后，第二季度、第三季度再次呈顺差态势，并且是大幅提升（见图8）。其中，第三季度FDI为581亿美元，超过2019年同期规模；第三季度国外对华证券投资796亿美元，甚至超过了FDI规模（通常FDI的规模更大，当然这也与我国取消QFII和RQFII的制度性因素有关）。钱的回流显然与我国疫情防控得当、经济基本面向好有关，尽管统计上这些钱都有明确的去向，但房价的上涨却与资金的流动时间上高度吻合。

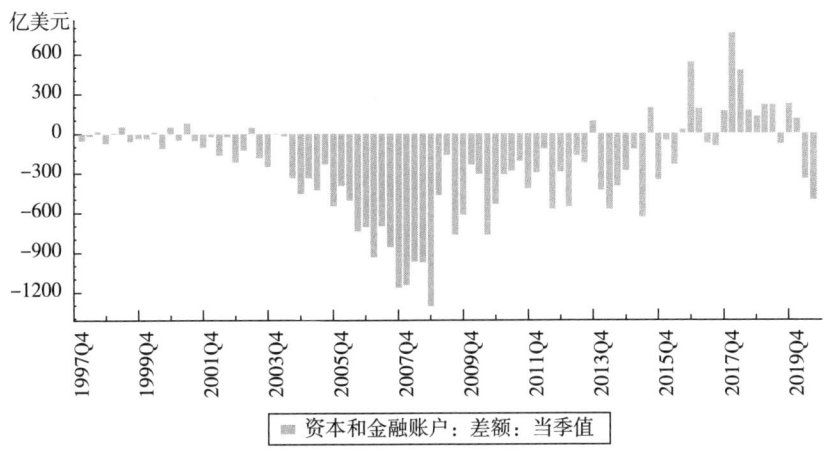

图 8　资本项目走势反转

(资料来源：Wind)

第二，"人回来了"。目前海外留学生包括两类，一类是本科和研究生，另一类是小学到高中就在国外留学的小留学生。海外疫情使留学生就业和深造受到影响，纷纷回国。前者对国内房地产市场产生即时的影响：首先，这部分人群有较强的购买力。伴随着经济增长，留学已经变成必须有相当经济支撑才能获得的教育资源，以2019年为例，公派留学生3万人，占全部留学生的10%都不到，大部分都是自费留学。其次，这部分人群中有相当部分满足落户条件，2020年9月上海发布《2020年非上海生源应届普通高校毕业生进沪就业申请本市户籍评分办法》，"世界一流大学建设高校"应届硕士毕业生符合基本申报条件即可直接落户。根据教育部的统计，目前海外留学生约140万人，去除小留学生，假设应届占1/4、世界一流大学占1/10，保守估计约3万人符合申请条件。上海商品房过往月度成交量在1万到2万套，这部分本身可以在国内国外两个市场自由选择的有实力的家庭，他们进入国内市场自然产生强大的边际效果。此外，小留学生家庭和想出而不能出去的家庭会考虑国内学区房作为后备方案，笔者认为目前学区房的投机价值已经远远超过其能产生的人力投资的资本价值，完全变为一个炒作概念。

第三,"杠杆加起来了"。受新冠肺炎疫情的影响,小微企业的生存发展面临较大困难,于是从金融角度大力支持小微企业成为政策目标。在实践层面,房抵经营贷的利率可以低至3.8%,与个人住房抵押贷款的利率形成倒挂,这为购房者加杠杆提供了便利条件。从供给方的角度,银行既完成了普惠金融放贷的政策任务,同时又控制住了风险(当前房地产风险比小微企业经营风险要小)。这是一个"双赢"的局面。

注意,以上传导机制具有明显的结构特征,即是中高收入阶层主导的(资金能跨境进出的以及能获得杠杆的都不是普通收入阶层)。相关调查也支持这一结论,西南财经大学的《中国家庭财富指数调研报告(2020年度)》显示,2020年第二季度至第四季度,有计划购房的家庭比例分别为8.4%、9.3%和11.6%,但高金融资产组有计划购房的比例分别为15.8%、16.8%和27.4%。因此,疫情下的这波房价浪潮是在很大程度上由高收入阶层推动,未来动向应高度关注这一点。

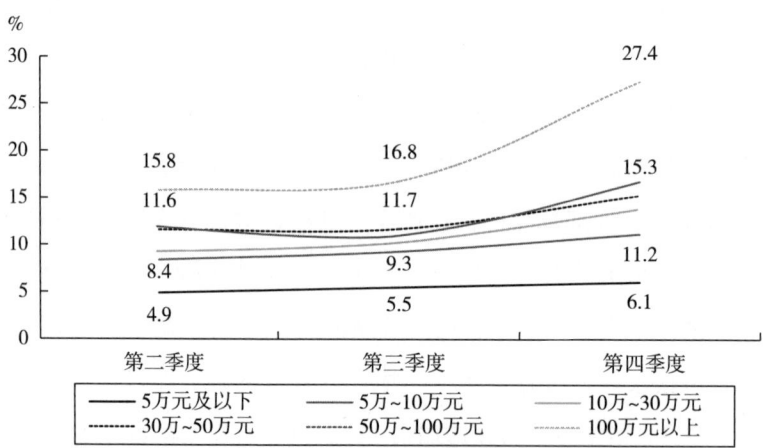

图9 有计划购房家庭占比(按金融资产分组)①

---

① 西南财经大学中国家庭金融调查与研究中心:《疫情下中国家庭的财富变动趋势——中国家庭财富指数调研报告(2020年度)》2021年2月(https://chfs.swufe.edu.cn/uploads/20210205/e2140e43e84115336fdc10e7bcc60d4c.pdf)。

（二）长租公寓涉嫌非法金融活动

如果房价泡沫主要与高收入阶层相关，并且风险爆发在未来；那么长租公寓爆雷就是中低收入群体直接面对的冲击，风险就发生在新冠肺炎疫情肆掠的当下。2020年初新冠肺炎疫情暴发，位于疫情震中武汉的铃铛公寓发生资金链断裂，全市受害租客达7000多户；随后长沙匠寓跑路、大连海寓负责人失联。截至2020年9月，我们统计了媒体报道的因"高进低出""长收短付"等高风险经营行为导致"爆雷"的企业共计26家，超过历年数据。

更为严重的是，头部长租公寓蛋壳"爆雷"造成严重的社会影响。早在2020年初新冠肺炎疫情暴发时，武汉的蛋壳公寓就发生了"房东、租客租金两头吃"的现象，这实际上已经表明蛋壳面临一定的资金压力。4月、5月后随着疫情得到控制，蛋壳公寓的现金流有所好转；但6月蛋壳公寓创始人兼CEO高靖突然被带走调查，造成外部股权、债权融资全部骤停。10月起，蛋壳公寓维权事件在全国蔓延，长租公寓运营商蛋壳公寓预收租客房租，拖欠房东租金，房东驱赶租客的案例频发；11月17日，北京蛋壳总部写字楼前，数百名业主、租客排队维权；11月25日晚，一名北京朝阳区租客遭遇极端情况，房东用电动螺丝刀拆卸了防盗门合页，且不顾现场警察劝阻，将房门整个搬走，租客在寒风中租住了至少3天。12月3日凌晨，一名租住广州天河的租客烧毁住房并跳楼自杀，产生了极大的负面影响。12月2日（租客跳楼的前一天），蛋壳的合作方微众银行公告称，租客剩余贷款免息延期，不上征信，引起舆论哗然。微众银行公告的潜台词是，不管怎样租客的贷款都得还，根据法律，微众银行确实无权豁免贷款，但关键问题是租客贷了这笔款却没有享有租赁的权益。此外还有租客反映，微众银行以"版本升级"为由修改了电子合同，删除了如果租客提前退租，由蛋壳公寓将剩余租金款直接返还给微众银行的条款。如果这一情况属实，那么银行属于恶意侵权。

那么是什么原因导致长租公寓集中爆雷呢？这与长租公寓涉嫌非法金融活动有关。

首先，长租公寓采取"长收短付"和"高进低出"的经营模式，这种模式涉嫌非法集资。"长收短付"是指长租公寓从租客手中收取较长时间的租金但付给房东较短时间的租金，其目的是形成期限错配，用沉淀的资金进一步扩张规模。然而长租公寓并不是金融机构，沉淀大量资金涉嫌非法集资。"高进低出"是指从房东那里高价收购房源并低价出租给租客，长租公寓"高进"的目的在于获取更多房源，"低出"目的在于更多获客；长租公寓之所以做亏本买卖是寄希望未来占有市场后通过垄断获取垄断利润。然而，租客群体在短时间内的规模增长是有限的，并且一个人不可能同时租住在两个空间，因此长租公寓想在未来获取垄断利润的可能性不大，况且法律也不允许。

其次，长租公寓滥用租金贷，其目的是借用他人杠杆进一步扩张。租金贷本身没有问题，大学毕业生刚入职其流动性紧张，但收入和征信情况并不差，适当使用租金贷可以缓解流动性紧张的局面。然而租金贷的使用却被长租公寓钻了空子，最终导致滥用：由于长租公寓是轻资产企业，其很难从银行获得贷款；长租公寓要求租客同意将银行发放的租金贷打款至长租公寓账户，这样长租公寓可以将租客的资金积少成多从而扩张经营规模；然而扩张经营遇到疫情和下降的经济环境，长租公寓入不敷出最终导致资金链断裂，出现流动性危机。笔者在《疫情下分散式长租公寓的巨大流动性风险》[①]一文中准确预测了蛋壳公寓在2020年底将出现流动性危机。一些长租公寓的行为较为恶劣，在租客不知情或采取霸王条款的方式让租客签订租金贷协议并打款至长租公寓账户，这已属于掠夺性贷款，严重侵犯了租客的金融消费者权益。

最后，一些不法分子利用长租公寓当前模式漏洞进行诈骗。各种低价或折扣优惠政策使租客尝到甜头并愿意预付房租；"短付"对房东尽管不合适，但因为拥有产权所以风险可控，高房租对房东来说又极具诱惑。因而长租公寓普遍存在的经营模式给不法分子可乘之机。调研发现：一些诈骗分子在5

---

① 蔡真、崔玉、黄志强：《疫情下分散式长租公寓的巨大流动性风险》，财新网，2020年5月9日（http://opinion.caixin.com/2020-05-09/101551998.html）。

月、6月成立公司收购房源，7月、8月利用大学生集中毕业大力推销收购的公寓，一次性收取一年租金后就卷铺盖走人。这一行为极为恶劣且有从一线城市向二三线城市扩张的趋势，然而这类诈骗分子被抓后又很难被定罪。一方面这类行为既可以认定为经营不善也可以认定为诈骗，但缺乏标准；另一方面是由于他们采取了实际控制人和法人代表分离的方式。

专栏

租金贷是怎样被滥用的？

一、租金贷是什么？

租金贷就是租客向银行申请贷款，贷款资金用于支付房租，租金贷本质上是基于个人信用的消费贷款。在具体实践中，租客在与长租公寓签订租房合约时，可以选择与该长租公寓合作的金融机构签订租金贷合约，一般由该金融机构替租客将一年的租金贷款支付给长租公寓，长租公寓在未来一年提供房源给租客，租客在未来一年按月归还租金贷本息。一般而言租金贷本身没有原罪，并且还是一个风险可控的较好产品，原因包括两方面：第一，这个产品是基于个人信用，在发放贷款时一般会查看借款人的征信记录；同时还会考察借款人的收入水平，而租住长租公寓的租客一般是大学生和小白领群体，整体信用水平较高。第二，租金贷是基于场景的金融产品，风控能力更强。因为长租公寓与租客直接面对面，了解租客的职业、收入水平、是否合租、兴趣爱好等信息，对于银行而言这样的场景是难得的，这些软信息对租客的还款意愿和能力有重要参考价值，这也是这个产品为什么受互联网银行青睐的原因，互联网银行没有自己的网点触角。

二、租金贷是怎样被滥用的呢？

这么一个好产品是如何引发长租公寓"爆雷"的呢？

这里要先谈一谈租金贷主体之间稳定的三角关系：第一，租客。租客使用租金贷的动机是什么？一是流动性的需求。刚入职的大学生需要租房，刚开始几个月收入较低甚至不能覆盖房租；但大学生未来收入可期，这时金融产品的介入就发挥了跨期资源配置的作用。二是租金上的优惠。租客使用长租公寓推荐的租金贷可以获得房租折扣或一个月（半个月）的房租减免。租金贷的利率在10%左右，相对较高，但租客获取金融服务，支付对价是合理的；况且使用周期不长还能享受一定租金折扣。第二，长租公寓企业。长租公寓企业为什么向租客推荐租金贷呢？他们的动机是什么呢？利用杠杆扩张。长租公寓企业是轻资产企业，由于缺乏抵押物它们很难从银行获得贷款，通过将银行给予租客的信用资金积少成多并转移到企业，这样长租公寓企业就可以利用沉淀资金收购房源并进行规模扩张。这笔沉淀资金通常是"裸奔"的，即当长租公寓花完这笔钱，租客不仅得不到租住的房子，而且还要偿还所欠银行贷款。另一种情况是这笔资金上了"保险"，即长租公寓企业提供担保，当租客退租时长租公寓企业将暂存的贷款资金退还银行。蛋壳公寓提供这种担保，因此使用这笔杠杆资金的成本是担保费率和租金折扣，对于信贷可得性都成问题的长租公寓企业而言，这点成本是不算什么的；但关键问题是蛋壳公寓最后未能盈利，也就不具备这种担保能力了。第三，银行。银行是出于什么动机发放租金贷呢？一是流量入口。当前银行都在发力消费金融领域，一些传统的消费领域被第三方支付占领，而住房租赁领域在个人消费中份额较大，且还未充分开发，是个很好的切入点。二是风险可控。第一层的风险控制手段是长租公寓所掌握的租客的软信息，这是事前风控；第二层的风险控制手段是长租公寓提供担保，这是事后风控。银行提供租金贷获取的利率尽管比一般的消费贷利率低，但通过场景入口获得了规模效应。这三者之外还存在一个主体——房东，房东提供的房源是长租公寓企业生产的物质资料，房东让渡一定的租金折扣获得出租房屋免打理的好处。

以上四个主体在动机上找到了耦合之处，在成本和收益上找到了各自的空间，因此构成了稳定的"3＋1"闭环结构。然而几乎没有人注意到这个闭环结构持续运行的大前提是什么？可以类比一个循环的经济系统，可持续的关键是系统要有造血能力。进一步地分解：系统中的消费者应有一定的支付能力，能付得起房租；系统中的生产者应有赚取利润的能力，这样提供产品才可持续；也只有在生产者赚取利润的条件下，杠杆提供者才能分得整个系统的剩余价值，因为银行赚的钱本质上是"租"。

新冠肺炎疫情和长租公寓恶性竞争恰好打破了闭环结构的大前提：大封锁导致人员不能到岗，进而导致租客群体收入下降，同时大封锁也导致空置率上升，这些因素都导致需求大幅下滑；长租公寓采取"高收低租"模式进行恶性竞争，其目的是在获得一定市场势力后靠垄断获取利润，而这种手段显然是不正当的，因为它以牺牲消费者剩余为手段。

三、其他方面的反思

抛开时间点上的反思，滥用租金贷还带来了哪些启示呢？

宏观方面，首先应避免复杂的金融结构和过长的金融链条。这会导致系统中各环节的权利和义务不对等、收益和风险不对等，看似合理的闭环结构在相互连接中其实是不牢固的，整个系统在面对系统冲击时具有很大的脆弱性。类似的经典案例是次贷危机：次级贷款被打包成分档 MBS，MBS 又被打包成分档 CDO，这个过程看似现金流得到顺畅的传递且风险承担也讲清楚了；但实际上各层次的劣后档是否有足够的风险吸收能力，资产证券化债券做市商是否能提供足够的流动性，在经过危机检验后回看当年的模型是多么不堪。其次应关注整个金融闭环的源头是否盈利。盈利是最大的商业道德，因为盈利可以保证商业可持续。如果不盈利基本只有两种可能，要么是庞氏骗局要么是泡沫。遵循这样的逻辑去观察金融市场还会看到很多会爆雷的产品：比如教育贷，本身就能提供一次服务结清一次的，为什么要一次性收取那么多课时费用呢？要警惕庞氏骗局。

微观方面，金融闭环中的每个主体也应反思。第一，租客需要具备一些基础的金融知识，但金融知识确实相对复杂一些，银行和监管部门在金融消费者保护方面确实负有一定责任；然而抛开外部因素不谈，租客自己既然承担偿债义务，难道不应该牢牢抓住自己的权益吗？租住的房子没到手为什么要让渡自己借来的钱给别人呢？或许有租客会回答，有租金折扣呀！需要反问的是，为什么没有把持住诱惑呢？第二，长租公寓企业应认识到，烧钱扩张用 VC、PE 的钱是合理的，因为投资方愿赌服输；但烧钱用租客的钱是不对的，租客是其服务对象，消费者是上帝。第三，银行应吸取的教训是，风控模型不能太微观，还应考虑外部性的问题。这只是浅表层次的认识，更深入的认识要"Know Your Customer"，租金贷的真正贷款主体已经变为长租公寓企业，风险已经从个人的信用风险转变为企业的经营风险。

三个主体各有各的问题，但存在一个共性特点：人心不足蛇吞象。警钟长鸣！

（三）房企违约风险加剧

2020 年 3 月 9 日，新华联（000620）在上交所发布公告：母公司新华联控股发行的"15 新华联控 MTN001"10 亿元债券，不能按期足额兑付本息，已构成实质性违约。2020 年 7 月 6 日，泰禾集团（112395）发布公告称："17 泰禾 MTN001"15 亿元债券未能按期兑付本金和利息，构成实质性违约。

向来以高利润著称的房企频频发生债务违约，一方面与自身经营有关，另一方面也与新冠肺炎疫情、调控政策收紧等外部因素有关。内部原因包括三点：第一，运营效率差。新华联和泰禾集团的存货周转天数分别为 1108.7 天和 13043.5 天，远超行业平均水平，运营效率低下导致销售回款慢，现金流状况恶化。第二，高杠杆运行。新华联和泰禾集团的资产负债率分别为 81.7% 和 85.84%，均超过 80% 的行业警戒线；剔除预收账款（合同负债）后资产负债率分别为 79.84% 和 81.56%，也超过 70% 的行业警戒线；调整后净负债率分别为 298.38% 和 496.72%，远超过 100% 的行业警戒线。高负债杠杆与低运营效率相结合导致短期流动性承压，两者现金短债比远低于理想数值 1。第三，民营企业的所有制性质，使其在融资时面临一定歧视。

表1　　　　　　　　2020年违约房企财务指标情况

上市房企证券简称		新华联	泰禾集团
债务违约事件爆发时点		2020.03	2020.07
规模性指标	总资产（亿元）	530.7	2255.2
	净资产（亿元）	97.3	319.2
	营业收入（亿元）	119.9	24.6
	总市值（亿元）	76.8	126.7
资本结构指标	资产负债率（%）	81.70	85.84
	剔除预收账款（合同负债）后资产负债率（%）	79.84	81.56
	调整后的净负债率（%）	298.38	496.72
运营效率指标	存货周转天数（天）	1108.7	13043.5
短期偿债能力指标	流动比率	1.20	1.08
	速动比率	0.32	0.15
	现金短债比	0.16	0.05
盈利能力指标	销售毛利率（%）	29.80	12.21
	销售净利率（%）	7.50	-66.44
	总资产报酬率（%）	4.60	-0.62
	净资产收益率（%）	10.50	-8.38
上市房企所有制性质		民营企业	民营企业

外部原因包括三个方面：第一，新冠肺炎疫情的影响。疫情导致房企加速分化，这导致小房企违约风险增加。一方面，第一季度房企销售下滑，这一时期大房企通过线上销售锁定客源，小房企则面临需求冲击；另一方面，纾困政策中受益最大的是头部房企，2020年第一季度债券融资前三名分别是恒大、融创和碧桂园。第二，房地产调控政策的影响。随着疫情得到控制房地产泡沫再起，各地政府控制泡沫的一个重要措施是限制新房价格，开发商2020年结转的项目大都是2018年前后所拿地块，而当时土地市场火热，一些房企甚至一年中多次拿到"地王"。这使某些大房企盈利不佳，如中国金茂、保利发展等。第三，房地产金融审慎制度的影响。人民银行、住建部于8月20日召开房地产企业座谈会，提出了重点房地产企业资金监测和融资管理规则（以下简称"三道红线"）。"三道红线"将房企分为四档，并根据房企所

处档位控制其有息负债规模的增长。"三道红线"的具体内容如下：一是剔除预收款后的资产负债率大于70%；二是净负债率大于100%；三是现金短债比小于1.0倍。根据"三道红线"触线情况不同，试点房地产企业分为"红、橙、黄、绿"四档。以有息负债规模为融资管理操作目标，分档设定房企有息负债规模增速阈值，每降低一档，上限增加5%。我们基于2020年中报数据测算了总资产规模大于200亿元的122家房企的"踩线"情况，结果表明，42家房企踩了"三道红线"，约占样本房企总数的34%；23家房企踩了"两道红线"，约占样本房企总数的19%；40家房企踩了"一道红线"，约占样本房企总数的33%；17家房企未踩线，约占样本房企总数的14%。按"三道红线"要求的平均融资增速远远小于房企过往融资增速，融资将呈更加紧张趋势，房企违约风险进一步加剧。

四、未来风险演进趋势

未来一年时间内房价整体还将保持上涨趋势，这是因为新冠肺炎疫情导致大量资金和富裕阶层人员的回流，这一趋势在短期内不会改变，因此泡沫抑制的难度也较大。然而当疫情稳定后会出现资金流出的现象，到时就应注意防止房价的快速下跌和汇率大幅贬值的问题。

关于租金贷滥用的问题，各主要大城市都出台了相关政策规定纠偏"租金贷被挪用于企业扩张"的情况：如深圳要求租金纳入监管专户，北京限制长租公寓企业资金池，上海要求租赁企业不得新增租金贷业务，有存量的须报备规模压降计划。这些政策措施都抓住了问题的关键，整个租赁业务的资金链条得以规范和清晰，短期内租赁金融的风险将会大大降低。

未来短期内的风险主要集中在房企违约，因为在"三道红线"规则下，踩线的房企将直接面临有息负债规模的"硬约束"，以及在融资过程中面临金融机构调低融资评级和强化融资歧视的可能，债务违约风险陡然上升。部分财务杠杆率较高且资金周转能力较弱的踩线房企，其短期偿债压力较大，流动性严重吃紧，融资规模收紧可能导致其现金流断裂，而且还存在引发房企与银行、信托等相关联金融机构和债券市场的交叉违约，可能会产生一定程度的系统性冲击。因此，我们认为"三道红线"规则需以稳步推进为主基调，并设置较合理的过渡期，否则短期产生的负面效应恐超过正面效应。

人民币汇率与国际收支的稳定性

林　楠[①]

摘要： 受到新冠肺炎疫情冲击影响，2020年第一季度我国国际收支整体上出现显著低点，在2020年第二季度开始"V"形上扬而后又有所回落。在疫情冲击下，人民币汇率动态重现2018年中美经贸摩擦以来中美双边汇率和人民币多边有效汇率指数的"同升同贬"模式，2020年下半年人民币汇率升值压力不断积聚。由于人民币汇率及跨境短期资本流动具有顺周期性，伴随经济进一步复苏回暖，两者的双向波动、相互影响、相互叠加的可能性会进一步增大。2020年人民币汇率风险溢价已接近0线，表明我国金融市场开放度已达到较高水平。伴随我国金融开放度不断提升，美汇指数汇率周期模式也已发生改变，应警惕中美汇率波动以及跨境资本异动的外部冲击风险，不应忘记过去"汇股双杀"的教训。在人民币真正成为国际储备货币以前，人民币既不具备持续单边升值或单边贬值的条件，也尚未形成符合自身国家利益的汇率周期。任何基于套利套汇的人民币国际化和金融开放显然不可持续。"稳中求进"，在波动中趋向合理均衡，才能真正使人民币国际化成为全球金融稳定的重要"压舱石"。伴随人民币汇率作为货币政策名义锚的作用下降，汇率作为隔绝外部经济金融冲击的缓冲器和货币政策工具作用相应增强，汇率政策在中国货币政策中发挥更大作用。

关键词： 人民币汇率；国际收支；跨境短期资本流动

[①] 作者简介：林楠，副研究员，经济学博士，金融学博士后。现供职于中国社会科学院金融研究所国际金融与国际经济研究室，主要研究领域为人民币汇率和国际化战略，国际货币体系改革等。

人民币汇率与国际收支的稳定性

2020年新冠肺炎疫情全球大流行，也成为新中国成立以来我国所遭遇的防控难度最大的重大突发公共卫生事件。面对新冠肺炎疫情冲击，世界经济复苏受到严峻挑战，全球金融体系的脆弱性也在不断累积，必须进一步落实党的十九届五中全会提出的"充分利用国内国际两个市场两种资源，积极促进内需和外需、进口和出口、引进外资和对外投资协调发展，促进国际收支基本平衡"。① 落实2020年12月中央经济工作会议所提出的"深化利率汇率市场化改革，保持人民币汇率在合理均衡水平上的基本稳定"。在中国金融开放稳步推进下，人民币汇率与国际收支的稳定性对于中国金融安全与发展相统筹，具有非常重要现实意义，也是"稳慎推进人民币国际化"的应有之义。

一、从人民币汇率与国际收支动态看国际金融风险

新冠肺炎疫情冲击加剧了外汇市场的不确定性风险。作为外汇市场的重要价格，汇率是要素市场的重要价格之一，也是观察外部冲击下国际金融风险变化的重要指标之一。

（一）疫情冲击下人民币汇率起伏波动

1. 人民币兑美元汇率经历"过山车式"调整。2020年，人民币兑美元汇率经历了先"破7"贬值后又转为升值调整。② 从可能的风险点看：（1）2020年3月伴随新冠肺炎疫情全球快速蔓延，美元指数在避险情绪下出现大幅跃升（当时从最低点95跃升至102.7），人民币兑美元汇率中间价也出现"破7"贬值跃升；（2）2020年4月至5月，美元指数开始窄幅震荡盘整，人民币兑美元汇率中间价持续贬值，并达到近期历史高位；（3）2020年5月末开始伴随美元指数不断贬值，人民币兑美元汇率中间价又转为持续升值（人民

---

① 《〈中共中央关于制定国民经济和社会发展第十四个五年规划和二〇三五年远景目标的建议〉辅导读本》编写组.《中共中央关于制定国民经济和社会发展第十四个五年规划和二〇三五年远景目标的建议》辅导读本 [M]. 北京：人民出版社，2020.
② 从日度数据看，人民币兑美元汇率中间价（直接标价法）与美元指数（间接标价法），2020年两者走势上呈现一定的"正相关"（见图1）。

币汇率升值已超过10%①);(4)进入2021年美元指数重新站稳90水平甚至出现了小幅上扬(升值),人民币兑美元汇率中间价在"过山车式"调整下如何保持基本稳定值得关注。

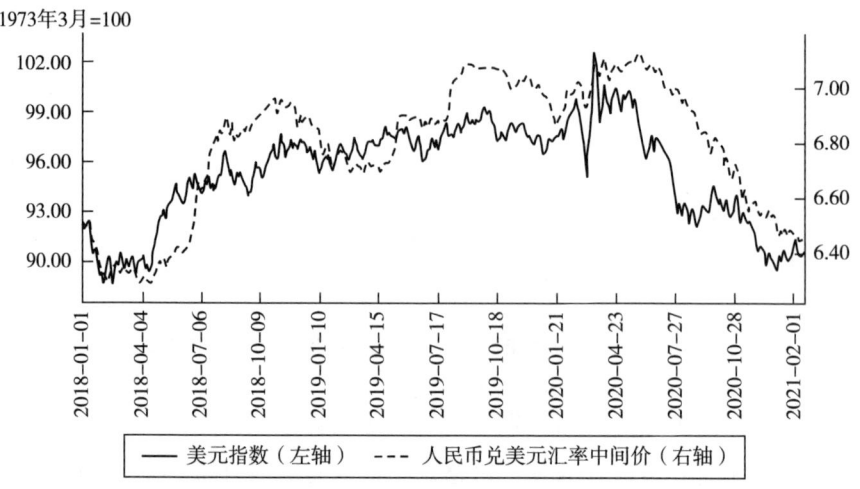

图1 人民币兑美元汇率中间价与美元指数

(资料来源:Wind)

2. CFETS人民币汇率指数出现"尖点"跃升及"N形"调整。CFETS人民币汇率指数为市场观察疫情冲击下人民币汇率动态提供了新的量化指标。② 从可能的风险点看:(1)伴随2020年3月美元指数的突然走强,CFETS人民币汇率指数也出现了"尖点"跃升,并经历了"先升后贬再升"的"N形"调整;(2)2020年CFETS人民币汇率指数尽管在91到96区间基本稳定,但进入2021年上限96已开始有所突破;(3)在疫情冲击下,人民币汇率动态重现2018年中美贸易战以来中美双边汇率和人民币多边有效汇率指数的"同升同贬"共振模式,进而外汇市场压力如何释放任重道远。

---

① 人民币兑美元汇率(直接标价法下),从2020年5月26日的7.13转为2021年2月10日的6.44,人民币汇率的升值率=(7.13−6.44)÷6.44=10.7%。
② 从周度数据看,CFETS人民币汇率指数与美元指数(在同一标价法下)呈现一定的相关性(见图2)。

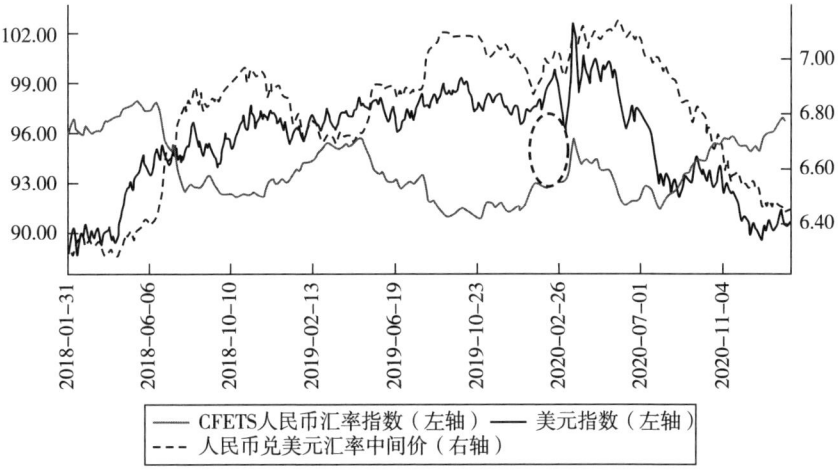

图 2　CFETS 人民币汇率指数与美元指数

(资料来源：Wind)

3. 一致性预期下人民币汇率升值压力在积聚。2020 年，人民币兑美元汇率与 CFETS 人民币汇率指数的升值率都出现了双向波动（见图3）。从可能的风险点看：（1）2020 年下半年开始，人民币汇率升值压力在积聚，人民币有效汇率和双边汇率都出现了升值波动；（2）从 CFETS 调整幅度和发生时点看（见图3），"拐点" 变化与新冠肺炎疫情冲击变化及中美对疫情管控效果差异相契合，这暗含新冠肺炎疫情冲击下外汇市场参与者重新评估中美经济以及中美关系等一系列前景，逐步形成一致性预期；（3）人民币汇率升值压力下如何把握汇率弹性实现疫情冲击后及经济复苏过程中压力释放？金融开放下金融体系对风险的一般性评估能否回归正常？这对于我国外部冲击风险管控而言值得关注。

（二）疫情冲击下国际收支失衡再平衡

1. 疫情冲击下国际收支差额 "V" 形探底。受疫情冲击，2020 年第一季度，我国经常账户出现了逆差。从可能的风险点看，2020 年第二季度和第三季度，尽管经常账户回升顺差较为显著，但非储备性质金融账户转为逆差。

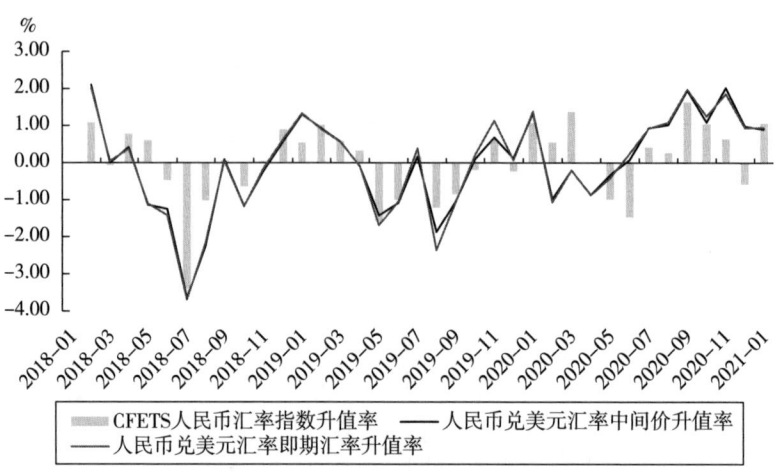

图3　人民币兑美元汇率及 CFETS 人民币汇率指数升值率

（资料来源：Wind）

对此，一方面，我国"六稳"政策中的"稳外贸""稳外资"政策效果还是较为显著的。另一方面，非储备性质非直接投资金融账户（即证券投资＋金融衍生工具＋其他投资）的波动较大，值得关注。受到新冠肺炎疫情冲击影响，2020 年第一季度我国国际收支整体上出现显著的低点，在 2020 年第二季度探底后开始"V"形上扬而后又有所回落（见图4）。

表1　　　　中国国际收支平衡表（BPM6 季度表，当季值）　　单位：亿美元

国际收支差额 项目	2019 年 第一季度	2019 年 第二季度	2019 年 第三季度	2019 年 第四季度	2020 年 第一季度	2020 年 第二季度	2020 年 第三季度
1. 经常账户	301	305	402	405	-337	1102	922
1.A 货物和服务	123	391	501	626	-239	1318	1155
1.A.a 货物	757	1050	1226	1220	231	1613	1558
1.A.b 服务	-634	-658	-725	-594	-470	-295	-403
1.B 初次收入	156	-119	-121	-247	-113	-225	-261
1.C 二次收入	22	33	22	26	16	9	28
2. 资本和金融账户	216	214	-83	220	111	-345	-505
2.1 资本账户	0	-1	-2	0	-1	0	0

续表

国际收支差额项目	2019年第一季度	2019年第二季度	2019年第三季度	2019年第四季度	2020年第一季度	2020年第二季度	2020年第三季度
2.2 金融账户	216	214	-80	220	112	-345	-504
2.2.1 非储备性质的金融账户	316	138	-235	158	-139	-153	-412
2.2.1.1 直接投资	265	86	-51	280	163	47	251
2.2.1.2 证券投资	195	36	200	149	-532	424	439
2.2.1.3 金融衍生工具	-9	10	-10	-14	-46	-45	-23
2.2.1.4 其他投资	-135	7	-374	-258	277	-580	-1079
2.2.2 储备资产	-100	76	154	63	251	-191	-93
2.2.2.1 外汇储备	-100	75	160	64	248	-178	-95
3. 净误差与遗漏	-517	-519	-319	-626	226	-757	-418

注：(1) 本表计数采用四舍五入原则。(2) 根据《国际收支和国际投资头寸手册》(第六版) 编制，资本和金融账户中不包含储备资产。(3) "贷方"按正值列示，"借方"按负值列示，差额等于"贷方"加上"借方"。本表除标注"贷方"和"借方"的项目外，其他项目均指差额。(4) 金融账户下，对外金融资产的净增加用负值列示，净减少用正值列示。对外负债的净增加用正值列示，净减少用负值列示。

资料来源：国家外汇管理局，Wind。

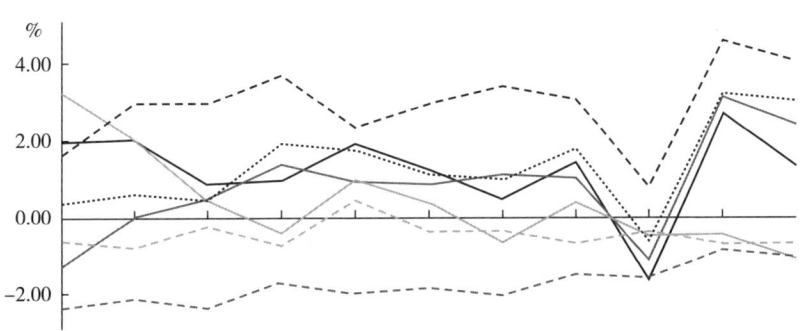

图4　我国国际收支差额主要构成的基本走势

(资料来源：Wind)

金融风险报告（2020）

2. 国际投资头寸对外净资产呈现小幅波动态势。尽管受到疫情冲击，但是我国国际投资头寸呈现对外净资产（即对外金融净债权）趋势仍未改变，对外净资产呈现小幅波动态势①。2020年，我国对外资产及对外负债存量均呈现稳中有升态势②。在新冠肺炎疫情冲击下，外国来华直接投资仍保持稳中有升（截至2020年第三季度已突破3万亿美元），表明"稳外资"政策效果显著。

表2　　　　　　　　中国国际投资头寸表（季度表）　　　　　单位：亿美元

项目	2019年3月末	2019年6月末	2019年9月末	2019年末	2020年3月末	2020年6月末	2020年9月末
净头寸	19699	20454	21782	21240	21373	21997	21538
资产	74665	75275	75529	77145	76354	78602	81666
1 直接投资	20108	20355	20528	20945	20895	21247	21643
1.1 股权	17073	17336	17483	17811	17755	18023	18337
1.2 关联企业债务	3035	3019	3045	3135	3141	3224	3306
2 证券投资	5456	5602	5849	6460	6408	7006	7728
2.1 股权	2969	3034	3189	3738	3625	4106	4814
2.2 债券	2487	2568	2659	2722	2783	2900	2913
3 金融衍生工具	85	80	74	67	105	99	144
4 其他投资	17054	16985	17034	17443	17143	17817	19340
4.1 其他股权	69	84	84	84	84	84	88
4.2 货币和存款	3826	3982	3880	4179	3928	4162	4818
4.3 贷款	7281	6895	6748	6963	7315	7488	8033
4.4 保险和养老金	122	118	118	135	148	164	177
4.5 贸易信贷	5273	5382	5656	5604	5136	5290	5602
4.6 其他应收款	483	524	548	479	532	628	621
5 储备资产	31962	32252	32045	32229	31803	32433	32812

---

① 截至2020年第三季度，我国对外净资产为21538亿美元，较上年同期的21782亿美元同比下降1%。

② 截至2020年第三季度，我国对外金融资产81666亿美元，较上年同期的75275亿美元同比增长8%；对外负债60128亿美元，较上年同期的53747亿美元同比增长12%。与2019年相似，储备资产居于对外资产首位，外汇储备居于储备资产首位，直接投资居于对外负债首位，股权投资居于直接投资首位。

续表

项目	2019年3月末	2019年6月末	2019年9月末	2019年末	2020年3月末	2020年6月末	2020年9月末
5.1 货币黄金	785	873	930	954	1008	1108	1182
5.2 特别提款权	107	108	108	111	110	110	112
5.3 在国际货币基金组织的储备头寸	84	82	84	84	81	96	97
5.4 外汇储备	30988	31192	30924	31079	30606	31123	31426
5.5 其他储备资产	-2	-3	-2	0	-2	-3	-4
负债	54966	54821	53747	55905	54981	56605	60128
1 直接投资	29295	28994	28401	29281	29064	29472	31068
1.1 股权	26825	26536	25952	26748	26539	26902	28369
1.2 关联企业债务	2470	2458	2449	2533	2524	2570	2699
2 证券投资	12556	12633	12208	13646	12632	13783	15069
2.1 股权	8258	8019	7470	8617	7595	8471	8924
2.2 债券	4298	4614	4738	5029	5037	5312	6146
3 金融衍生工具	50	77	114	65	119	107	113
4 其他投资	13064	13117	13025	12913	13166	13244	13878
4.1 其他股权	0	0	0	0	0	0	0
4.2 货币和存款	4933	4417	4322	4245	4606	4545	5021
4.3 贷款	4207	4799	4641	4605	4722	4827	4787
4.4 保险和养老金	119	125	123	135	142	147	154
4.5 贸易信贷	3515	3463	3607	3644	3267	3241	3498
4.6 其他应付款	193	216	236	189	334	388	318
4.7 特别提款权	97	97	95	97	95	96	98

注：根据《国际收支和国际投资头寸手册》（第六版）编制。2017年以来贸易信贷数据根据最新调查结果修订，未追溯调整之前数据。

资料来源：国家外汇管理局，Wind。

3. 疫情冲击下跨境短期资本净流出压力始终存在。2020年非储备性质的金融账户出现逆差主要是受其下的其他投资逆差影响（见图5）。伴随金融开放度不断提升，尽管直接投资和证券投资差额均呈现顺差，表明跨境长期资本流动基本稳定，并且我国资本市场正在吸引更多资金进入①，但是从可能的风险点看，2020年以来其他投资差额持续逆差并不断增大，表明跨境短期资本净流出的压力仍然始终存在，对此不可掉以轻心。

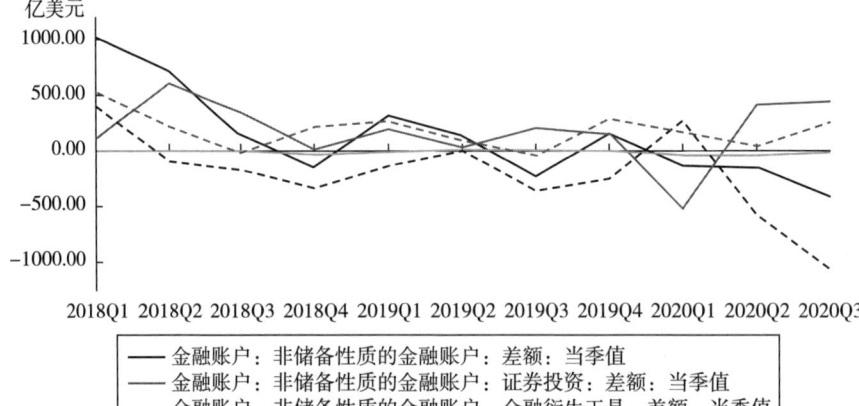

图5 我国非储备性质的金融账户收支状况

（资料来源：Wind）

二、顺周期下人民币汇率合理均衡基本稳定基础不牢

近期人民币兑美元汇率升值是国内外（抗疫效果、中美经济）差异下汇率动态调整的表现。从可能的风险点看，由于人民币兑美元汇率具有顺周期性，应关注经济增长和经济周期双重作用下可能出现的汇率"黏性"以及流动性冲击作用下可能出现的汇率超调。

（一）顺周期下人民币兑美元汇率升值不确定性

人民币兑美元汇率具有顺周期性：2020年人民币兑美元汇率走势继续延

---

① 2020年9月末，我国对外资产中其他投资项下货币和存款为（即人民币资产）4818亿美元（见表2），占对外非储备资产的10%，占比基本稳定。

续 2012 年以来人民币兑美元汇率走势（逆序表示）与中美名义 GDP 同比增长率之差呈现的正相关性态势（见图 6）。人民币汇率作为大国货币的汇率，直接运用小国开放经济内外均衡相互平衡下"一国或多国模型"来刻画并不恰当，作为发展中大国和中心国之间经济追赶下的汇率动态，并非单纯是如"B-S 效应"所刻画的汇率升值那么简单，可能还需要进一步综合考虑实体经济和内外金融压力等诸多因素。从不确定性来看，在实体经济基本面，如果 2021 年美国经济复苏，中美名义 GDP 增速之差有所收敛，则人民币兑美元汇率可能再次贬值承压；而如果中美经济增速之差继续保持并进一步扩大，则人民币兑美元汇率可能会继续升值。此外，更好地发挥汇率作为宏观经济自动稳定器功能，并实现内部均衡和外部均衡的相互平衡，还需要关注跨境短期资本流动是否存在异动扰动。

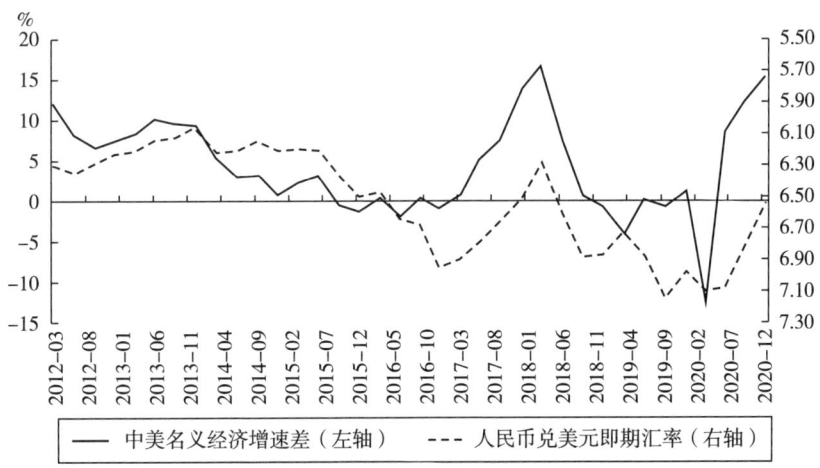

图 6　人民币兑美元汇率走势（逆序表示）与中美名义 GDP 同比增长率之差

（资料来源：Wind）

（二）顺周期下我国跨境短期资本流动的易变性

整体上看，受新冠肺炎疫情冲击，2020 年我国跨境短期资本流动的净外流压力相比 2019 年有所增大。在 2020 年我国跨境短期资本流动呈现净流出

(2020年第一季度跨境短期资本流动同比增长率-727%)①。跨境短期资本流动,是开放经济金融运行、金融周期作用下的重要中介变量。② 我国跨境短期资本流动的顺周期性:跨境短期资本流动的同比增长率,自2012年以来与国内名义GDP(不变价)同比增长率具有相关性(见图7)。从可能的风险点看,我国跨境短期资本流动具有一定的顺周期性,伴随经济的进一步复苏回暖,跨境短期资本流动的双向波动及易变性可能性会进一步增大。在跨境短期资本流动更加频繁、易变的背景下,还需要密切关注跨境短期资本流动的频繁性、波动性和易变性。

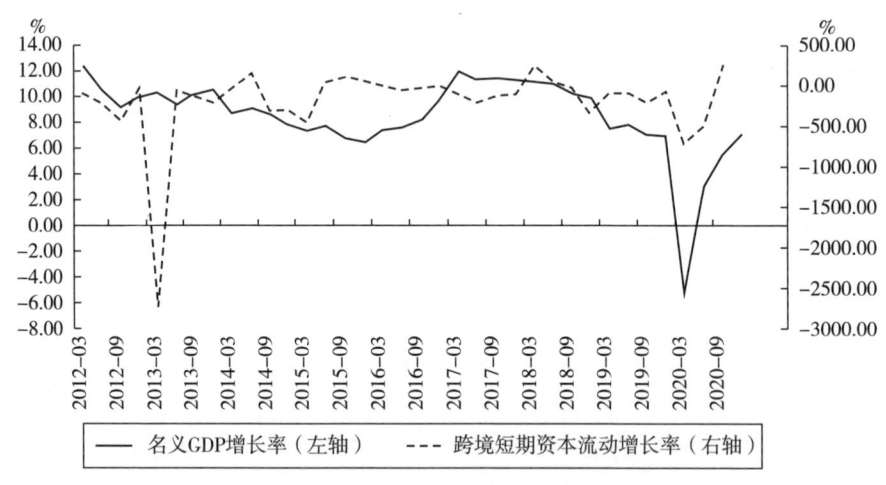

图7 跨境资本流动与我国名义GDP同比增长率

(资料来源:Wind)

(三)警惕跨境短期资本异动与汇率超调相叠加

从可能的风险点来看,2017年以来跨境短期资本流动同比增长率与人民币兑美元汇率的走势相关性显著增强(见图8),这表明两者的相互影响、相

---

① 从实际规模看跨境短期资本流动净流出仍保持2019年低位水平(并在2020年第三季度已转正为244%),跨境资本流动管理成效显著。
② 跨境短期资本流动可根据国际收支平衡表(BPM6)中非储备性质金融账户剔除直接投资形式后的非直接投资形式跨境资金流动来衡量。

互叠加性在不断增强。后疫情时代,欧美宏观杠杆率变化,很可能再次对我国的宏观杠杆基本稳定产生外部冲击影响。在跨境短期资本流动更加频繁、易变的背景下,还需要结合人民币汇率风险溢价和外汇市场压力指数等指标,综合研判金融渠道下人民币汇率动态究竟如何顺势而为。对此,需要进一步综合判断人民币汇率所受到的来自实体经济和金融运行的影响。如果实体经济周期影响人民币汇率作用渐弱,而内外金融压力影响人民币汇率作用渐强,那么人民币汇率动态的"活性"("活跃性""易动性")可能会因跨境短期资本异动的影响"相互叠加"而更强,对此应高度警惕。

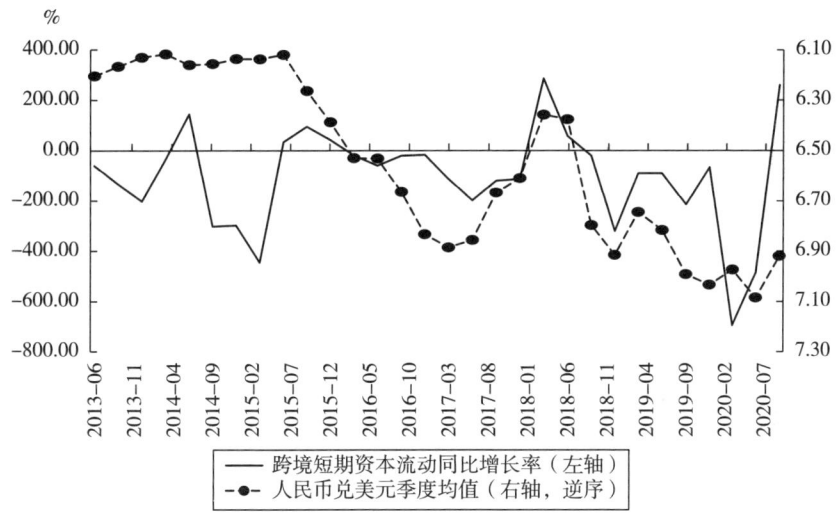

图8 中国跨境短期资本流动同比增长率与人民币汇率

(资料来源:Wind)

三、人民币汇率与人民币离岸市场的潜在风险分析

从"市场"角度看人民币兑美元汇率中间价(E),1年期人民币无本金交割远期汇率(NDF)可以反映汇率预期。①

---

① 在此基础上,可以计算人民币汇率预期贬值率 $dE = (NDF - E)/E$,并且进一步综合考量中美利差以及汇率预期贬值率可得到人民币汇率风险溢价 $rp = (i_{cn} - i_{us}) - (NDF - E)/E$。

(一) 中美利差扩大下市场对人民币汇率的升值预期加大

值得注意的是，2020年人民币汇率的预期贬值率不断增大，但是，2020年下半年人民币兑美元汇率却持续升值（见图9）。2020年中美1年期国债收益率利差（$i_{cn} - i_{us}$）走势与人民币NDF汇率（直接标价法）走势改变了此前2019年两者正向关联而呈现反向关联（见图10）。从可能的风险点看：这表明伴随中美利差的扩大，市场对人民币汇率的升值预期加大。

(二) 警惕重蹈2015年至2016年金融市场波动覆辙

进一步考虑人民币国际化，一般而言，如果人民币国际化需求驱动大于供给推动，则人民币汇率风险溢价将会伴随跨境短期资本净流出而下降（见图11）。对此，应警惕重蹈2015年至2016年金融市场波动覆辙。在金融开放和国际收支基本平衡下，适时在离岸市场和在岸市场扩大人民币计价本币资产供给，将有助于进一步形成人民币国际化"需求拉上—供给推动"的良性循环。

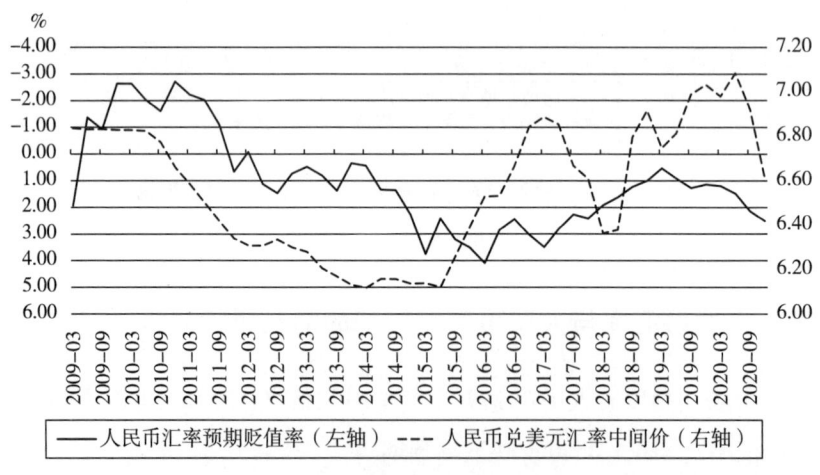

图9 人民币汇率预期贬值率与人民币兑美元汇率中间价

（资料来源：Wind）

图 10　中美 1 年期国债收益率利差与人民币 NDF 汇率

（资料来源：Wind 和笔者计算）

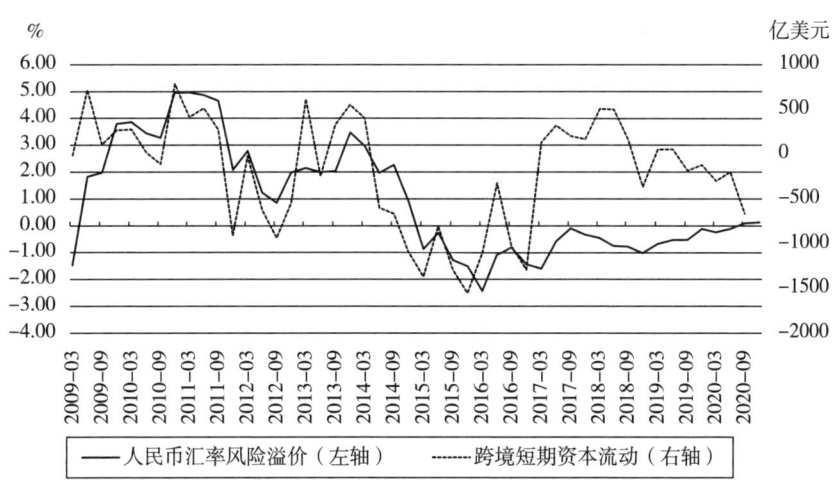

图 11　人民币汇率风险溢价与跨境短期资本流动

（资料来源：Wind 和笔者计算）

（三）需要密切关注跨境短期资本流动和美元指数变化

2020年我国跨境短期资本流动呈现净流出且扩大，结合人民币汇率预期贬值率走势，两者呈现一定的相关性（见图12），即人民币汇率预期贬值率增大，跨境短期资本净流出增大。在此基础上，进一步结合人民币汇率风险溢价rp（即中美1年期国债收益率利差再减去1年期NDF对人民币兑美元即期汇率的变化率）走势，2020年rp已接近为0（见图12），表明我国金融市场开放度已达到较高水平。此外，rp（逆序）与美元指数也呈现较高的正向关联（见图13）。从可能的风险点看，在金融开放不断提升下，对于金融市场可能受到的外部冲击，需要密切关注跨境短期资本流动和美元指数变化。

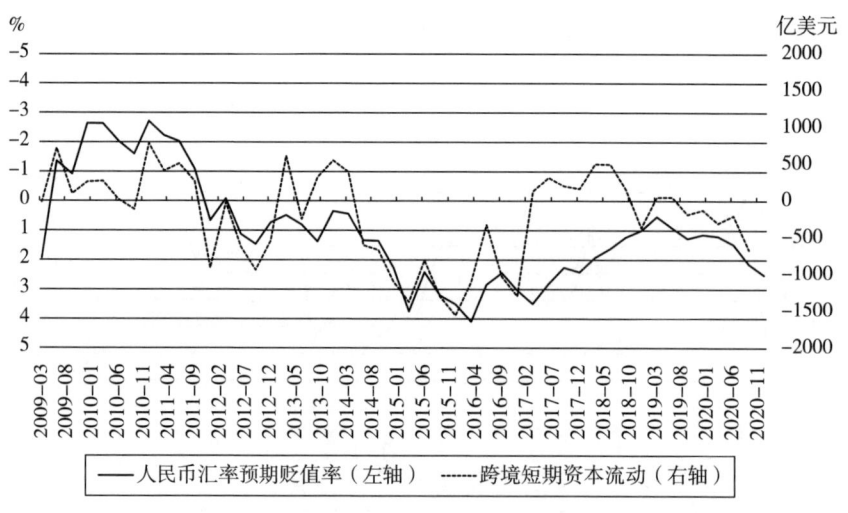

图12　人民币汇率预期贬值率与跨境短期资本流动

（资料来源：Wind 和笔者计算）

人民币汇率与国际收支的稳定性

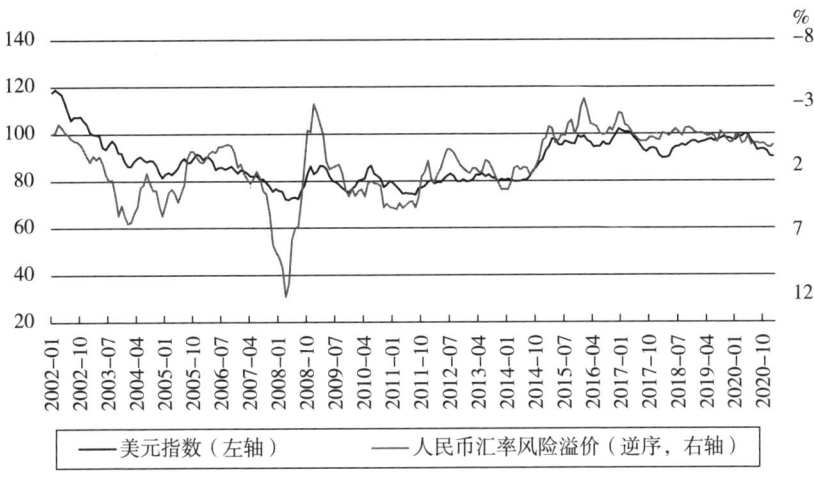

图 13　人民币汇率风险溢价与美元指数

（资料来源：Wind 和笔者计算）

（四）离岸市场汇率风险溢价与外汇市场升值压力累积

纳入离岸市场汇率动态的人民币汇率风险溢价与我国外汇市场压力指数 2020 年呈现出较为显著的相关性（见图 14）。其中，作为外部风险的综合性评价，外汇市场压力（EMP）是通过外汇储备变化和汇率变化来体现的。[①] 截至 2021 年 1 月外汇市场压力 EMP 为 -0.00963（EMP<0 表示人民币汇率有升值压力）。此外，2019 年我国外汇市场压力指数趋近于零线，但 2020 年人民币汇率的升值压力却在不断累积且增大（EMP<0），与此同时，纳入离岸市场汇率动态的人民币汇率风险溢价也有所增大（见图 14）。从可能的风险点看，当前美汇指数汇率周期模式已"悄然"发生改变，在美元汇率更难以预测、人民币兑美元汇率受美元指数影响较大，以及人民币国际化大背景下，未来，如果市场主体再次美元外债去化，从"资产本币化、负债外币化"转

---

① 结合国内外文献，进一步综合考虑本外币市场，采用包含利率因素的外汇市场压力指数 EMP 进行测算（EMP 由外汇储备增长率、人民币兑美元汇率变化率以及货币市场利率变化加权平均构成，其时间频率为月度数据，时间区间为 2017 年 5 月至 2021 年 1 月）。

向"资产外币化、负债本币化",人民币汇率贬值很可能会与跨境短期资本外流相叠加,在"顺周期"作用下,两者持续大幅变化将会降低市场对人民币资产信心,不利于稳慎推进人民币国际化。

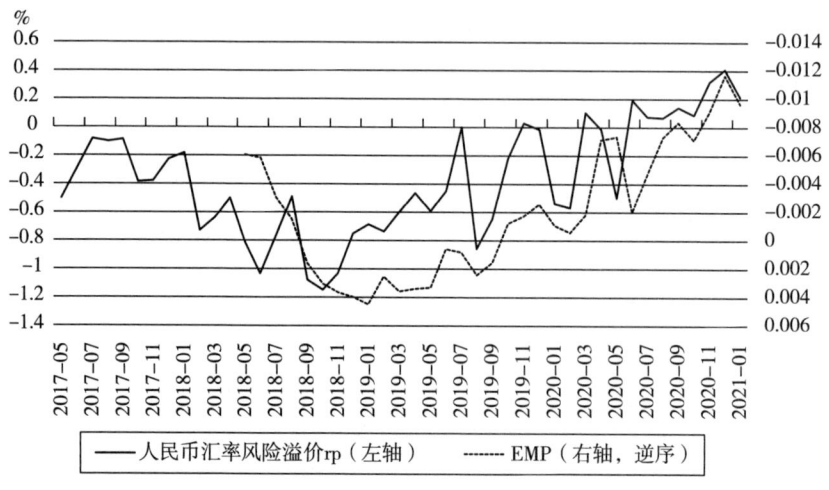

图 14　人民币汇率风险溢价与外汇市场压力指数

(资料来源:Wind 和笔者计算)

(五)不容忽视短期外债对外汇储备比率继续较高攀升

伴随资本项目进一步开放,在外债方面,不能忽略可能出现的规模、币种、期限错配的风险。截至 2020 年 9 月,人民币本币外债(以美元计价)为 8970 亿美元,其与短期外债占外汇储备比重,两者走势在 2020 年呈现相似态势(见图 5)。值得注意的是,尽管我国短期外债与外汇储备的比例在国际公认的安全线以内,但亚洲金融危机经验教训表明,短期货币错配指标(短期外债对外汇储备比率)在危机期间相对较高,甚至有上升的情况;在危机爆发后,短期货币错配指标迅速下降。对此,应高度关注。

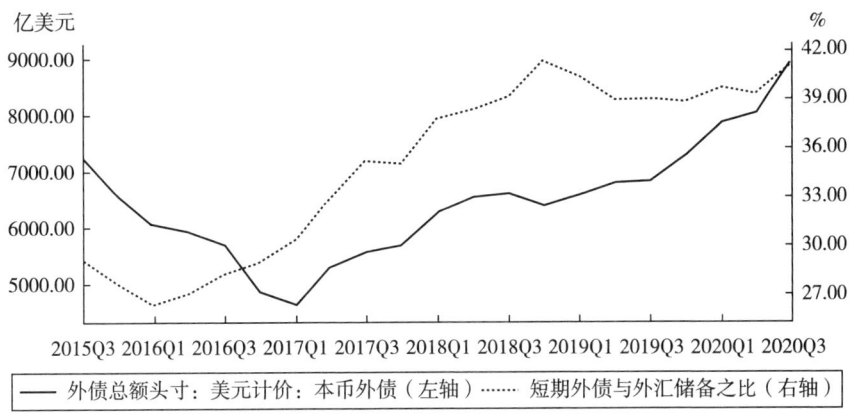

图15 外债总额头寸本币外债及短期外债与外汇储备之比

（资料来源：Wind）

四、未来发展与政策建议

面对新冠肺炎疫情全球冲击、国际货币体系缺陷以及中国大国崛起涉外经济金融发展诉求，人民币国际化面临严峻考验。在人民币真正成为国际储备货币以前，人民币既不具备持续单边升值或单边贬值的条件，也尚未形成符合自身国家利益的汇率周期。从市场经济运行看，人民币国际化以及金融开放过程需要人民币汇率双向波动。无论是持续的单边方向调整会形成和强化单边预期，都会带来套利和套汇困扰。任何基于套利套汇的人民币国际化和金融开放显然是不可持续的。"稳中求进"，在波动中趋向合理均衡，才能真正使人民币国际化成为全球金融稳定的重要"压舱石"。

（一）密切关注汇率高位运行

对人民币汇率升值而言，从支撑和牵引作用看，与经济转型制度变革过程中基于实体经济生产能力形成扩张的货币化显著提升有关。一方面，汇率升值对应于货币化提升显著大于生产能力的扩张。另一方面，由于货币化进程显然是在实体经济基础之上，基于生产能力而形成和扩张的。从可能的风险点看，汇率高位运行，会透过低迷的实体经济，迫使宏观政策加杠杆，产业结构升级受阻，可贸易程度越高的行业资产负债率也越高，工业企业盈利能力削弱，资金不断脱实向虚，对此应高度关注。总之，对于脱离实体经济的过度货币化尽管也可对应于本币汇率升值，但实际上却是在透支升值空间。

(二) 可能存在的相关问题

从存在的问题看，一是在岸市场发展不充分、在岸与离岸市场发展不平衡。这是伴随金融对外开放，境内外投资者在实需内涵上不对等，在外汇市场供需失衡的具体表现。二是汇率并非纯粹由市场表现自然形成，与常识中普遍认可的标准存在差异。这是由我国外汇市场做市商制度所处的阶段决定的。三是作为市场经济的重要杠杆，汇率还存在一定扭曲。这是汇率作为要素市场重要价格，要素市场化配置有待进一步推进的现实写照。四是汇率还没有成为外部冲击的减震器。特别是不应忘记过去"汇股双杀"的教训（2015年8月11日人民币兑美元汇率中间价贬值近2%后人民币汇率贬值与2015年12月至2016年1月中国股市异常波动相互叠加，中国外汇储备快速下降），应警惕汇率波动和跨境资本流动外部冲击风险。

(三) 汇率动态政策空间优化

在宏观上，实现人民币汇率动态稳定对国际收支趋向平衡发挥相应作用，并且对应于符合自身国民利益和参与全球资源配置理想状态。从风险共担和危机预警的角度看，可通过供给侧结构性改革与内需提振双管齐下，为"对冲"外部冲击和未来可能会再次发生的国际金融危机做好准备。以实现"阶段性"的汇率战略贬值与未来"趋势性"相机抉择下的汇率策略升值，关键把握好"稳杠杆"进程。

在微观上，实现人民币汇率合理均衡，促进企业技术和核心竞争力提升，增强实体经济应对外部冲击的弹性。从压力测试角度看，关键是要把握好宏观审慎监管下有序推进人民币资本项目可兑换的"度"。一方面，市场起决定性作用所要求的金融活性与自由度，需要在汇率双向波动中体现。另一方面，"有张有弛"，才能在升值和贬值的双向波动中构筑汇率弹性浮动的上下边界；"动静权衡"，才能充分发挥出中国在推动建立更加稳定和有韧性的国际金融架构中的重要作用。

应对外部冲击，应加快建立汇率动态应急机制，配套更加及时、完整、有效的国际收支风险监测体系和跨境资本流动均衡管理机制。在此过程中，进一步夯实外汇储备对跨境短期资本流动的"压舱石"作用。应按照习近平总书记在第五次全国金融工作会议上关于"要扩大金融对外开放"，"稳步推进人民币国际化"，"要积极稳妥推动金融业对外开放，合理安排开放顺序"的指示精神，稳中求进，迈向"新时代"，走好新征程。

2020年金融科技领域风险分析报告

董　昀[①]

摘要：2020年，我国金融科技领域的风险总体平稳可控，但重大风险事件仍时有发生。从国际视角看，在外部环境充满不确定性的情况下，我国金融科技领域统筹发展与安全的任务更加繁重。从国内视角看，互联网金融领域存量风险虽已收敛，但体制机制问题仍有待根治。在面临更多逆风逆水的外部环境下，我国要通过科技硬实力的提升来有效维护金融安全，同时应理性看待金融科技产业的发展前景，避免投资过度和产能过剩。在此基础上，我们建议持续探索和优化对大型金融科技企业的长效监管机制，精准打击互联网资产管理、虚拟货币投机炒作、第三方支付违规等各类风险点，着力加强金融消费者保护和教育。

关键词：金融科技；发展与安全；互联网金融；风险管理

近年来，金融与科技的融合发展始终是我国金融业发展的根本动力和比较优势所在。在新冠肺炎疫情暴发之后，我国的数字经济等新兴产业发展全面提速，其中，金融科技在金融服务供给方面发挥了不可替代的重要作用，显示了新技术在提升金融服务效率、降低金融服务成本等方面的强大力量。在数字经济加速发展的大背景下，2020年我国金融科技的研发、创新与应用有了新的进展，金融机构的数字化转型继续提速。

[①] 作者简介：董昀，中国社会科学院金融研究所金融科技研究室副主任、国家金融与发展实验室国际政治经济学研究中心主任，副研究员。主要研究方向为金融科技、金融发展、宏观经济。

然而，科技本身是一柄"双刃剑"，金融科技的守正创新能够推动金融服务效率的提升，而金融科技的滥用和泛化也可能滋生或放大金融风险。就我国实际情况而言，由于经济新常态下周期性、结构性、体制性矛盾相叠加，加上百年未有之大变局下外部经济金融形势更趋复杂，前期积累的大量金融风险处于水落石出的阶段。因此，2020年我国金融科技领域的防风险工作面临诸多严峻挑战。

一、2020年我国金融科技领域风险状况概览

2020年，金融科技创新在为我国金融发展注入新活力的同时，也使金融风险更隐蔽、更复杂、更多变，给金融监管及时性、有效性和包容性带来新挑战。如何做好金融科技创新监管，从国家安全高度重视金融科技领域的风险管理，处理好发展与安全的关系，协调好金融与科技的关系，在守住风险底线的前提下给真正有价值的金融科技创新预留充足发展空间，已成为金融管理当局面临的重要课题。

从政策应对角度看，党中央和国务院从战略全局出发，将金融科技领域的创新发展与风险治理工作置于发展与安全各项工作之中通盘考虑。在2020年出台的重要纲领性文件和召开的重要会议中，有不少涉及金融科技风险与安全问题。中央政府的总体取向是，要运用新的技术手段建立重大风险识别与预警系统，防范新技术的扩散与普及带来的金融风险；在守牢风险底线的前提下，激发企业家精神，盘活数据要素资源，提升金融科技水平，从根本上提升我国金融科技国际竞争力，有效维护国家安全。金融管理部门和行业协会贯彻落实中央顶层设计精神，发布或修订了一系列旨在加强金融科技领域防范化解风险能力和提升金融体系安全性的管理办法、行业规范和指导意见。这些政策大部分已经开始实行，在金融科技领域防风险工作中发挥了重要作用。

从风险总体态势上看，2020年，我国金融科技领域风险总体平稳可控，但在与金融科技有关的部分领域频现风险点，问题屡查屡犯、屡禁不止，重

大案件和风险事件时有发生。在全球疫情蔓延、美国对我国实施打压、世界经济陷入衰退等多重因素的冲击之下,我国金融科技领域的风险与安全隐患不容低估。我们需要对形形色色的问题进行梳理,并分类施策,加以防范和化解。其中一些问题在 2020 年之前就已经充分暴露,并正在得到积极有效化解,如 P2P 网贷乱象、第三方支付违规、区块链和比特币炒作等;而还有一些问题在 2020 年集中浮出水面或初露端倪,需要密切跟踪,未雨绸缪,提前防范,如金融基础设施的自立自强、大型科技公司的垄断与资本无序扩张等。

在纷繁复杂的风险点背后,我们可以找到推动我国金融科技风险滋生蔓延的若干基本线索。

第一,从大国竞争角度看,中美双方的经济实力对比沿着"东升西降"的趋势演进,两国金融关系中的竞争对抗成分明显增加,美国进一步运用其对国际经济金融体系的影响力和控制力对我国施压,对我国金融科技领域的安全构成严峻挑战。2020 年,在金融基础设施安全、数字市场规则与标准制定等方面,一些安全隐患已经有所暴露。

第二,从存量风险化解角度看,围绕互联网金融领域重大风险化解而展开的市场乱象整治工作取得了明显成效,但存量风险化解工作仍在进行,且导致风险滋生的体制机制问题并未完全根除。在存量风险犹存之时,新的互联网金融风险点又暴露出来。我国金融管理部门积极落实金融支持实体经济政策措施,致力于增加有效资金供给,优化信贷投向结构,降低企业融资成本。因此,2020 年我国流动性相对充裕,部分资金流向数字资产,互联网金融领域的一些新的风险正在积累。

第三,从疫情冲击角度看,新冠肺炎疫情暴发之后,数字经济与金融科技迎来了新的发展机遇。我国的一些平台类大型科技企业利用自身的市场优势地位加速发展,这虽然在某种程度上有力地支撑了疫情防控和复工复产,但也使得金融科技领域的反垄断和防止资本无序扩张工作变得更为艰巨和紧迫。

二、2020 年我国金融科技领域主要风险点分析

根据以上几条基本线索展开分析,2020 年我国金融科技领域有以下几个

值得关注的重大风险领域。

(一)在外部环境日益不确定的情况下,我国金融科技领域统筹发展与安全的任务更加繁重

以往我们分析金融科技领域的风险问题,主要围绕金融业的传统风险展开,且偏重于国内视角。在百年未有之大变局下,中国金融发展与科技发展,将在美国的强大竞争压力和阻遏措施下展开。而且,逆风逆水的国际环境,已经大大压缩了我国的"试错"空间。对我国金融科技发展构成了新的安全隐患与风险挑战。新的风险挑战在金融基础设施、金融科技创新战略与标准制定两个方面表现得尤为明显。

第一,我国金融基础设施总体建设水平与美国仍有明显差距,居于"被动接受者"的地位。

美国对 SWIFT、CHIPS 等国际金融市场重要基础设施拥有相当大的控制权。在中美冲突对抗加剧的大背景下,美国极有可能充分运用其对全球金融基础设施的控制力和影响力,全方位阻遏我国金融体系健康平稳运行。因此,中国金融体系基础设施的安全,特别是支付清算领域的安全面临重大风险挑战。通过实施支付清算管道为载体的隔离型制裁,美国从理论上可以做到将我国的各类金融机构乃至整个金融体系隔离于全球金融市场体系之外,成为全球金融体系汪洋之中的孤岛。

特别要指出的是,除了支付清算领域的基础设施安全隐患之外,与金融科技直接相关的金融信息基础设施安全问题同样值得高度关注。我国许多金融机构仍在使用外国企业提供的软硬件设施,国产化率显著不足。涉及诸多方面,包括芯片、网络设备、服务器、办公终端、存储、操作系统、数据库、中间件和应用软件等,这些领域闪现着英特尔、思科、IBM、EMC、微软、Oracle、SAP 等国际巨头的身影,它们在中国市场中占有很大的份额。其中,芯片、操作系统和数据库又是最为关键的所在。在金融科技时代,金融机构的交易和算法都要通过芯片处理,居民和企业的海量信息以及金融机构的交

易头寸数据都要以存储设备为载体,而这些运算和数据又要通过操作系统进行调用。如果上述软、硬件基础设施的"命门"掌握在外资厂商手中,这将严重危及我国金融信息基础设施安全,既存在信息安全隐患,也使我国金融机构竞争力的提升受制于人,难以自立自强。

第二,后疫情时代全球金融科技领域大国博弈日趋激烈,我国金融科技竞争优势遭遇新挑战。

新冠肺炎疫情暴发之后,过去金融科技发展相对滞后的一些发达经济体纷纷加快了金融科技创新步伐。以支付行业为例,在疫情冲击下,移动支付的安全性和便捷性优势充分显现出来,大型科技企业、银行卡组织和金融机构纷纷加大了对新型移动支付领域的投入。"先享后付"等新兴数字化支付工具快速发展,各国的金融科技创新不断涌现。在科技企业层面,仅以移动支付为例,亚马逊推进生物特征识别技术的研发与应用,推出掌纹支付功能,力图实现"回收即付"。谷歌、苹果和亚马逊相继推出"语音助手 + 支付"功能,满足用户小额、高频、标准化的交易需求。

在政府层面,主要发达国家金融监管部门改进优化金融科技监管,无论是对数字银行、众筹融资等典型金融科技业务活动的监管,还是对开放 API、人工智能、区块链、大数据等金融科技应用创新的规范,总体上呈现出包容审慎、科学适度、全面覆盖的特征。欧洲方面,9 月底,欧盟委员会发布《欧盟数字金融战略》白皮书,着力调整监管框架以促进数字创新,建立共同的金融数据空间,应对数字化转型的风险。12 月 15 日,欧盟出台《数字服务法》《数字市场法》,为互联网公司巨头制定更严格的规则,力图建设更加开放、公平、自由竞争的欧洲数字市场,为消费者提供更加安全、透明和值得信赖的在线服务。美国方面,2020 年 10 月 6 日,美国众议院司法委员会下属反垄断小组委员会正式颁布《数字市场竞争调查报告》,力图在规则层面构筑相对于我国大科技公司的竞争优势。

总之,发达国家正在围绕金融科技创新发展推动制度变革与规则重构,我国在金融科技某些方面的全球领先地位正面临挑战。在激烈的国际竞争中,我们应当冷静分析自身的优势与短板，从国家竞争力和国家安全高度系统谋划对策，沉着应对挑战。要针对基础研发投入不足、关键领域原始创新能力较弱、金融信息基础设施自主可控程度不足和基础性监管制度的笼子尚未扎牢等短板，加快技术创新和制度建设步伐，在牢牢守住风险底线的前提下提升我国金融科技的国际竞争力，更好地维护国家安全。

第三，后疫情时代，大型科技企业的垄断和资本无序扩张等新风险需引起高度关注。

近年来，我国的大型科技企业凭借其在数据分析、客户网络体系等方面的独特优势，实现了快速扩张。新冠肺炎疫情暴发后，出于疫情防控的需要，以往彼此隔绝的数据孤岛正在被打破，互联网企业、电信运营商、金融机构、政府各部门的数据相互连通，极大地提升了数据资源的流动性，为我国金融科技的发展创造了良好的基础条件，大型科技企业的竞争优势得到了进一步的巩固和强化。

2020年，我国金融科技行业的市场集中度上升，大型科技企业利用市场优势地位排斥同业经营者的现象也多有发生。虽然大型科技企业的快速发展在推动我国经济数字化转型方面发挥了积极作用，但也带来了赢者通吃、数据垄断与数据滥用、不正当竞争、违规监管套利、损害消费者权益、诱发系统性风险等多重隐患。其中两类风险需要特别指出：一方面，大型科技企业已然成为数据寡头，一旦发生网络安全问题，不仅会造成大量用户隐私外泄，也会对平台运营产生巨大的不良影响，使信息泄露风险高度集中。况且，其中一些金融科技巨头具备了重要金融基础设施特征，具备"太大而不能倒"的可能性。另一方面，金融科技领域的技术创新和更迭速度显著加快，监管者可能无法以同样的高速率来更新知识存量，导致金融科技创新的规避监管行为越来越多。

为了防止上述风险隐患继续积累蔓延，我国政府已于2020年底启动反垄断与防止资本无序扩张工作。核心要义是构建公平竞争、平等准入和公正监管的市场环境，在守牢防风险底线和有效保护公众权利的前提下，弘扬企业家精神，促进资本合理扩张，激发创新活力，增强我国金融科技企业的国际竞争力。

(二) 互联网金融领域存量风险总体收敛，但体制机制问题仍有待进一步根治

第一，P2P网贷。经过长达五年的互联网金融专项整治，P2P网贷风险快速收敛：网贷总体规模从2015年高峰时点的3000多家正常运营的网贷机构和3万亿元的年交易额降低为2020年11月中旬的零（见图1）。可以认为，到2020年底，我国互联网金融风险已经得到有效防范、控制和化解，行业规范发展状态趋向健康，预期走向积极良好的变化，发生重大金融风险的概率大大降低，P2P时代正式落幕。但需要警惕，这并不意味着风险隐患完全根除。

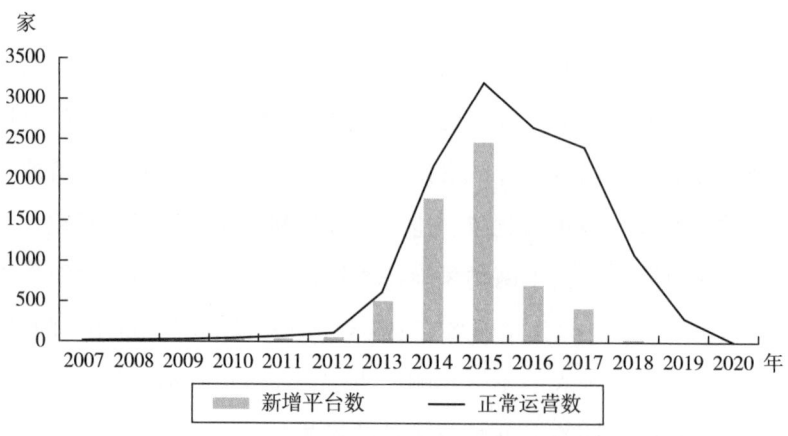

图1 我国P2P网络贷款平台数量变化趋势

(资料来源：中国人民银行、零壹财经)

根据2020年的情况，P2P网贷领域亟待化解的问题有三个：一是机构转型前景不容乐观。部分机构或转型意愿不强，或转型能力不足，即便少数在资本金和专业管理能力等方面具备条件的机构在转型中也面临不少困难。尽管政府允许它们申请改制为网络小额贷款公司或消费金融公司，但平台必须

满足在转型期限内完成存量业务清零的要求,并且未经批准不允许跨区经营,最低注册资本金的约束也将大部分欲转型的平台拒之门外。二是出借人资金的偿还问题仍未解决,受疫情冲击等因素影响,目前出借人资金还有 8000 多亿元未能收回。需要强调的是,网贷平台的退出不影响已经签订借贷合同当事人的合法权利和义务。出借人和借款人在网络借贷平台上形成的合法债权债务关系受法律保护,借款人应依法依约履行还款义务。三是停业机构处置任务仍然艰巨,全国已经停业的网贷机构存量风险仍处高位。"退而不清""退而难清"问题突出,风险化解可能需要较长时间。

在 P2P 网贷风险趋于收敛的同时,以互联网为渠道开展运营的其他一些互联网金融业态也出现了新的风险,包括场景金融、第三方支付、互联网保险、银行互联网贷款、网络小额贷款等领域。

第二,场景金融。作为持牌金融机构发展消费金融的重要抓手,场景金融近年来快速发展。从汽车销售到医疗美容、从教育分期到长租公寓,互联网企业与金融机构摸索出了一种将消费场景与金融结合的大额消费分期模式,这一商业模式曾广受资本好评,然而,风险事件的频发导致这一模式饱受质疑。2020 年末,蛋壳公寓被爆资金链断裂,蛋壳无法向房东支付房租,租客被赶却仍要还贷,最后微众银行兜底"租金贷"。与此类似的事件在 2020 年多次出现,其本质上是 B 端企业失信违约跑路,从而影响 C 端用户的消费信贷(如学费分期、租金贷款)的事件。场景金融的本质是将场景的交易风险与金融的信用风险叠加到了一起,当场景出现交易风险时,极易引发信用风险。

第三,第三方支付。自互联网金融风险专项整治开展以来,第三方支付领域已经实现了客户备付金集中存管,非银行支付机构网络支付清算平台建设也取得积极进展。目前,支付领域的风险主要集中在电信网络新型违法、反洗钱、个人信息保护三个领域。2020 年,央行多次就反洗钱等问题向支付机构发出大额罚单。4 月 3 日,深圳瑞银信信息技术有限公司被罚款人民币 6124 万元,是截至处罚日期央行针对第三方支付机构开出的最大罚单。4 月

30日，商银信支付服务有限责任公司因涉十六项违规，被央行没收违法所得5009万元，并处罚款6588万元，罚没合计11597万元，是央行针对第三方支付机构首张过亿元的罚单。机构被罚原因集中于未按规定开展备付金集中交存和反洗钱不利。第三方支付领域的违规行为屡禁不止，违规获利数额不断攀升，通信网络新型违法、反洗钱、个人信息保护等领域的风险防范工作压力仍然较大。

第四，互联网保险。2020年，互联网保险领域风险进一步集聚。保险业务的互联网化使非法商业保险活动传播范围更广、速度更快、规制难度更大。相互宝、水滴互助等网络互助平台会员数量庞大，属于非持牌经营，涉众风险不容忽视，部分前置收费模式平台形成沉淀资金，存在"跑路"风险，如果处理不当、管理不到位还可能引发社会风险。

第五，银行互联网贷款。2020年，银行互联网贷款的风险主要体现在以下几类：互联网平台及关系人的信用风险，获客渠道的授信业务风险，平台不当增信的声誉风险，借款人带病准入风险，网络信息安全管理风险，代理和结算类业务操作风险。这些风险之所以快速滋生蔓延，关键在于此前缺乏对银行互联网贷款业务的管理办法。2020年7月，银保监会发布《商业银行互联网贷款管理暂行办法》，填补了银行互联网贷款监管的空白，对自营、助贷和联合贷的模式予以规范，从获客、产品设计、风控、催收等各个环节细化合规发展，为银行与金融科技公司的合作厘清了边界和规范。银行互联网贷款领域的风险可望得到初步控制。

第六，网络小额贷款。网络小贷发展进程中出现了高杠杆扩张现象，杠杆率的过快攀升导致该领域的风险持续积累。2020年11月，《网络小额贷款业务管理暂行办法（征求意见稿）》发布，对网络小额贷款业务通过高杠杆率迅速扩张所带来的风险，该征求意见稿明确网络小贷公司的注册资本、杠杆率、贷款金额、联合贷款出资比例、展业范围等，并对业务整改给出3年过渡期。其中最为关注要点之一是，在单笔联合贷款中，经营网络小额贷款业务的小额贷款公司的出资比例不得低于30%，这对联合贷款业务大公司业务如蚂蚁借呗、腾讯微粒贷或将影响深远。

归根到底，互联网金融风险之所以"按下葫芦浮起瓢"，关键在于其滋生的制度根基并未消除。我国金融业管制比较严格，进入门槛比较高，有着很高的制度性"租金"。企业家进入了金融业之后，往往抱有坐地收钱的强势思维。巨额租金的存在诱导着人们凭借其"企业家才能"，运用各种"先进"的技术手段规避监管，进入金融业去分享垄断利润，难以沉下心来实施真正的金融创新活动。因此，市场上充斥着打着互联网金融旗号，从事传统金融业务，但又不受到各项监管制度约束的伪互联网金融活动。当前，制度的笼子正在扎牢的过程中，但改革的不完善和不配套仍然使得套利、寻租行为屡禁不止。继续深化金融供给侧结构性改革，减少乃至消除制度性"租金"，是根除互联网金融领域系统性风险的治本之策。

三、未来我国金融科技风险形势展望与对策建议

（一）未来风险形势展望

从国际角度看，在科技领域，拜登政府上台后，鉴于其高度重视美国科技实力，预计将着力增强美国在技术创新方面的优势，削弱中国在未来全球技术进步和产业发展中的竞争力，美国将会加大在5G、量子计算、人工智能等领域的投入。更进一步看，发达国家针对中国实施的技术封锁预计将持续升级，并力图通过重组供应链，形成将中国排除在外的国际分工体系。特别以往在金融科技领域投入有限的一些科技巨头将继续"跨界"进军金融科技领域，在移动支付等金融科技产业对我国的领先地位构成严峻挑战。在金融领域，美国可能进一步运用其对国际经济金融体系的影响力和控制力对我国施压，对我国发展构成新的风险挑战。我国金融科技的创新发展需要把安全放在更加重要的维度来加以考量。

从国内角度看，未来风险走势有以下三个特征。

一是党的十九届五中全会把自主创新和科技上的高水平自立自强置于现

代化建设全局的核心，科技创新、现代金融与实体经济之间的关联将更加紧密，科技与金融的融合发展将迎来新契机。需要注意的是，全国许多大中城市在制定"十四五"规划时，纷纷将金融科技列为重点产业或龙头产业，金融科技发展的区域竞争将更加激烈，竞争的同质化程度也很高，各地金融科技产业发展缺乏差异化定位，支持政策也大同小异。由此导致的产能过剩和经济泡沫等风险隐患不可不防。特别要注意，经过一段时间的发展，我国金融科技领域新进入企业的数量已经十分庞大，除极少数有突破性创新的企业外，后来者很难实现"弯道超车"。投资机构更趋向于追逐头部企业，新兴金融科技企业发展面临更大压力，可能导致强者愈强、弱者愈弱的两极分化局面。因此，金融科技领域的投资风险有持续增加趋势。

二是我国政府加强规制，提升监管能力，反对垄断和不正当竞争行为和在审慎监管前提下推动金融创新等工作仍在进行时，平台企业垄断认定、数据收集使用管理、消费者权益保护等方面的法律规范仍有待进一步完善，在这一过程中要严密监测数据治理领域风险的变化，做好应对预案。

三是我国经济发展面临诸多不确定性，而且实体经济与金融之间的循环仍存在不少堵点。虽然互联网金融专项整治工作接近尾声，但支付、网络借贷、数字货币、互联网保险和数据安全等方面的风险事件预计仍将不断出现。

（二）相关政策建议

第一，密切跟踪分析全球主要发达经济体和国际组织在金融科技竞争力提升和竞争规则优化方面的新动向，在此基础上客观分析全球金融科技竞争力演变趋势，梳理我国在金融科技领域的"卡脖子"环节，相应地，我们要把核心和关键技术创新置于现代化金融体系建设的核心，用好科技创新领域的"揭榜挂帅"等新机制，在底层技术方面支持我国金融科技公司与发达国家金融科技企业进行联合研发，统筹金融科技发展与金融安全的关系，致力于实现金融科技发展的自立自强，通过科技硬实力的提升来增强我国金融基础设施和金融科技领域的国际话语权。

第二，理性看待金融科技产业的发展前景，避免投资过度、供求失衡和产能过剩现象引发新的风险。在科技创新成为发展全局的核心，数字经济迎来大发展机遇的新形势下，科技企业和金融机构更要按照金融科技总体规划，瞄准核心技术及其应用场景，有序有度推进新型信息技术基础设施建设。各级政府要客观分析本地比较优势，因地制宜制定本地区金融业和金融科技发展规划，从覆盖面、渗透率、用户体验等不同维度考察信息技术设施建设的经济社会效应，使得新基建能够发挥激发市场主体活力、释放数据红利的作用，推动本地区金融科技持续健康发展。

第三，通过法律法规的完善，明确平台企业垄断认定、数据收集使用管理、消费者权益保护等领域的基本规则，坚决破除垄断，依法保护各类交易主体利益推动完善数据流转和价格形成机制。同时，继续贯彻落实"金融业务一定要持牌经营"的总体要求，探索建立大型科技企业的监管长效机制，为企业家精神的涌流和"创造性破坏"的实现提供制度保障。

第四，密切跟踪国内外经济金融形势，加强新增风险的监测，防止死灰复燃，精准打击各类金融科技领域风险。要做好防范化解互联网资产管理、虚拟货币投机炒作等"灰犀牛"领域风险的工作预案。要全力打击利用互联网手段和数字货币媒介进行的违法犯罪活动，顶住电信网络新型违法、反洗钱、个人信息保护等重点领域，严守资金安全底线。要继续推进网络借贷等领域的存量风险化解工作，特别是做好后续处置工作，依法有序推进相关机构实现转型发展。要坚决遏制第三方支付领域的违规行为屡禁不止、违规获利数额不断攀升的势头，维护支付市场平稳运行。

第五，着力加强金融消费者保护与教育。要进一步明确四类问题："保护谁"，即辨别弱势金融消费者、普通金融消费者和高端金融消费者，以及"正常金融消费者"与"恶意金融消费者"；"保护什么"，即对金融科技各类场景中的消费者权益，进行更细致的分析；"由谁保护"，即明确多部门、多主体的协同推动；"怎样保护"，即从制度和技术两个层面着手进行保护，并树立制度重于技术的理念，把扎牢制度的笼子作为治本之策。

后　记

2021年，我国进入"十四五"时期，进入全面建设社会主义现代化国家的新阶段。在百年未有之大变局的时代背景下，在加快构建以国内大循环为主体、国内国际双循环相互促进的新发展格局中，我国金融风险防控特别是系统性金融风险的防范化解工作仍然任重道远。中国金融体系的风险环节、传染机制、冲击影响以及应对之策等的研究具有重要学术和政策价值。

长期以来，中国社会科学院金融研究所（以下简称金融所）对中国金融风险进行跟踪研究。2012年以来，《中国金融监管报告》年度蓝皮书已连续出版10年，其中主报告对影子银行、新三板市场、系统性金融风险、互联网金融、金融科技、大科技金融机构、大型互联网平台等风险问题开展专题研究。2015年以来，金融所多个创新工程项目都是对金融风险及其应对的研究，其中胡滨研究员主持的A类项目——"我国系统性金融风险与金融监管改革"持续对我国金融体系的重大风险环节、系统性风险及金融稳定进行动态研究。长期以来，金融所承担了全国人大财经委、国务院办公厅、国务院研究室等机构多项关于金融风险的委托或交办课题。从2019年开始，金融所承担了由中国社会科学院谢伏瞻院长主持的"未来十五年中国面临的重大风险研究"课题的子课题——中国金融风险的研究任务。该课题由金融所党委书记兼副所长胡滨牵头，组织金融所8个研究室进行集体攻关，对金融风险的各个领域及全面动态进行跟踪和政策研究，每个季度召开一次课题讨论会，形成7份分报告和1份总报告，并在风险季报的基础上形成年度报告，研究团队召开多次会议研讨和专家论证，最终形成本书书稿。

后记

  本书的研究计划、框架设计由胡滨研究员承担。"2020年中国金融风险主报告"由胡滨、郑联盛和李俊成撰写,"2020年宏观金融风险分析报告"由费兆奇研究员、朱友明撰写,"全球金融市场风险分析报告"由胡志浩、李晓花、叶骋、李重阳等撰写,"银行业金融风险分析报告"由李广子研究员承担,"国内资本市场风险分析报告"由徐枫副研究员承担,"保险业金融风险分析报告"由王向楠副研究员撰写,"房地产金融风险分析报告"由蔡真副研究员撰写,"人民币汇率与国际收支的稳定性"由林楠副研究员撰写,"2020年金融科技领域风险分析报告"由董昀副研究员撰写。本书的统稿由胡滨、程炼、郑联盛等完成,陈冠华等对本书的文字进行了审校。

  本书的出版得益于中国金融出版社黄海清老师等的大力支持和辛苦付出,在此我们一并表示感谢!

  本书聚焦于中国金融风险问题,涉及各个重要的金融子市场或重要风险领域,同时还包括诸多的政策问题,由于时间和水平有限,我们团队对风险的跟踪、观察和分析可能存在诸多的不足和疏漏,恳请广大读者批评指正。